USA

1000 Fakten
über das Land der Superlative

Gabriela Scolik
Karin Dreher

USA

1000 Fakten
über das Land der Superlative

BRUCKMANN

INHALT

Welcome to the USA! 9

Die Vereinigten Staaten von Amerika 12
Grenzen der USA 14
Die Klimazonen 16
Temperaturangaben 17
Flagge 18
Verfassung der Vereinigten Staaten 20
Nationalhymne 22
Verhalten beim Abspielen
der US-amerikanischen Hymne 23
50 Bundesstaaten/U.S. States 24
Flaggen der 50 Bundesstaaten
und ihre Hauptstädte 26
Spitznamen der Bundesstaaten 28

Zeitangaben und Datum 30
Zeitzonen 31
National Holidays/Staatliche Feiertage 32
Die Währung 34
Die Maßeinheiten 36
Telefonieren in den USA 38
Area Codes/Vorwahlen in den USA 39
Strom 40
Die Hauptstadt Washington, D.C. 42
Washingtons in den USA 43
Das Weiße Haus 44
Oval Office 46
Das Kapitol 48
Die Präsidenten der Vereinigten Staaten 50
Die häufigsten Städtenamen in den USA 52
Die größten Städte der USA 54
New York 56
Freiheitsstatue 58
9/11 - Ground Zero 60
Wolkenkratzer in den USA 62
Chicago 64
Chicago Jazz und Blues 65
New Orleans und der New Orleans Jazz 66
San Francisco und die Hippie-Bewegung 68
Einreise in die USA 70
Begrüßung 72
Abschied 73
Die Bevölkerung der USA 74
Entdeckung Amerikas 76
Christoph Kolumbus 77
Native Americans/Die Ureinwohner der USA 78
Pilgrim Fathers/Die Pilgerväter 80
Thanksgiving 81
Sklaverei 82
Sezessionskrieg/Amerikanischer Bürgerkrieg 83
Boston Tea Party 84
Unabhängigkeitserklärung der Vereinigten Staaten 86
Gold Rush/Goldrausch 88
Jeans 90
Western 92
Cowboys 93
Gangster 94
Waffen in den USA 96
Rassendiskriminierung 98
Martin Luther King 100
Religion in den USA 102
Amish/Amische 104
Mormonen 105
Straßennetz in den USA 106
Autofahren in den USA 107
Legendäre Routen in den USA 108
Automarken 110
Nationalparks 112

Rocky Mountains ... 114
Niagarafälle ... 116
Die Gürtel der USA ... 118
Essen in den USA ... 120
Fastfood-Ketten ... 122
Diners ... 124
Delis ... 125
Ice Cream Soda ... 126
American Breakfast ... 127
Im Restaurant ... 128
Tip, Gratuity/Trinkgeld ... 129
Alkohol in der Öffentlichkeit ... 130
The Noble Experiment/Die Prohibition ... 131
Drinks ... 132
Halloween ... 134
Zeitungen in den Vereinigten Staaten ... 136
Fernsehen in den Vereinigten Staaten ... 137
Theater in den USA/Broadway ... 138
Hollywood ... 140
Die Big Studios ... 142
Oscars ... 144
Regisseure ... 146
Schauspielerinnen ... 150
Schauspieler ... 154
Filmmusik ... 158
Tanzende Paare ... 160
Disney ... 162
Micky Maus, Donald & Co. ... 163
Comics ... 164
Swing- und Big-Band-Orchester ... 166
Woodstock Festival ... 168
Elvis Presley und der Rock 'n' Roll ... 170
Graceland ... 171
Rat Pack und Las Vegas ... 172
Michael Jackson – Der King of Pop ... 174
Neverland Ranch ... 175
Hip Hop und Rap ... 176
Street Art ... 178
Streetdance ... 179
Bob Dylan ... 180
Komponisten ... 182
Ivy-League-Universitäten ... 184
US-amerikanische Nobelpreisträger ... 186
Albert Einstein ... 188
Mondlandung ... 190
UFOs ... 192
Literatur ... 194
Detektive in den USA ... 198
Museen in den USA ... 200
Andy Warhol ... 202
Baseball ... 204
Football ... 206
Basketball ... 208

Register ... 212

Welcome to the USA!

Wie gut kennen Sie das Land der unbegrenzten Möglichkeiten? Was macht dieses Land so besonders? Nicht nur andere Stromanschlüsse, Einreiseformalitäten und Green Cards, sondern auch die Wolkenkratzer und die zahlreichen Naturschönheiten, XXL-Portionen beim Essen und der Umgang mit Alkohol machen die USA so anders.

Wussten Sie, dass die USA eigentlich keine Amtssprache haben? Oder wofür die roten Streifen in der Flagge der USA stehen? Dass 10 000-Dollar-Scheine zwar nicht mehr gedruckt werden, aber als Zahlungsmittel noch immer Gültigkeit besitzen? Dass es in den USA mehr als 30 Washingtons gibt – nicht mit Washington, D.C. zu verwechseln, der Hauptstadt der USA?

Das und vieles mehr finden Sie in diesem Buch – von Area Codes (Telefonvorwahlen) über die Pilgrim Fathers, von den Ureinwohnern Amerikas und den Niagara-Fällen über das Ratpack bis Ground Zero.

Stöbern Sie in diesem Buch und finden Sie heraus, was anders ist, welche Eigenarten die Amerikaner haben und was den Reiz der USA ausmacht.

Viel Spaß beim Entdecken dieses Landes!

DIE VEREINIGTEN STAATEN

UNITED STATES OF AMERICA

Regierungsform

Föderale Republik, regiert vom Präsidenten

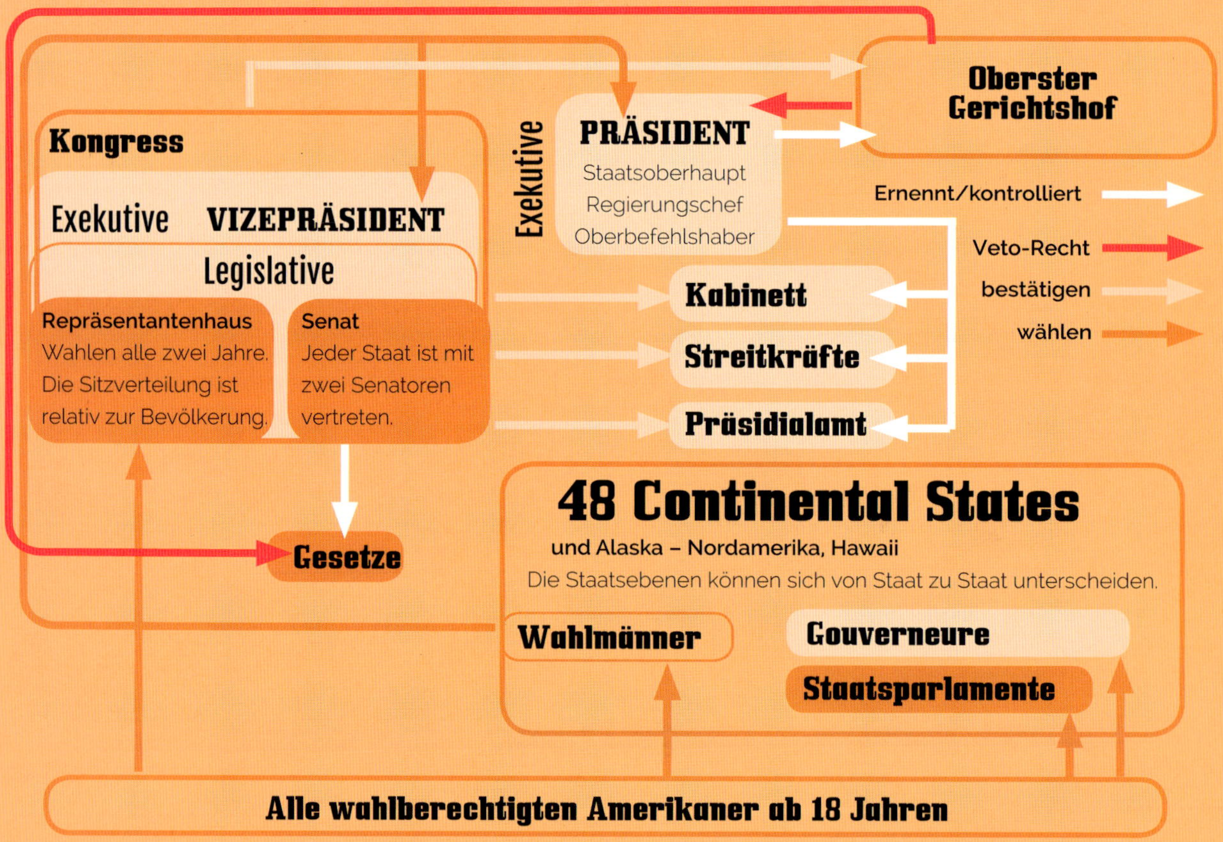

VON AMERIKA

Drittgrößter Staat der Erde
(nach Russland und Kanada)
9,83 Millionen m^2

Land mit der drittgrößten Bevölkerung
(nach China und Indien)
ca. 322 Millionen Einwohner

ca. 36 Einwohner pro Quadratkilometer
(statistisch)

Amtssprache:
de jure keine
de facto Englisch

Wahlspruch seit 1956:

„In God We Trust"

GRENZEN DER USA

mit Kanada 8895 km
davon 2477 km
zwischen Alaska und Kanada

mit Mexiko
3326 km

Küsten (Atlantik, Pazifik, Golf von Mexiko): 19 924 km

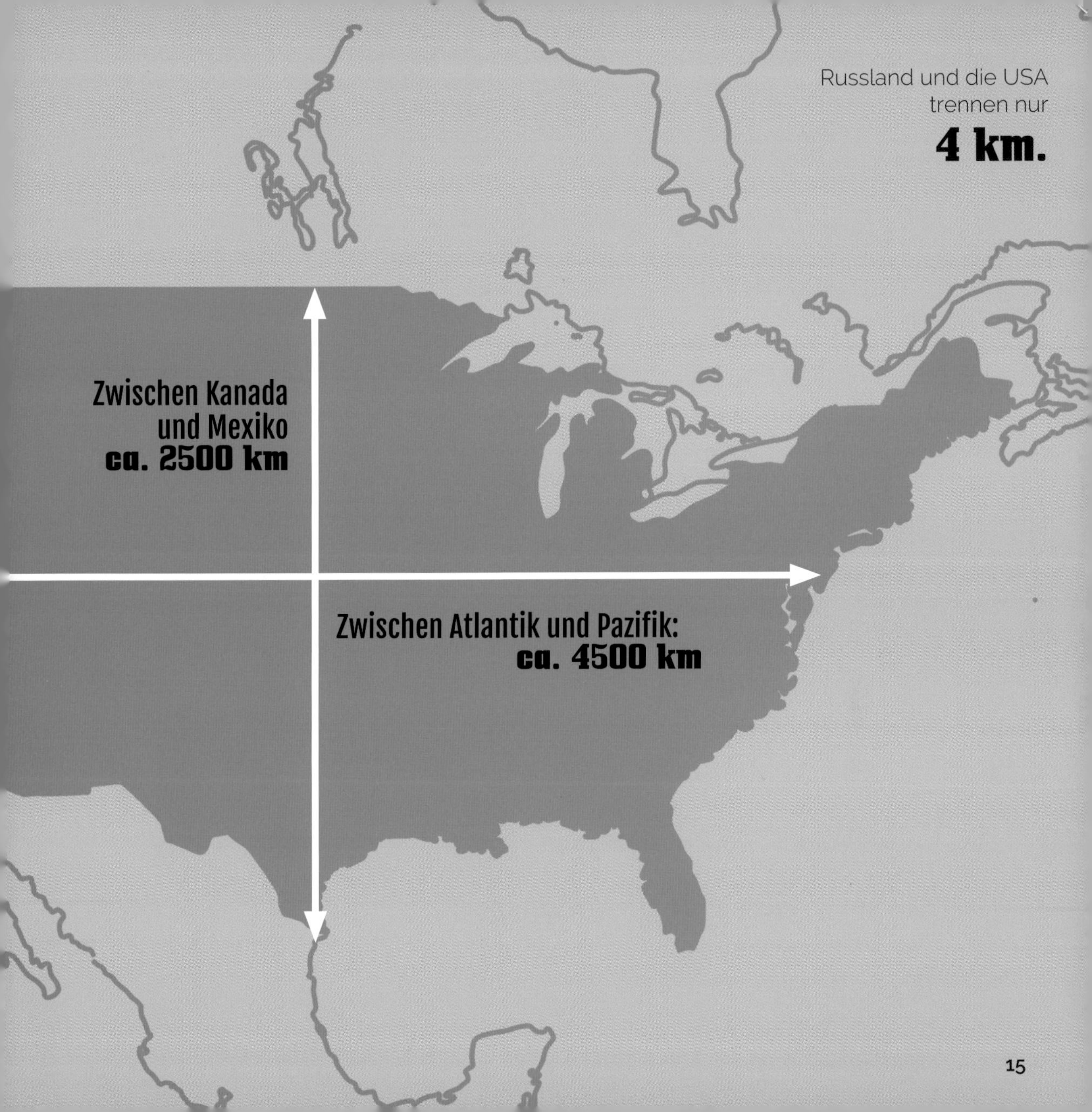
Russland und die USA
trennen nur
4 km.
Zwischen Kanada
und Mexiko
ca. 2500 km
Zwischen Atlantik und Pazifik:
ca. 4500 km

DIE KLIMAZONEN

Polar bis subtropisch

Temperaturen
von -15 bis +40

Tornados

Wind- oder Wasserhose

Hurrikans

Wirbelsturm, mindestens **Orkanstärke**
(Windstärke 12 auf der Beaufortskala)
Hurrikans entstehen meist zwischen Mai und Dezember.

Blizzards

starker Schneesturm, hohe Windgeschwindigkeit
(Windstärke 7 auf der Beaufortskala),
Sichtweite unter
300 m,
Dauer mindestens 3 Stunden

TEMPERATURANGABEN

Die Temperatur wird in **Fahrenheit** angegeben.

Faustformel für Umrechnung in Celsius: **Fahrenheitangabe −30**, dann die Hälfte nehmen.

Celsius orientiert sich am Gefrierpunkt von Wasser 0 °.

Wasser friert bei 32 ° Fahrenheit.

Fahrenheit orientiert sich an der seinerzeit tiefsten erreichbaren Temperatur.

FLAGGE

Sternenbanner
Stars and Stripes oder
Star-Spangled Banner

Weiß steht für Reinheit und Unschuld.

Rot steht für Tapferkeit und Widerstandsfähigkeit.

Blau steht für Wachsamkeit, Beharrlichkeit und Gerechtigkeit.

Vorbild für die Farben ist der englische Union Jack.

6 weiße Streifen **+ 7** rote Streifen stehen für die **13 Gründerstaaten.**

Das blaue Flaggenfeld symbolisiert mit **50** **weißen Sternen die Bundesstaaten.**

VERFASSUNG DER VEREINIGTEN STAATEN

Unterzeichnung: 17. September 1787

Der ursprüngliche Text bestand aus einer Präambel und sieben Artikeln und hatte nur vier Seiten.

Die 13 Gründerstaaten und der Kongress erhielten je eine **handgeschriebene *Bill of Rights*.**

»We the People of the United States, in Order to form a more perfect Union, establish Justice, insure domestic Tranquility, provide for the common defence, promote the general Welfare, and secure the Blessings of Liberty to ourselves and our Posterity, do ordain and establish this Constitution for the United States of America.«

»Wir, das Volk der Vereinigten Staaten, von der Absicht geleitet, unseren Bund zu vervollkommnen, die Gerechtigkeit zu verwirklichen, die Ruhe im Inneren zu sichern, für die Landesverteidigung zu sorgen, das allgemeine Wohl zu fördern und das Glück der Freiheit uns selbst und unseren Nachkommen zu bewahren, setzen und begründen diese Verfassung für die Vereinigten Staaten von Amerika.«

Die 13 Gründerstaaten:

1. Delaware
2. Pennsylvania,
3. New Jersey
4. Georgia
5. Connecticut
6. Massachusetts
7. Maryland
8. South Carolina
9. New Hampshire
10. Virginia
11. New York
12. North Carolina
13. Rhode Island

Es gab nur 18 Verfassungsänderungen in 200 Jahren.

Artikel 1 regelt die **Gesetzgebung** durch den Kongress.

Artikel 2 regelt die **Exekutive** – der Präsident.

Artikel 3 regelt die **Rechtsprechung** – Oberster Gerichtshof.

Artikel 4 regelt die **Beziehung zwischen Bund und den Bundesstaaten** bzw. den Bundesstaaten untereinander.

Artikel 5 regelt das Verfahren für **Verfassungsänderungen**.

Artikel 6 definiert das **höchste Recht** von Verfassung, Gesetzen und Verträgen.

Artikel 7 enthält die Voraussetzungen für eine erfolgreiche **Ratifikation der Verfassung.**

NATIONALHYMNE

The Star-Spangled Banner: **seit 1931** offizielle Hymne

Text von **Francis Scott Key**

Melodie des englischen Trinklieds

To Anacreon in Heaven

von **John Stafford Smith**

VERHALTEN BEIM ABSPIELEN DER US-AMERIKANISCHEN HYMNE

geregelt in
Title 36, Section 301
des United States Code

FLAGGE IST GEHISST:

Uniformierte:
Salutieren vom ersten bis zum letzten Ton der Hymne

Nicht Uniformierte:
Zur Flagge drehen, rechte Hand aufs Herz

Männer mit Kopfbedeckung:
Zur Flagge drehen, die Kopfbedeckung abnehmen und so halten, dass die rechte Hand am Herzen liegt und die Kopfbedeckung auf der linken Schulter.

KEINE FLAGGE GEHISST:

Zur Musik drehen und sich so verhalten, als sei die Flagge gehisst.

50 BUNDESSTAATEN/ U.S. STATES

New Hampshire
Vermont
Maine
North Dakota
Minnesota
Massachusetts
Rhode Island
Wisconsin
New York
South Dakota
Michigan
Connecticut
Pennsylvania
New Jersey
Iowa
Nebraska
Ohio
Indiana
Delaware
Illinois
West Virginia
Virginia
Kansas
Kentucky
Missouri
Maryland
North Carolina
Tennessee
South Carolina
Oklahoma
Arkansas
Mississippi
Georgia
Alabama
Texas
Louisiana
Florida

FLAGGEN DER 50 BUNDESSTAATEN UND IHRE HAUPTSTÄDTE

1819 **Alabama**
Montgomery

1959 **Alaska**
Juneau

1912 **Arizona**
Phoenix

1836 **Arkansas**
Little Rock

1850 **Kalifornien**
Sacramento

1876 **Colorado**
Denver

1788 **Connecticut**
Hartford

1787 **Delaware**
Dover

1845 **Florida**
Tallahassee

1788 **Georgia**
Atlanta

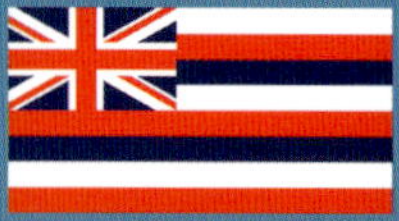
1959 **Hawaii**
Honolulu

1890 **Idaho**
Boise

1818 **Illinois**
Springfield

1816 **Indiana**
Indianapolis

1846 **Iowa**
Des Moines

1861 **Kansas**
Topeka

1792 **Kentucky**
Frankfort

1812 **Louisiana**
Baton Rouge

1820 **Maine**
Augusta

1788 **Maryland**
Annapolis

1788 **Massachusetts**
Boston

1837 **Michigan**
Lansing

1858 **Minnesota**
Saint Paul

1817 **Mississippi**
Jackson

1821 **Missouri**
Jefferson City

1889 **Montana**
Helena

1867 **Nebraska**
Lincoln

1864 **Nevada**
Carson City

1788 **New Hampshire**
Concord

1787 **New Jersey**
Trenton

1912 **New Mexico**
Santa Fe

1788 **New York**
Albany

1789 **North Carolina**
Raleigh

1889 **North Dakota**
Bismarck

1803 **Ohio**
Columbus

1907 **Oklahoma**
Oklahoma City

1859 **Oregon**
Salem

1787 **Pennsylvania**
Harrisburg

1790 **Rhode Island**
Providence

1788 **South Carolina**
Columbia

1889 **South Dakota**
Pierre

1796 **Tennessee**
Nashville

1845 **Texas**
Austin

1896 **Utah**
Salt Lake City

1791 **Vermont**
Montpelier

1788 **Virginia**
Richmond

1889 **Washington**
Olympia

1863 **West Virginia**
Charleston

1848 **Wisconsin**
Madison

1890 **Wyoming**
Cheyenne

SPITZNAMEN DER BUNDESSTAATEN

Alabama
Cotton State (Baumwoll-Staat)

Alaska
Last Frontier (Letzte Grenze)

Arizona
Grand Canyon State (Grand-Canyon-Staat)

Arkansas
Natural State (Natürlicher Staat)

Kalifornien
Golden State (Goldener Staat)

Colorado
Centennial State (Hundertjähriger Staat)

Connecticut
Constitution Sate (Verfassungsstaat)

Delaware
First State (Erster Staat)

Florida
Sunshine State (Sonnenschein-Staat)

Georgia
Peach State (Pfirsich-Staat)

Hawaii
Aloha State (Aloha-Staat)

Idaho
Gem State (Edelstein-Staat)

Illinois
Land of Lincoln (Lincolns Heimat)

Indiana
Crossroads of America (Scheideweg Amerikas)

Iowa
Hawkeye State (Hawkeye-Staat)

Kansas
Sunflower State (Sonnenblumen-Staat)

Kentucky
Bluegrass State (Wiesenrispengras-Staat)

Louisiana
Pelican State (Pelikanstaat)

Maine
Pine Tree State (Kiefern-Staat)

Maryland
Old Line State (Alter Grenzstaat)

Massachusetts
The Bay State (Staat an der Bucht)

Michigan
The Great Lakes State (Staat der großen Seen)

Minnesota
North Star State (Nordsternstaat)

Mississippi
Hospitality State (Gastfreundlichkeits-Staat)

Missouri
Show-Me-State (Zeig-mir-Staat)

Montana
Treasure State (Schatz-Staat)

Nebraska
Cornhusker State (Staat der Mais-Schäler)

Nevada
Silver State (Silber-Staat)

New Hampshire
White Mountain State (Weißes-Gebirge-Staat)

New Jersey
Garden State (Gartenstaat)

New Mexico
Land of Enchantment (Land der Verzauberung)

New York
The Empire State (Imperiums-Staat)

North Carolina
Old North State (Alter Nord-Staat)

North Dakota
Sioux State (Sioux-Staat)

Ohio
Birthplace of Aviation (Geburtsort der Luftfahrt)

Oklahoma
Native America (Ursprüngliches Amerika)

Oregon:
Pacific Wonderland (Pazifik Wunderland)

Pennsylvania
Liberty Bell State (Freiheitsglocken-Staat)

Rhode Islands
Ocean State (Ozeanstaat)

South Carolina
Palmetto State (Palmenstaat)

South Dakota
Mount Rushmore State (Mount-Rushmore-Staat)

Tennessee
Volunteer State (Freiwilligenstaat)

Texas
Lone Star State (Einsamer-Stern-Staat)

Utah
Beehive State (Bienenstock-Staat)

Vermont
Green Mountain State (Grüner-Berg-Staat)

Virginia
Mother of Presidents (Mutter der Präsidenten)

Washington
Evergreen State (Immergrüner Staat)

West Virginia
Mountain State (Berg-Staat)

Wisconsin
America's Dairyland (Amerikas Milchviehland)

Wyoming
Equality State (Gleichheitsstaat)

ZEITANGABEN UND DATUM

am steht für *ante meridiem* (vor Mittag).
pm steht für *post meridiem* (nach Mittag).

12:00 NOON

Datumsangabe:
Monat/Tag/Jahr, MM/TT/JJ
3/8/2022 = 8. März 2022

ZEITZONEN

Elf Zeitzonen, neun gesetzlich festgelegt, elf in Gebrauch
Standard Time: die Zeit innerhalb der Zeitzone

PST

Pacific Standard Time Zone:
9 Stunden früher als MEZ

MST

Mountain Standard Time Zone:
8 Stunden früher als MEZ

CST

Central Standard Time Zone:
7 Stunden früher als MEZ

EST

Eastern Standard Time Zone:
6 Stunden früher als MEZ

HAST

Hawaii-Aleutian Standard Time Zone:
11 Stunden früher als MEZ

AKST

Alaska Standard Time Zone:
10 Stunden früher als MEZ

SST

Samoa Standard Time Zone:
12 Stunden früher als MEZ

Day Light Saving Time

Sommerzeitumstellung

Eisenbahnkonzerne förderten die Entstehung der Zeitzonen,
1883 wurden sie eingeführt.

NATIONAL HOLIDAYS

JANUAR	FEBRUAR	MAI	JULI
1. New Year's Day (Neujahr)	**dritter Montag im Februar** Washington's Birthday (President´s Day)	**letzter Montag im Mai** Memorial Day Gedenktag	**4.** Independence Day (Unabhängigkeitstag)
dritter Montag im Januar Martin Luther King Day			**19.** **Juneteenth** oder **Freedom Day** erinnert an die Abschaffung der Sklaverei.

STAATLICHE FEIERTAGE

Die Feiertage gelten nicht in allen Staaten –
das hängt von der jeweiligen Gesetzgebung der Bundesstaaten ab.

SEPTEMBER	OKTOBER	NOVEMBER	DEZEMBER
erster Montag im September **Labor Day** (Tag der Arbeit)	**zweiter Montag im Oktober** **Columbus Day** (Kolumbus-Tag)	**11.** **Veterans Day** (Veteranentag)	**25.** **Christmas Day** (Weihnachten)
		vierter Donnerstag im November **Thanksgiving Day** (Erntedankfest)	

DIE WÄHRUNG

United States Dollar (USD) Dollarzeichen $

1 Dollar = 10 Dime = 100 Cents (Symbol ¢) = 1000 Mills (Symbol ₥)

Spitzname: Greenback oder Buck wegen der grünen Farbe

1785 wurde der Dollar als neue Währung der USA eingesetzt.

Münzen und Banknoten tragen die Inschrift: In God We Trust

Münzen

1 Cent (Penny):
Kopf: Abraham Lincoln

5 Cents (Nickel):
Kopf: Thomas Jefferson

10 Cents (Dime):
Kopf: Franklin D. Roosevelt

25 Cents (Quarter):
Kopf: George Washington

50 Cents
(Half Dollar):
Kopf: John F. Kennedy

1 Dollar (Buck):
Kopf: Sacajawea oder Präsidenten der Vereinigten Staaten

Scheine

1 Dollar: George Washington

2 Dollar: Thomas Jefferson

5 Dollar: Abraham Lincoln

10 Dollar: Alexander Hamilton

20 Dollar: Andrew Jackson

50 Dollar: Ulysses S. Grant

Seriennummern: 2 Buchstaben, gefolgt von 8 Ziffern und einem Buchstaben

100 Dollar: Benjamin Franklin

500-, 1000-, 5000- und 10 000-Dollar-Scheine werden nicht mehr gedruckt, sind aber noch legale Zahlungsmittel.

DIE MASSEINHEITEN

Umrechnung
metrisch nach US

Längenmaße

1 cm	0,3937 inch
1 m	39,36 inch
1 m	1,0936 yard
1 m	3,2808 feet
1 km	0,621388 miles

Umrechnung
metrisch nach US

Flächenmaße

1 m²	10,7637 sq. feet
1 km²	0,3861 sq. miles
1 km²	247,1 acres
1 ha	2,471 acres

Umrechnung
US nach metrisch

Längenmaße

1 inch	2,54 cm
1 yard	91,44 cm
1 foot	30,48 cm
1 mile	1.609,3 m

Umrechnung
US nach metrisch

Flächenmaße

1 sq. foot	0,092903 m²
1 sq. mile	2,5899 km²
1 acre	4.046,9 m²
1 acre	0,4047 ha

Umrechnung
metrisch nach US

Flüssigkeiten/Gewichte

1 Liter	0,2642 gallons
1 Liter	2,1133 fluid pints
1 Kilo	2,2046 amerik. pounds
1 dt. Pfund	1,1023 amerik. pounds
100 g	3,53 ounces

Umrechnung
US nach metrisch

Flüssigkeiten/Gewichte

1 gallon	3,7853 Liter
1 pint (fluid)	0,4732 Liter
1 ounce	28,3495 Gramm
1 pound	453,592 Gramm

Umrechnung
metrisch nach US

Volumenmaße

1 m^3	35,314724 cubic feet

Umrechnung
US nach metrisch

Volumenmaße

1 cubic foot	28,316846 cm^3
1 cubic foot	0,0283168 m^3

TELEFONIEREN IN DEN USA

Mobiltelefone

Prüfen, ob das Handy ein Triband-Handy ist bzw. für das Mobilnetz der USA funktioniert.

Mit der eigenen SIM-Karte Roaming benutzen.

Aus Kostengründen die Mobilbox deaktivieren.

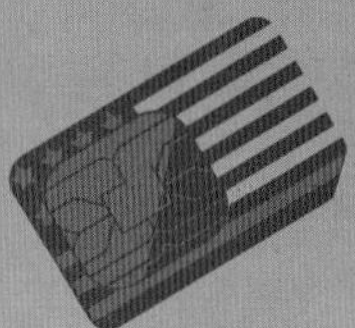

Eventuell eine SIM-Karte vorbestellen.

Anbieter:

SimlyStore: www.simlystore.com
Tourisim: www.tourisim.de
Amazon: www.amazon.de

Prepaid-SIM-Karten:

Aktivierungsgebühren?
Kosten für Anrufe nach Europa?
Datenverbindungskosten?
Ist die TAX (Steuer) enthalten?
Roaming bei Staatenübertritt?

Telefonkarten (Calling Cards): Günstigeres Telefonieren vom ***Festnetz*** oder von ***Telefonzellen*** aus mit der Vorwahl 0800 oder 0888

Abrechnung über Kreditkarte

Telefonzellen

Local Calls: nur die 7-stellige Nummer wählen.

Ferngespräche: über Operator/Vermittlung wählen.

Centstücke: 1, 10, 25

Auskunft: 411

(meist gebührenpflichtig)
Gebührenfrei:
1-800-555-1212

R-Gespräch:

Beim *collect call* zahlt der Angerufene das Gespräch.

Notruf: 911

AREA CODES/ VORWAHLEN IN DEN USA

Alaska
907

Alabama
205, 251, 256, 334

Arkansas
479, 501, 870

Arizona
480, 520, 602, 623, 928

California
209, 213, 310, 323, 408, 415, 510, 530, 559, 562, 619, 626, 650, 661, 707, 714, 760, 805, 818, 831, 858, 909, 916, 925, 949, 951

Colorado
303, 719, 970

Connecticut
203, 860

District of Columbia
202

Delaware
302

Florida
239, 305, 321, 352, 386, 407, 561, 727, 772, 813, 850, 863, 904, 941, 954

Georgia
229, 404, 478, 706, 770, 912

Hawaii 808

Iowa
319, 515, 563, 641, 712

Idaho
208

Illinois
217, 309, 312, 618, 630, 708, 773, 815, 847

Indiana
219, 260, 317, 574, 765, 812

Kansas
316, 620, 785, 913

Kentucky 270, 502, 606, 859

Louisiana
225, 318, 337, 504, 985

Massachusetts
413, 508, 617, 781, 978

Maryland
301, 410

Maine 207

Michigan
231, 248, 269, 313, 517, 586, 616, 734, 810, 906, 989

Minnesota
218, 320, 507, 612, 651, 763, 952

Missouri
314, 417, 573, 636, 660, 816

Mississippi
228, 601, 662

Montana 406

North Carolina
252, 336, 704, 828, 910, 919

North Dakota 701

Nebraska
308, 402

New Hampshire
603

New Jersey
201, 609, 732, 856, 908, 973

New Mexico
505, 575

Nevada
702, 775

New York
212, 315, 516, 518, 585, 607, 631, 716, 718, 845, 914

Ohio
216, 330, 419, 440, 513, 614, 740, 937

Oklahoma
405, 580, 918

Oregon
503, 541

Pennsylvania
215, 412, 570, 610, 717, 724, 814

Rhode Island 401

South Carolina
803, 843, 864

South Dakota
605

Tennessee
423, 615, 731, 865, 901, 931

Texas
210, 214, 254, 281, 325, 361, 409, 432, 512, 713, 806, 817, 830, 903, 915, 936, 940, 956, 972, 979

Utah
435, 801

Virginia
276, 434, 540, 703, 757, 804

Vermont 802

Washington
206, 253, 360, 425, 509

Wisconsin
262, 414, 608, 715, 920

West Virginia
304

Wyoming
307

STROM

Stromadapter

Strom 110 Volt (nicht 220 Volt)
Frequenz 60 Hz (nicht 50 Hz)

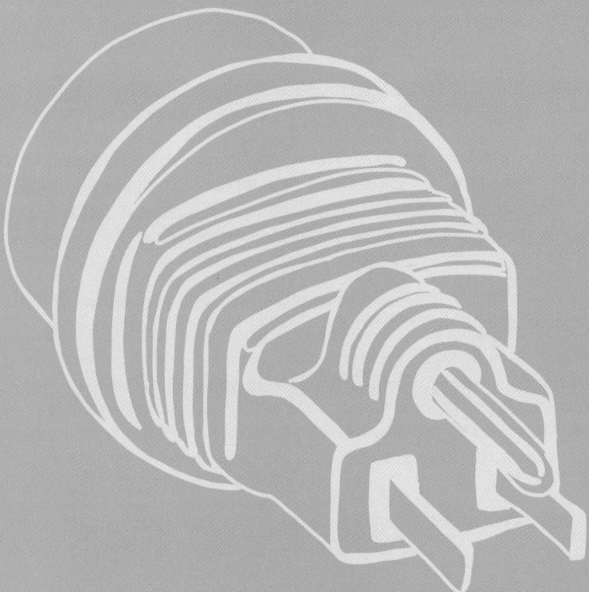

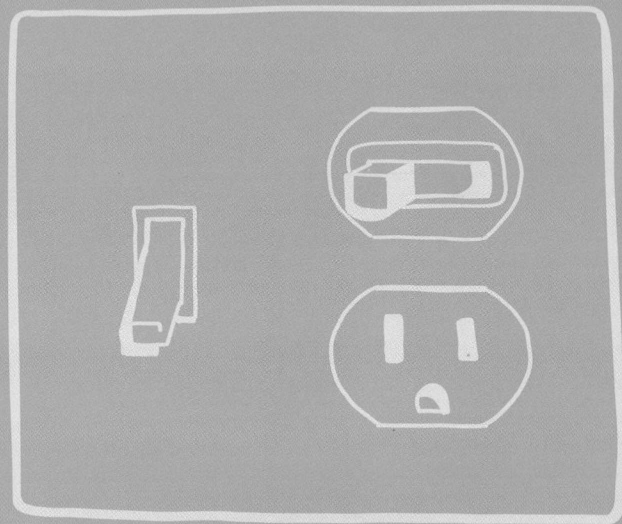

Manche Geräte haben Schalter, die mit einer Münze umstellbar sind – wieder Zurückstellen nicht vergessen!

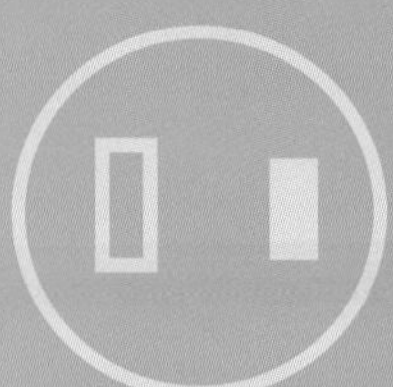

NEMA-1 (auch Typ A):
Stecker mit zwei flachen, spannungsführenden Kontakten, die parallel zueinander angeordnet sind.

NEMA-5 (auch Typ B):
Stecker, die zusätzlich noch einen runden Kontaktstift als Schutzleiter besitzen.

Keine Schukostecker

mit einem Flachstecker-Adapter betreiben!
Keine Erdung!

Steckdosen

sind nicht in der Wand versenkt.
Stecker sitzen nicht so fest.

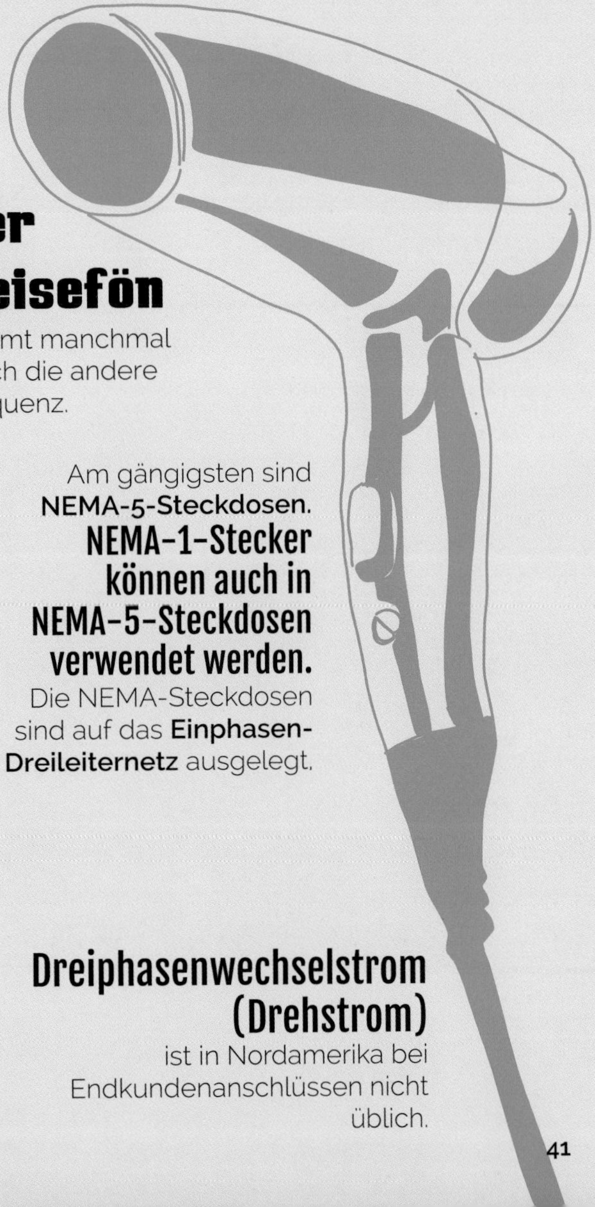

Der Reisefön

qualmt manchmal durch die andere Frequenz.

Am gängigsten sind **NEMA-5-Steckdosen.**

NEMA-1-Stecker können auch in NEMA-5-Steckdosen verwendet werden.

Die NEMA-Steckdosen sind auf das **Einphasen-Dreileiternetz** ausgelegt.

NEMA-6: zur Verwendung von Großgeräten, die mit 240 Volt betrieben werden.

Dreiphasenwechselstrom (Drehstrom)

ist in Nordamerika bei Endkundenanschlüssen nicht üblich.

DIE HAUPTSTADT WASHINGTON, D.C.

Die Stadt ist nach Präsident
George Washington
benannt.

Gliederung in 4 Quadranten
(Northwest/Southwest/Northeast/Southeast),
8 Bezirke (Wards),
131 Neighborhoods

Die Hauptstadt heißt eigentlich
District of Columbia
(Washington, D.C.), und hat
ca. 6 700 000 Einwohner.

Seit 1800
Hauptstadt der Vereinigten Staaten.
Kein Bundesstaat, sondern direkt
dem Kongress unterstellt.

WASHINGTONS IN DEN USA

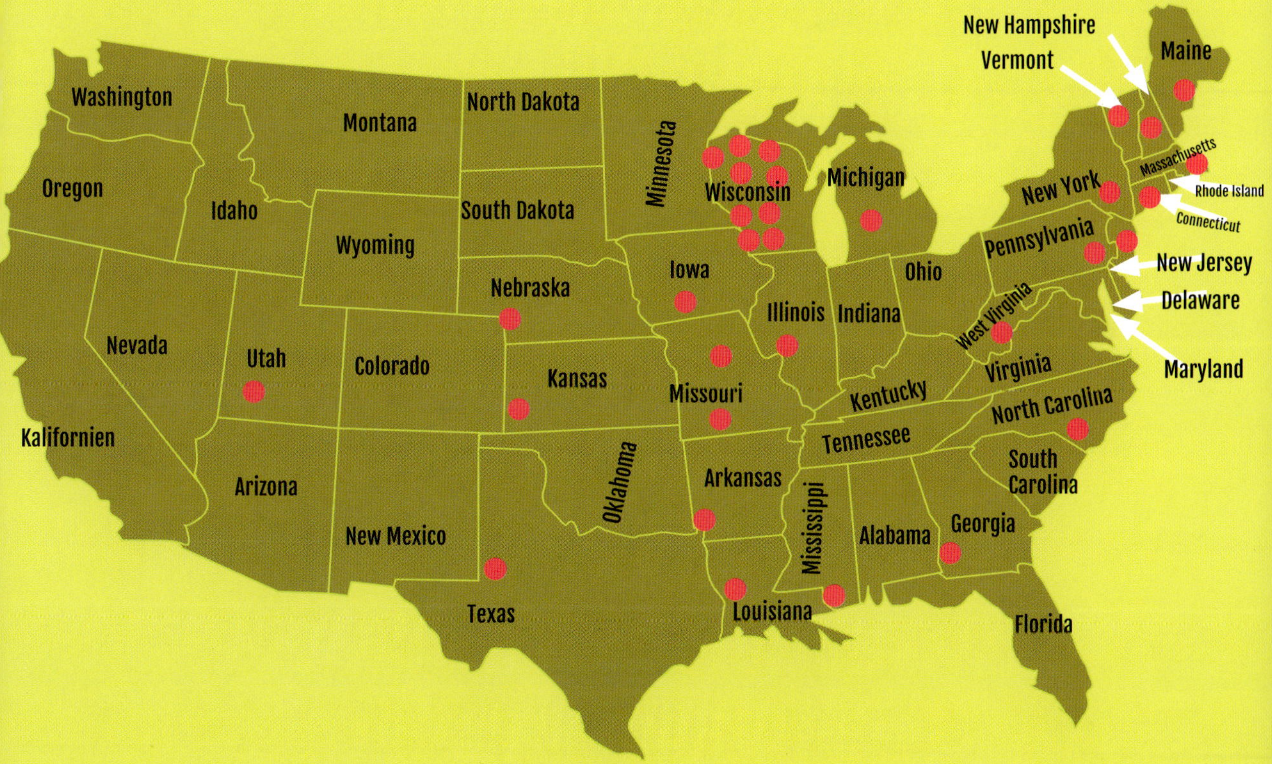

DAS WEISSE HAUS

Pennsylvania Street 1600
Offizieller Regierungssitz des Präsidenten

Das Creme-Weiß des Außenanstriches heißt **Whisper White**

Der Name *White House* stammt von Präsident Teddy Roosevelt.

Freizeit-einrichtungen:
Kinosaal
Swimmingpool
Tennisplatz
Bowlingbahn (Nixon)
Basketballfeld (Obama)

Alle Präsidenten außer George Washington wohnten dort.

Hochsicherheitszone:

Luftraum gesperrt
Schutzbunker
Scharfschützen
Überwachungskameras

Executive Mansion
(Hauptgebäude)

Sicherheitskräfte:
Secret Service und Park Police

Eastwing

132 Räume
35 Badezimmer
412 Türen
147 Fenster
8 Treppenhäuser
3 Aufzüge

OVAL OFFICE

Büro des Präsidenten, im Westflügel des Weißen Hauses

Die Innendekoration

wird jeweils für den Präsidenten erneuert.

Der Resolute Desk

(seit 1961) wird von den Präsidenten als Schreibtisch verwendet.

Sein Holz stammt vom Polarschiff HMS Resolute,

einem Geschenk von Queen Victoria an die USA.

Symbol für die Macht
des Präsidenten

Der erste Fußboden war aus Kork.

Eisenhower zerstörte ihn durch seine Golfschuhe, und ließ Linoleum verlegen. Reagan ließ einen Parkettboden verlegen. Bush erneuerte ihn.

DAS KAPITOL

Der Name leitet sich von den
7 Hügeln Roms
(Kapitolinischen Hügeln) ab.

Erbaut
1793–1823

540 Räume
850 Gänge

Eines der wichtigsten
Tourismusziele
der **USA**

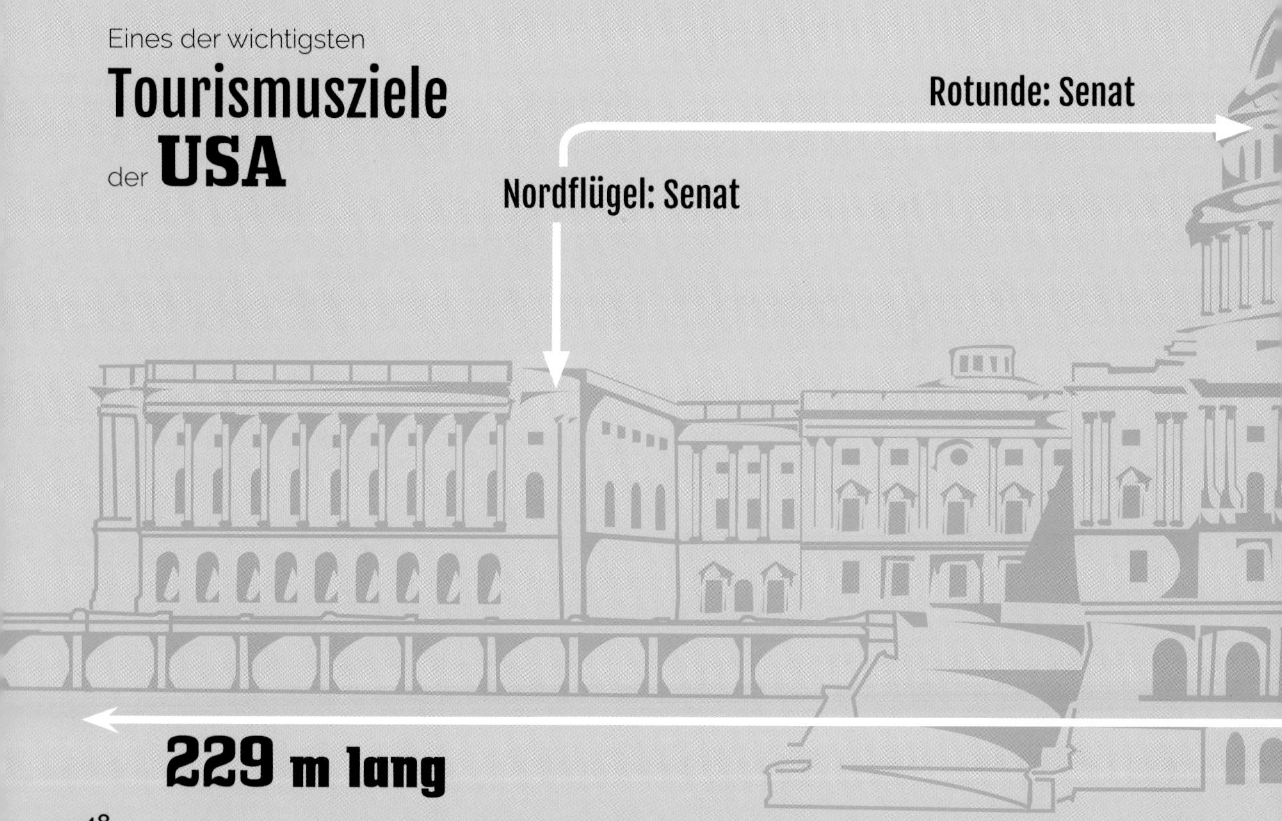

Das
Kapitol
beherbergt den
Kongress (Legislative).

Der Kongress besteht aus dem Senat (Senate) und dem Repräsentantenhaus. (House of Representatives).

Rotunde:
365 Treppenstufen

an der höchsten Stelle
88 m

107 m breit,

Südflügel: Repräsentantenhaus

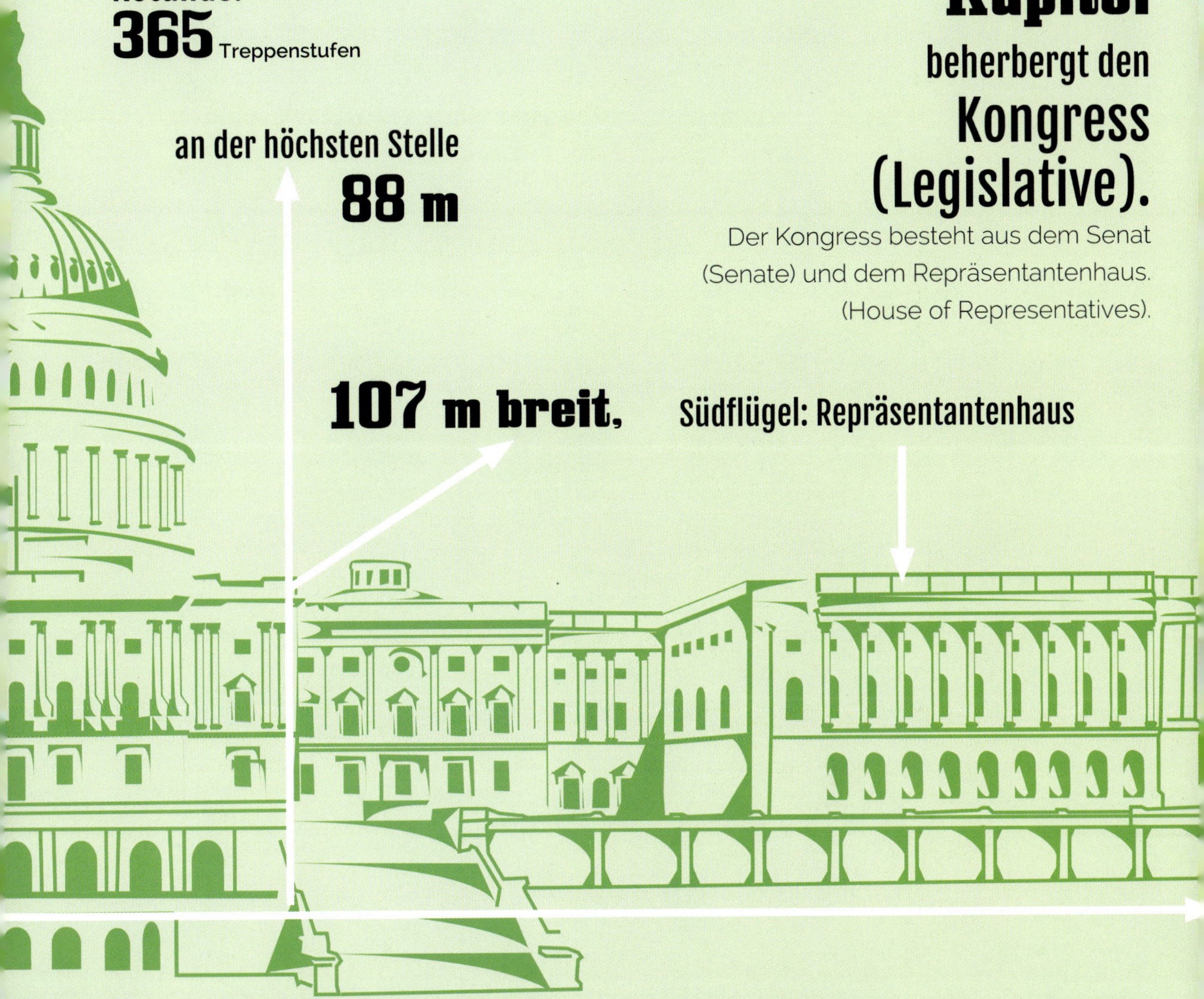

DIE PRÄSIDENTEN DER VEREINIGTEN STAATEN

1. George Washington
(1789–1797)

2. John Adams
(1797–1801)

3. Thomas Jefferson
(1801–1809)

4. James Madison
(1809–1817)

5. James Monroe
(1817–1825)

6. John Quincy Adams
(1825–1829)

7. Andrew Jackson
(1829–1837)

8. Martin Van Buren
(1837–1841)

9. William H. Harrison
(1841–1841)

10. John Tyler
(1841–1845)

11. James K. Polk
(1845–1849)

12. Zachary Taylor
(1849–1850)

13. Millard Fillmore
(1850–1853)

14. Franklin Pierce
(1853–1857)

15. James Buchanan
(1857–1861)

16. Abraham Lincoln
(1861–1865)

17. Andrew Johnson
(1865–1869)

18. Ulysses S. Grant
(1869–1877)

19. Rutherford B. Hayes
(1877–1881)

20. James A. Garfield
(1881–1881)

21. Chester A. Arthur
(1881–1885)

22. Grover Cleveland
(1885–1889)

23. Benjamin Harrison
(1889–1893)

24. Grover Cleveland
(1893–1897)

25. William McKinley
(1897–1901)

26. Theodore Roosevelt
(1901–1909)

27. William H. Taft
(1809–1913)

28. Woodrow Wilson
(1913–1921)

29. Warren G. Harding
(1921–1923)

30. Calvin Coolidge
(1923–1929)

31. Herbert C. Hoover
(1929–1933)

32. Franklin D. Roosevelt
(1933–1945)

33. Harry S. Truman
(1945–1953)

34. Dwight D. Eisenhower
(1953–1961)

35. John F. Kennedy
(1961–1963)

36. Lyndon B. Johnson
(1963–1969)

37. Richard M. Nixon
(1969–1974)

38. Gerald Ford
(1974–1977)

39. Jimmy Carter
(1977–1981)

40. Ronald W. Reagan
(1981–1989)

41. George H. W. Bush
(1989–1993)

42. Bill Clinton
(1993–2001)

43. George W. Bush
(2001–2009)

44. Barack Obama
(2009–2017)

45. Donald Trump
(seit 2017)

DIE HÄUFIGSTEN STÄDTENAMEN IN DEN USA

Franklin: 26

1. Alabama
2. Arkansas
3. Georgia
4. Idaho
5. Illinois
6. Indiana
7. Iowa
8. Kentucky
9. Louisiana
10. Massachusetts
11. Michigan
12. Minnesota
13. Missouri
14. Nebraska
15. New Hampshire
16. New Jersey
17. New York
18. North Carolina
19. Ohio
20. Pennsylvania
21. Tennessee
22. Texas
23. Vermont
24. Virginia
25. West Virginia
26. Wisconsin

Clinton: 25

1. Arkansas
2. Connecticut
3. Illinois
4. Indiana
5. Iowa
6. Kentucky
7. Louisiana
8. Maryland
9. Massachusetts
10. Michigan
11. Minnesota
12. Mississippi
13. Missouri
14. Nebraska
15. New Jersey
16. Clinton (Clinton County New York)
17. Clinton (Dutchess County New York)
18. Clinton (Oneida County New York)
19. North Carolina
20. Ohio
21. Oklahoma
22. South Carolina
23. Tennessee
24. Utah
25. Wisconsin

Madison: 20

1. Alabama
2. Arkansas
3. Florida
4. Georgia
5. Illinois
6. Indiana
7. Kansas
8. Minnesota
9. Mississippi
10. Missouri
11. Nebraska
12. New Jersey
13. New York
14. North Carolina
15. Ohio
16. Pennsylvania
17. South Dakota
18. Virginia
19. West Virginia
20. Wisconsin

Clayton: 19

1. Alabama
2. Kalifornien
3. Delaware
4. Georgia
5. Idaho
6. Illinois
7. Indiana
8. Iowa
9. Kansas
10. Louisiana
11. Michigan
12. Missouri
13. New Jersey
14. New Mexico
15. New York
16. North Carolina
17. Ohio
18. Oklahoma
19. Wisconsin

Cleveland: 18

1. Alabama
2. Florida
3. Georgia
4. Illinois
5. Minnesota
6. Mississippi
7. Missouri
8. New York
9. North Carolina (Johnston County)
10. North Carolina (Rowan County)
11. North Dakota
12. Ohio
13. Oklahoma
14. Tennessee
15. Texas
16. Utah
17. Virginia
18. Wisconsin

Marion: 18

1. Alabama
2. Florida
3. Georgia
4. Illinois
5. Minnesota
6. Mississippi
7. Missouri
8. New York
9. North Carolina (Johnston County)
10. North Carolina (Rowan County)
11. North Dakota
12. Ohio
13. Oklahoma
14. Tennessee
15. Texas
16. Utah
17. Virginia
18. Wisconsin

Fairview: 17

1. Alabama
2. Illinois
3. Kansas
4. Kentucky
5. Missouri
6. Montana
7. New Jersey
8. North Carolina
9. Ohio
10. Oklahoma
11. Oregon
12. Pennsylvania
13. South Dakota
14. Tennessee
15. Texas
16. Utah
17. West Virginia

Salem: 17

1. Arkansas
2. Illinois
3. Indiana
4. Iowa
5. Kentucky
6. Massachusetts
7. Missouri
8. Nebraska
9. New Jersey
10. New York
11. Ohio
12. Oregon
13. South Carolina
14. South Dakota
15. Utah
16. Virginia
17. West Virginia

Jackson: 16

1. Alabama
2. Kalifornien
3. Georgia
4. Kentucky
5. Louisiana
6. Michigan
7. Minnesota
8. Mississippi
9. Missouri
10. Nebraska
11. North Carolina
12. Ohio
13. South Carolina
14. Tennessee
15. Wisconsin
16. Wyoming

Milford: 16

1. Connecticut
2. Delaware
3. Illinois
4. Indiana
5. Indiana
6. Iowa
7. Kansas
8. Michigan
9. Missouri
10. Nebraska
11. New Jersey
12. New York
13. Ohio
14. Pennsylvania
15. Texas
16. Utah

Washington: 18

1. Arkansas
2. District of Columbia
3. Georgia
4. Illinois
5. Indiana
6. Iowa
7. Kansas
8. Louisiana
9. Missouri
10. Nebraska
11. New Jersey
12. North Carolina
13. Ohio
14. Oklahoma
15. Pennsylvania
16. Utah
17. Vermont
18. Virginia

Lexington: 17

1. Alabama
2. Georgia
3. Illinois
4. Kentucky
5. Michigan
6. Minnesota
7. Mississippi
8. Missouri
9. Nebraska
10. North Carolina
11. Ohio
12. Oklahoma
13. Oregon
14. South Carolina
15. Tennessee
16. Texas
17. Virginia

Springfield: 17

1. Colorado
2. Florida
3. Georgia
4. Illinois
5. Kentucky
6. Louisiana
7. Massachusetts
8. Michigan
9. Minnesota
10. Missouri
11. Nebraska
12. Ohio
13. Oregon
14. South Carolina
15. South Dakota
16. Tennessee
17. Vermont

Manchester: 16

1. Georgia
2. Illinois
3. Iowa
4. Kansas
5. Kentucky
6. Maryland
7. Michigan
8. Minnesota
9. Missouri
10. New Hampshire
11. New York
12. Ohio
13. Oklahoma
14. Pennsylvania
15. Tennessee
16. Vermont

Oxford: 16

1. Alabama
2. Arkansas
3. Georgia
4. Idaho
5. Indiana
6. Iowa
7. Kansas
8. Maryland
9. Michigan
10. Mississippi
11. Nebraska
12. New York
13. North Carolina
14. Ohio
15. Pennsylvania
16. Wisconsin

DIE GRÖSSTEN STÄDTE DER USA

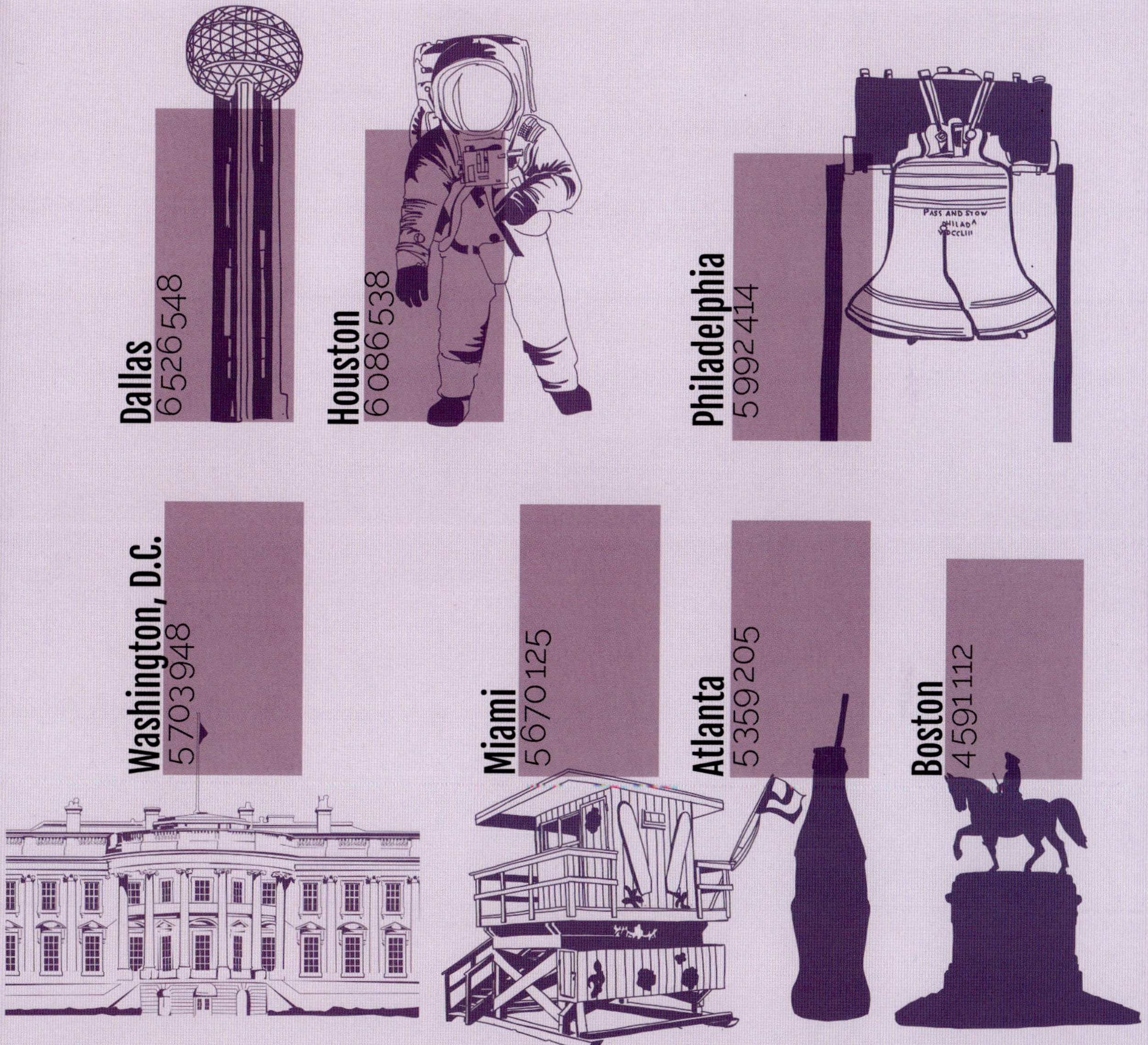
Dallas
6 526 548
Houston
6 086 538
Philadelphia
5 992 414
Washington, D.C.
5 703 948
Miami
5 670 125
Atlanta
5 359 205
Boston
4 591 112

NEW YORK

Größte Stadt der USA

Laut Forbes Magazine die Stadt mit den
höchsten Lebenshaltungskosten
in den USA.

Updown ist im Norden Manhattans.

Downtown ist im Süden Manhattans.

Avenues führen von **Süden** nach **Norden.**
Straßen führen von **West** nach **Ost.**

Begrenzt von

Hudson und East River

Jeder **21.** New Yorker ist **Millionär**

800 unterschiedliche **Sprachen** werden in der Stadt gesprochen.

Über **10 000** Einwohner pro km²

In **New York** leben mehr **Iren als in Dublin.**

Eine **Taxi-Lizenz** kostet **1 Million** Dollar.

Alle **4,4 Minuten** wird ein **Kind geboren.**

10 000 km **Straßennetz**

Hausnummern beginnen an der **5th Avenue,** sie teilt die Straßen in East und West.

FREIHEITSSTATUE

Offizieller Name:

Liberty Enlightening the World

Von Frédéric-Auguste Bartholdi geschaffen

1886 eingeweiht

Steht auf Liberty Island
im New Yorker Hafen

Geschenk des französischen Staates an die USA

Stellt die römische Göttin

Libertas (Freiheit) dar

Gesamtgewicht:

204,1 t

Breite des Mundes:

0,91 m

Die ältere Schwester der Freiheitsstatue

steht in Paris auf der Île aux Cygnes, nahe dem Eiffelturm.

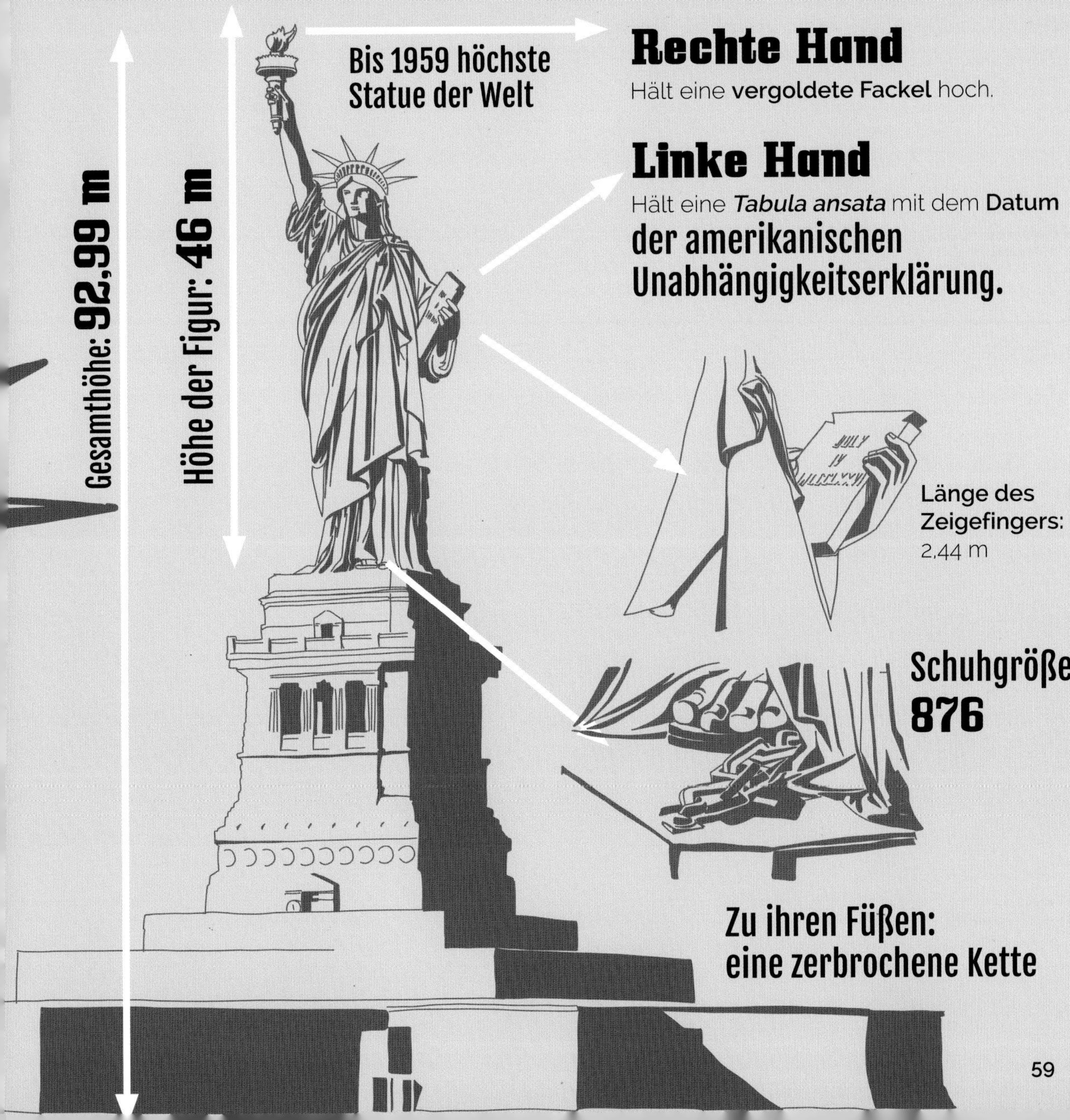
Gesamthöhe: 92,99 m
Höhe der Figur: 46 m
Bis 1959 höchste Statue der Welt
Rechte Hand
Hält eine vergoldete Fackel hoch.
Linke Hand
Hält eine Tabula ansata mit dem Datum der amerikanischen Unabhängigkeitserklärung.
Länge des Zeigefingers: 2,44 m
Schuhgröße: 876
Zu ihren Füßen: eine zerbrochene Kette

9/11 – GROUND ZERO

Ground Zero ist ein militärischer Begriff.
Er bezeichnet die **Explosionsstelle einer Atombombe oder Rakete auf dem Boden.**

Die World Trade Center Site wurde am Dienstag, dem **11. September 2001,** von **Terroranschlägen** komplett zerstört.

Dabei **starben** fast **3000 Menschen,** mehr als **6000 Menschen** wurden verletzt.

Im World Trade Center (WTC) arbeiteten mehr als 50 000 Menschen.

Nach dem Terrorangriff schwelte das Feuer noch **8 Monate** lang.

Tribute of Light

Zwei Lichtstrahlen erinnern an die Gebäude des World Trade Center.

Der Grundstein für das WTC wurde

1966

gelegt, es wurde auf Aufschüttungen angelegt und musste mit 21 m hohen Betonwannen gegen das Wasser des Hudson River geschützt werden.

World Trade Center:

Twin Towers

(WTC 1 WTC 2) und 5 weitere Gebäude.

Jeweils 110 Stockwerke, 417 m und 415 m hoch, 43 600 Fenster

Am 20. September 2001 machte Präsident Bush al-Quaida unter Osama Bin Laden für den Terrorangriff verantwortlich.

WOLKENKRATZER IN DEN USA

One World Trade Center

Der Nachfolgebau des zerstörten World Trade Center ist das **höchste Gebäude in New York,** den Vereinigten Staaten und der Westhalbkugel. Darüber hinaus ist es das vierthöchste Gebäude der Welt und das weltweit höchste Bürogebäude.

Trump International Hotel & Tower

Das zweithöchstes Gebäude in Chicago
Er ist die höchste Betonstruktur in Nordamerika und gehört dem jetzigen Präsidenten Donald Trump.

Bank of Amerika Tower

Das dritthöchste Gebäude in New York City.
Der Turm gehört der Bank of America.

Empire State Building

Das zweithöchste Gebäude in New York City.

Es war das erste Gebäude der Welt mit mehr als 100 Etagen. In den Etagen 86 und 102 sind Aussichtsplattformen.

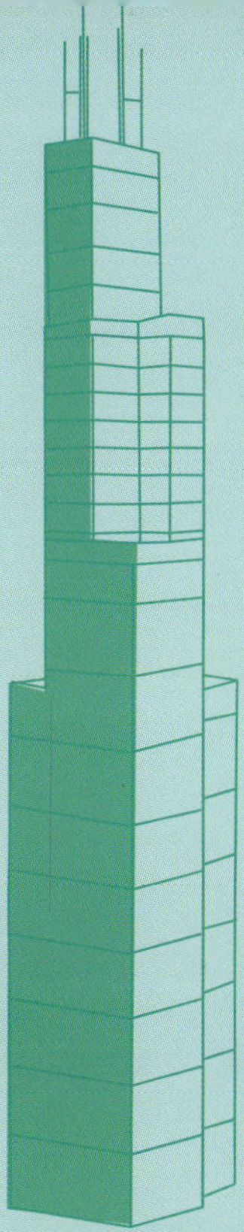

Willis Tower

hieß bis 2009 Sears Tower.

Heute ist er das höchste Gebäude Chicagos.

In der 103. Etage in 412 m Höhe befindet sich ein Aussichtsdeck.

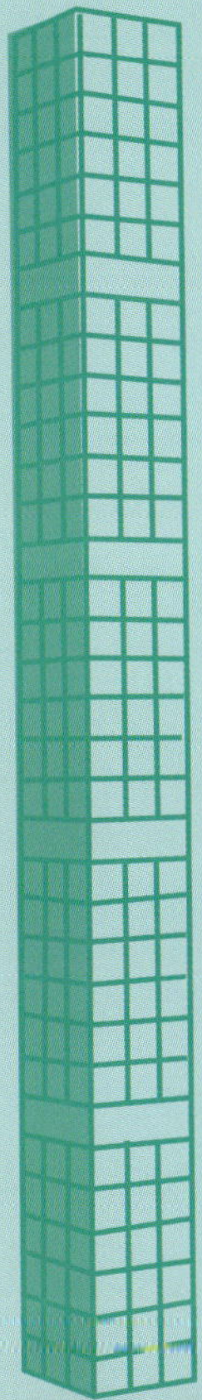

432 Park Avenue

ist der höchste Wohnturm der westlichen Hemisphäre.

CHICAGO

Chicago ist die
drittgrößte Stadt in Amerika.
Sie wird auch **Windy City** genannt.

Stadtfläche: mehr als
28 000 km²

Chicago Symphony Orchestra
Es gilt als eines der führenden klassischen Orchester der USA.

Am Anfang des 20. Jahrhunderts
wurde Chicago als
hog butcher for the world
bezeichnet – die Schlachthöfe und die Fließbandverarbeitung von Fleisch waren weltweites Vorbild.

Hier fand 1886 der Haymarket Riot statt.
Die Gewerkschaften organisierten einen Streik, um die **Arbeitszeit von 12 auf 8 Stunden täglich zu begrenzen.**
Die Polizei ging mit Gewalt gegen die Streikenden vor, und es kam zu einem Aufstand.

Die Stadt war ursprünglich das Siedlungsgebiet der
Algonkin-Stämme.

CHICAGO JAZZ UND BLUES

Der Chicago Blues ist von Mundharmonika, Gitarre und Piano geprägt.

Musiker wie **Muddy Waters** und **Little Walter Willie Dixon** prägten den Chicago Blues.

Chicago war in den

1920er-Jahren

die

Jazz-Metropole.

Louis Armstrong und Earl Hines kamen aus New Orleans nach Chicago und spielten dort in den Clubs.

Der Chicago Jazz legt vor allem Wert auf die instrumentalen **Solo-Improvisationen.**

Im Juni findet ein viertägiges Blues-Festival statt.

NEW ORLEANS UND DER

New Orleans liegt im

Delta des Mississippi River,

das eigentlich ein ***Sumpfgebiet*** ist, das durch die Verdichtung immer weiter unter den Meeresspiegel absinkt. **Die ersten Siedler bebauten höher liegendes Land, heute das French Quarter.**

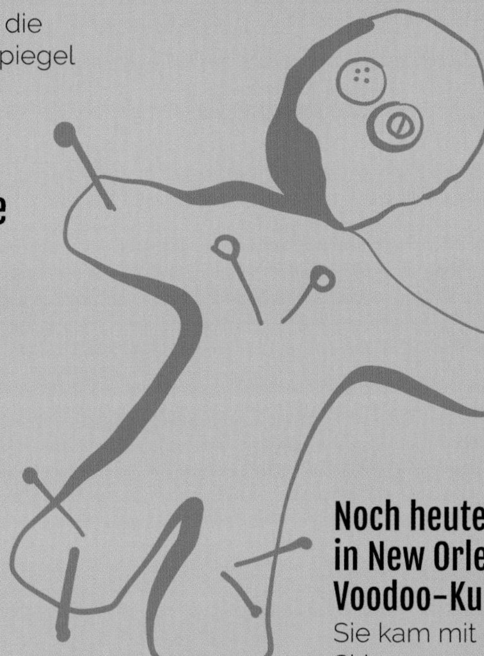

Jean-Baptiste Le Moyne de Bienville

gründete die Stadt

1718.

1788 zerstörte ein **Großbrand** fast die gesamte Stadt.

1927

überflutete der Mississippi

mehr als 70 000 km^2.

Noch heute gibt es in New Orleans eine Voodoo-Kultur.

Sie kam mit den Sklaven aus Afrika.

2005 wurde New Orleans

vom Hurrikan Katrina getroffen,

einem der 4 stärksten Hurrikane, die je in den USA gemessen wurden.

Vor allem die Gebiete der sozial schwächeren bzw. der Afroamerikaner wurden vernichtet.

In New Orleans gibt es aufgrund seiner Lage

keine Friedhöfe, Tote werden in Mausoleen bestattet.

NEW ORLEANS JAZZ

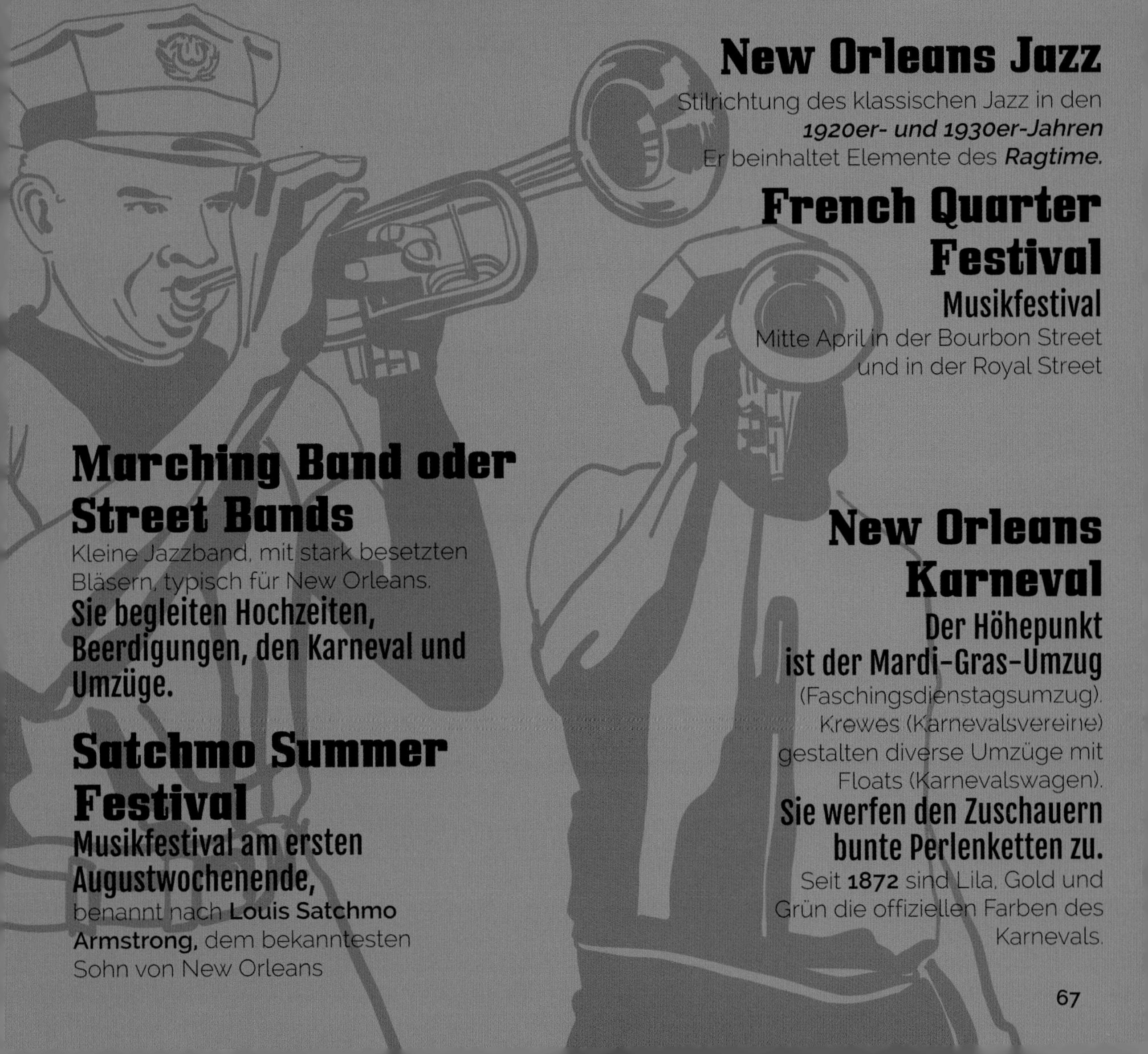

New Orleans Jazz

Stilrichtung des klassischen Jazz in den *1920er- und 1930er-Jahren*
Er beinhaltet Elemente des *Ragtime.*

French Quarter Festival

Musikfestival

Mitte April in der Bourbon Street und in der Royal Street

Marching Band oder Street Bands

Kleine Jazzband, mit stark besetzten Bläsern, typisch für New Orleans.
Sie begleiten Hochzeiten, Beerdigungen, den Karneval und Umzüge.

Satchmo Summer Festival

Musikfestival am ersten Augustwochenende,
benannt nach **Louis Satchmo Armstrong,** dem bekanntesten Sohn von New Orleans

New Orleans Karneval

Der Höhepunkt ist der Mardi-Gras-Umzug
(Faschingsdienstagsumzug). Krewes (Karnevalsvereine) gestalten diverse Umzüge mit Floats (Karnevalswagen).
Sie werfen den Zuschauern bunte Perlenketten zu.
Seit **1872** sind Lila, Gold und Grün die offiziellen Farben des Karnevals.

SAN FRANCISCO UND DIE

San Francisco ist nach

Franz von Assisi

benannt und ist die

viertgrößte Stadt Kaliforniens.

Sie liegt über dem

San-Andreas-Graben

und hat damit ein **erhöhtes Erdbebenrisiko.**

1906

wurden große Teile der Stadt von einem Erdbeben

der Stärke 7,8

auf der Richterskala und dem darauffolgenden Feuer zerstört.

San Francisco hat ein

rechtwinkliges Straßennetz

mit sehr **steilen Abschnitten.** Nur die Lombard Street bzw.

der Teil der Lombard Street

am Russian Hill wird (nicht ganz zurecht) als **kurvenreichste Straße der Welt bezeichnet.**

Cable Cars

1873 nahm

das erste Cable Car seinen Betrieb auf.

Golden Gate Bridge

Das Wahrzeichen von San Francisco ist die Hängebrücke über der Bucht von San Francisco.

Sie wurde 1937 eröffnet und war damals die längste Hängebrücke der Welt.

HIPPIE-BEWEGUNG

Die **Hippie-Bewegung** ging in den 1960er-Jahren von San Francisco aus. Sie wollte ein von bürgerlichen Tabus befreite s Leben und orientierte sich an **Henry David Thoreau.** Die Hippie-Bewegung **war eine Friedensbewegung.** Ihre Anhänger propagierten die freie Liebe, konsumierten Drogen und praktizierten fernöstliche Religionen

Die Friedensbewegung richtete sich vor allem gegen den Vietnamkrieg:

Make love, not war.

In der ***Beat-Generation*** **entstand eine Gegenbewegung** zur herrschenden Gesellschaft, **beeinflusst von Jack Kerouac und Allen Ginsberg.**

Die esoterischen Strömungen der Flower-Power-Bewegung führten zur New-Age-Bewegung. **Eigentlich meint der Begriff das Zeitalter des Wassermannes.**

EINREISE IN DIE USA

ESTA

Seit 2009, elektronische Reisegenehmigung für alle Reisenden,
mindestens 72 Stunden
vor Abflug in die USA zu beantragen,
bis zu 2 Jahre gültig,
zur Überprüfung von Reisenden, die unter dem Programm für visumfreies Reisen (Visa Waiver Travelers) einreisen.

Der Reisepass

muss für die Dauer des Aufenthaltes gültig und maschinenlesbar sein.

Die Entscheidung über die Einreise
trifft die U.S. Customs and Border Protection.

Die Einfuhr von Fleischprodukten oder Pflanzen ist verboten.

Beträge über 10 000 Dollar
müssen deklariert werden.

Bei Einreise über Flug- oder Seehafen werden Fingerabdrücke genommen und digitale Fotografien des Gesichtes angefertigt.

Green Card

(US Permanent Residence Card)

Berechtigt zum unbegrenzten Leben und Arbeiten in den USA

BEGRÜSSUNG

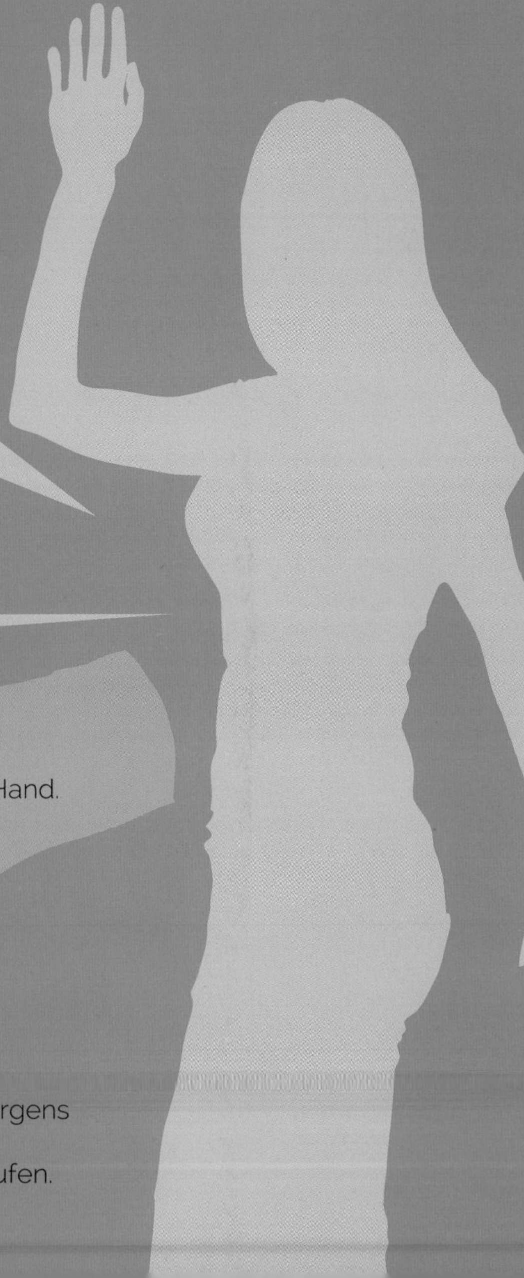

Vorstellung: Nice to meet you
Oder nur: Vorname und Nachname

How are you?

How do you feel?

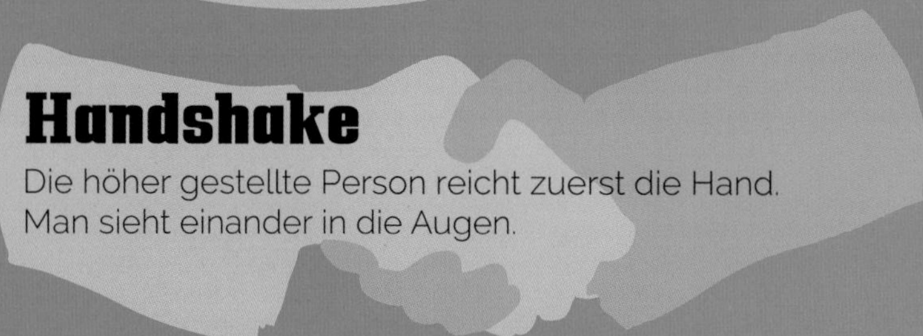

Handshake

Die höher gestellte Person reicht zuerst die Hand.
Man sieht einander in die Augen.

Telefon

Hello oder Name
Nicht vor 9 Uhr morgens
und nicht nach
10 Uhr abends anrufen.

ABSCHIED

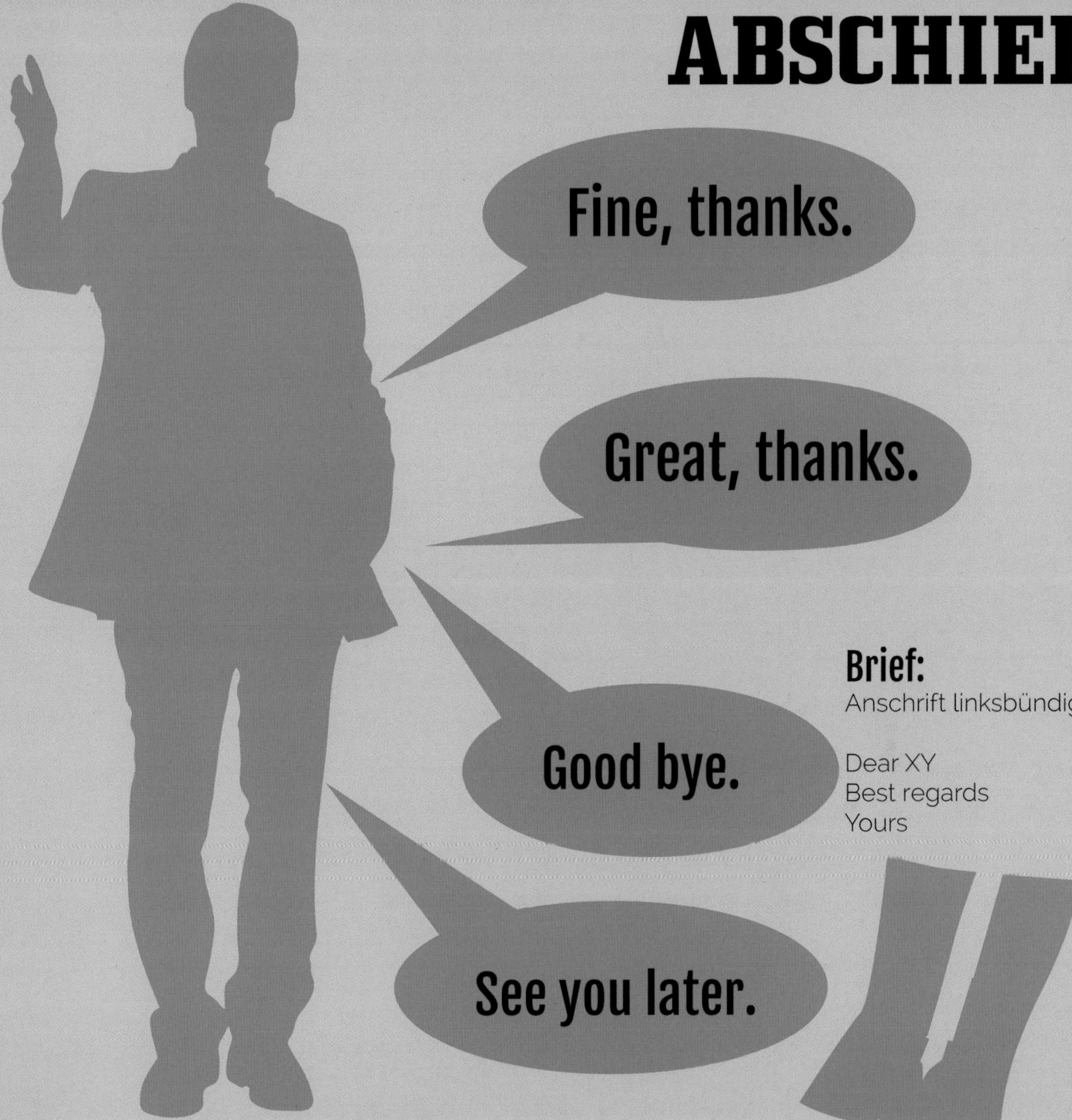

Brief:
Anschrift linksbündig

Dear XY
Best regards
Yours

DIE BEVÖLKERUNG DER USA

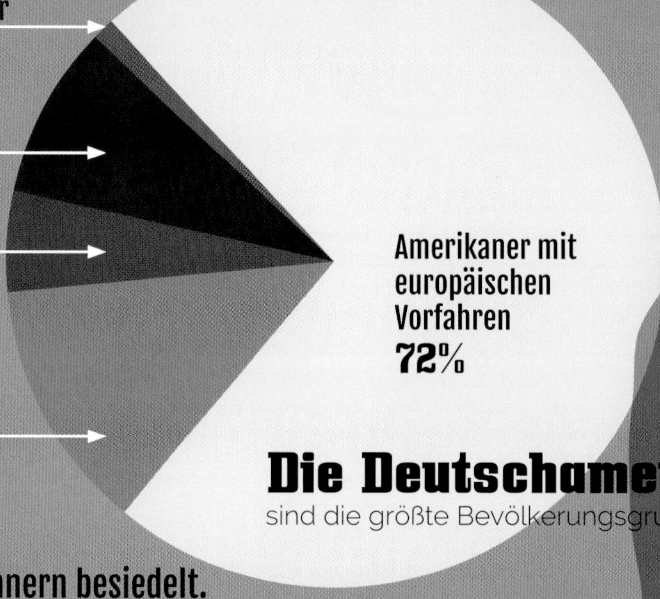

Die Deutschamerikaner sind die größte Bevölkerungsgruppe der USA.

Der Kontinent war ursprünglich von Indianern besiedelt.

In den Vereinigten Staaten zuhause gesprochene Sprachen nach Anzahl der Sprecher (2013)

Im 18. und 19. Jahrhundert

emigrierten vor allem Deutsche und Iren, dann Italiener, Skandinavier und Osteuropäer, darunter viele Juden.

Im **späten 19. Jahrhundert** fand eine

starke Einwanderungswelle aus Asien

(China, Japan, Korea) statt.

Ab dem 17. Jahrhundert

wurden Arbeitskräfte aus Westafrika als Sklaven eingeschleppt.

Die ersten Kolonialisten

waren Spanier, Franzosen und Engländer.

Hispanics oder Latinos

(lateinamerikanische Herkunft) leben verstärkt im Südwesten der USA.

ENTDECKUNG AMERIKAS

Damit ist eigentlich die erste Sichtung Amerikas durch Seefahrer aus Europa gemeint.

Amerigo Vespucci

erkannte als Erster, dass Amerika ein eigener Kontinent ist.

Die ersten Europäer, die Amerika sahen, waren Nordländer, **Isländer bzw. Skandinavier**

im 9. und 10. Jahrhundert.

Es gibt Theorien, dass

die Phönizier und Polynesier

zu den Ersten gehörten, die in Amerika landeten.

CHRISTOPH KOLUMBUS

geb. 1451 Genua, gest. 1506 in Valladolid

Er war ein italienischer Seefahrer, der unter spanischer Flagge segelte **und den westlichen Seeweg nach Indien, eigentlich China, finden wollte.**

Kolumbus war der Sohn eines Wollwebers, konnte Latein und war ein guter Mathematiker.

Er unternahm 4 große Expeditionen, bei denen er 9 Schiffe verlor.

Sein Flaggschiff hieß

Santa Maria,

begleitet von den beiden Schiffen **Niña und Pinta.**

Sie erreichten am

12. Oktober 1492 die Neue Welt

und gingen auf einer **Insel der Bahamas an Land, die Kolumbus San Salvador nannte.**

Den Seeweg nach Indien entdeckte tatsächlich Vasco da Gama 1496.

NATIVE AMERICANS/ DIE UREINWOHNER DER USA

Indianer

ist eine Sammelbezeichnung aller indigenen Völker, mit Ausnahme der **Aleuten und Eskimos.**

Da Kolumbus glaubte, in Indien zu sein, wurden die Ureinwohner Indianer genannt.

Sie waren Jäger und Sammler.

Von den Konquistadoren (spanische Eroberer) wurden zahllose Ureinwohner getötet.

Sie starben auch an **eingeschleppten Krankheiten,** gegen die sie keine natürliche Abwehr besaßen.

Die Siedler betrieben Handel mit den Indianern, vor allem, um ihren Bedarf nach Pelzen zu decken.

Nach der Reise von Kolumbus **wanderten immer mehr Europäer nach Amerika aus.** Daraus resultierten Streitigkeiten mit der Urbevölkerung im Land.

Durch den Import von Feuerwaffen kam es zu gravierenden Veränderungen der Machtverhältnisse und zu **zahlreichen bewaffneten Auseinandersetzungen mit den Indianern.**

Durch den Proclamation Act wurde ein **separates Indianer-Territorium geschaffen,** mit dem Ziel, den weißen Siedlern mehr Land zur Verfügung zu stellen. **Die Umsiedlungen wurden mit Gewalt durchgesetzt. 40% der Cherokee verloren dabei ihr Leben.**

Massaker von Wounded Knee 1890

Es war der endgültige Sieg über die Indianer, der sie von den Weißen abhängig machte und sie in Reservate verbannte.

Bis ins die 1980er-Jahre des 20. Jahrhunderts war die Politik auf kulturelle Anpassung ausgerichtet.

Heute haben die Tribal Governments in ihren Gebieten weitgehende Autonomie.

PILGRIM FATHERS/ DIE PILGERVÄTER

waren die ersten Siedler in Neuengland.

Ihr Schiff war die

Mayflower.

Die Pilgrim Fathers gründeten die

Kolonie Plymouth

in Massachusetts. Sie selbst nannten sich **Saints (Heilige)**.

Sie waren radikale Puritaner

und landeten

1620 bei Cape Cod.

Sie überlebten den ersten Winter nur mithilfe der Eingeborenen, die ihnen Lebensmittel zur Verfügung stellten.

Das wird bis heute beim Thanksgiving-Fest gefeiert.

THANKSGIVING

Thanksgiving wird immer am vierten Donnerstag im November gefeiert.

Es ist das **wichtigste Familienfest** in den USA, vor dem Essen wird ein

Dankesgebet

gesprochen.

Gegessen werden:

Rost Turkey – gefüllter Truthahn
Fülle:
Gravy (Sauce)
Cranberry Sauce
Maisbrot
Sweet Potatoes
Pumpkin Pie

Traditionell begnadigt der Präsident einen Truthahn.

Black Friday

(Freitag nach Thanksgiving):
hohe Rabatte in den Geschäften.

Start der Weihnachtssaison

SKLAVEREI

Die Kolonialisierung Amerikas ist auch die Geschichte der Versklavung der Afrikaner.

Zum Betrieb von Plantagen, wie sie im **17. Jahrhundert auch in Virginia** entstanden, benötigte man **kostenlose Arbeitskräfte.**

Die Sklaven wurden grausam behandelt, die Arbeit war extrem hart und die Sterblichkeit sehr hoch.

Sie konnten meist nicht schreiben, **Nachrichten wurden mündlich überliefert,** daher kommt der Begriff **Buschtrommel.**

Charleston war der wichtigste Hafen für den Sklavenhandel.

Worksongs

wurden von den Sklaven während der Arbeit gesungen, nach mündlich tradierten Melodien. Ein Vorsänger gab die Melodie vor, der Chor übernahm sie – sie dienten auch dem Arbeitsrhythmus.

Negro Spirituals

wurden von den missionierten Sklaven im Gottesdienst gesungen und erzählen von den Leiden der Sklaven unter Verwendung biblischer Texte.

Erst 1865 wurde die Sklaverei abgeschafft.

Harriet Beecher Stowe beschreibt in ihrem **1852** veröffentlichten Roman ***Uncle Tom's Cabin (Onkel Toms Hütte)*** das Schicksal von Onkel Tom. Der Roman wurde mehrmals verfilmt.

Der erste **Sklavenbesitzer** in den USA war ein Afroamerikaner.

SEZESSIONSKRIEG/ AMERIKANISCHER BÜRGERKRIEG

Der Krieg zwischen den Unionsstaaten und der Konföderation der Südstaaten dauerte **von 1861 bis 1865.**

Nach der Wahl Abraham Lincolns, der ein Sklaverei-Gegner war, traten die Südstaaten aus der Union aus.

Der Krieg forderte mehr **Todesopfer** als jeder andere Krieg, an dem die USA beteiligt waren. **Es starben ca. 620 000 Menschen.**

Der Norden war an Wirtschaftskraft und auch an Bevölkerungszahl dem Süden überlegen.

Die Südstaaten betrieben vor allem **Plantagenwirtschaft** (Zuckerrohr, Baumwolle, Tabak, Erdnüsse) und **hielten Sklaven.**

Filme:

Geburt einer Nation, 1915
Vom Winde verweht, 1939
The Patriot, 2000

Mit dem 13. Verfassungszusatz erlangten die Sklaven ihre Freiheit. Verfassungszusatz **14 und 15** gaben ihnen **das Bürger- und Wahlrecht.**

BOSTON TEA PARTY

Sie fand am
16. Dezember 1773
in Boston statt.

Ab 1776
wurde zur Erinnerung am
16. Dezember eine Teestunde,
die **Boston Tea Time**,
abgehalten.

Großbritannien
verlangte im
Sugar Act
(Zuckergesetz) und im
Stamp Act
(Stempelgesetz)
höhere Steuern, um die
Kriegskosten der Indianerkriege
zu amortisieren.

Heute steht der Name für die
ultra-konservativen
Republikaner,
die sich unter anderem
gegen Steuererhöhungen aussprechen.

Die **Sons of Liberty,** widerstandsbereite Männer, riefen zum Boykott von Zöllen auf. Beim Massaker von Boston starben viele Menschen.

Bostoner Bürger warfen 3 Ladungen billigen Tees **(über 300 Kisten)** der Britischen East India Trading Company in das Hafenbecken von Boston.

Die Männer trugen eine Feder am Hut, hatten schwarz bemalte Gesichter und ein Beil, das sie Tomahawk nannten. Sie sprachen Pidgin English.

UNABHÄNGIGKEITSERKLÄRUNG DER VEREINIGTEN STAATEN

gilt als Gründungsurkunde der Vereinigten Staaten

Die Kolonien wehrten sich gegen hohe **Steuerforderungen** der Briten nach dem **Siebenjährigen Krieg.**

Die Parole der Kolonisten:
»No Tax without Representation«.

(Keine Steuern ohne parlamentarische Vertretung.)

1775
begann der amerikanische Unabhängigkeitskrieg.

Am 4. Juli 1776 erklärten die 13 britischen Kolonien ihre Unabhängigkeit von Großbritannien.

Der 4. Juli oder Independence Day
ist der amerikanische Nationalfeiertag und wird mit Paraden und Picknicks gefeiert.

Das Vorbereitungs-Komitee für die Verfassung der Unabhängigkeitserklärung bestand aus:

Thomas Jefferson (Virginia), John Adams (Massachusetts), Benjamin Franklin (Pennsylvania), Robert R. Livingston (New York) und Roger Sherman (Connecticut)

Der Text stammt zum größten Teil
von Thomas Jefferson.

Die Unabhängigkeitserklärung besteht aus drei Teilen.

Am bekanntesten ist **der erste Teil** (basierend auf John Lockes Naturrecht):

»We hold these truths to be self-evident, that all men are created equal, that they are endowed by their Creator with certain unalienable Rights, that among these are Life, Liberty and the pursuit of Happiness.«

»Wir halten diese Wahrheiten für ausgemacht, daß alle Menschen gleich erschaffen worden, daß sie von ihrem Schöpfer mit gewissen unveräusserlichen Rechten begabt worden, worunter sind Leben, Freyheit und das Bestreben nach Glückseligkeit.« (Pennsylvanischer Staatsbote)

GOLD RUSH/ GOLDRAUSCH

Gold Rush heißt eigentlich Gold-Ansturm.

Prospektoren

suchten nach Gold, in Flüssen, Bächen oder Geröll.

Mit Pfannen wurde das Gold ausgewaschen.

Nuggets

Goldklumpen, auf natürliche Weise entstanden

Claims

Das Recht, auf öffentlichem Boden Bodenschätze zu gewinnen.

Claims wurden mit Stangen oder Holzpfählen abgesteckt und im **County Register** eingetragen.

Der erste Besitzer eines Claims war George Washington Carmack.

1848/1849

Kalifornischer Goldrausch

James W. Marshall entdeckte als Erster Gold in der Nähe von Sacramento. Ein Zeitungsartikel löste den Goldrausch aus. Mehr als 80 000 Menschen kamen innerhalb eines Jahres.

1858

Colorado Gold Rush

Er dauerte ca. ein Jahrzehnt, es wurde hier auch Silber gefunden.

1896

Goldrausch am Klondike River

Die Goldsucher kamen aus der Region von **San Francisco** und dann auch Europäer.

Dagobert Duck

machte sein Vermögen beim **Klondike Gold Rush.** **1951** erschien Carl Barks' Geschichte ***Only a Poor Old Man***, in der die Quelle von Dagoberts Reichtum erstmals erwähnt wurde.

Charlie Chaplin

drehte den Stummfilm ***The Gold Rush*** (1925).

JEANS

Sie kamen ursprünglich
aus Europa
nach Amerika.

Ihr Name kommt von
französischen Wort für
Genua: Gênes.

Levi Strauss,
ein Auswanderer, ging nach
San Francisco
und machte dort Arbeitshosen
für die Goldgräber.

Die Idee, die
Nähte mit Nieten
zu verstärken, stammte von **Jacob Davis.**
Levi Strauss und er ließen diese Idee
1873 gemeinsam patentieren.

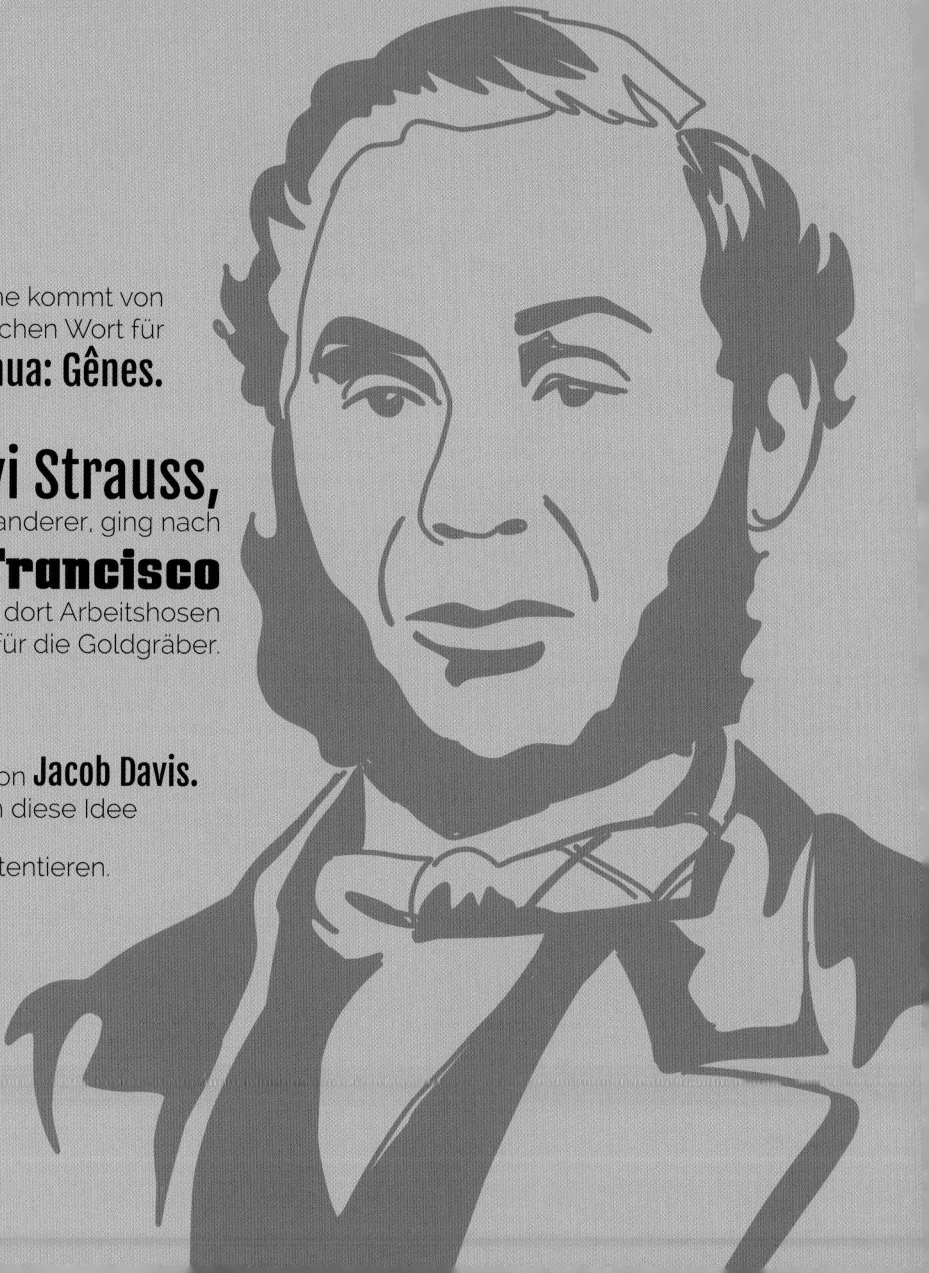

Der ursprüngliche Stoff
wurde durch
blaugefärbten Denim
ersetzt, daher der Name
Blue Jeans.

Sie wurden auch von Cowboys, Farmern und Handwerkern getragen.

Durch

Filmstars

wie James Dean

wurden Jeans auch in Europa populär und zum **Zeichen des Protests gegen das Establishment.**

Die Größe wird meist noch immer in

Zoll

(Weite/Schrittlänge) angegeben.

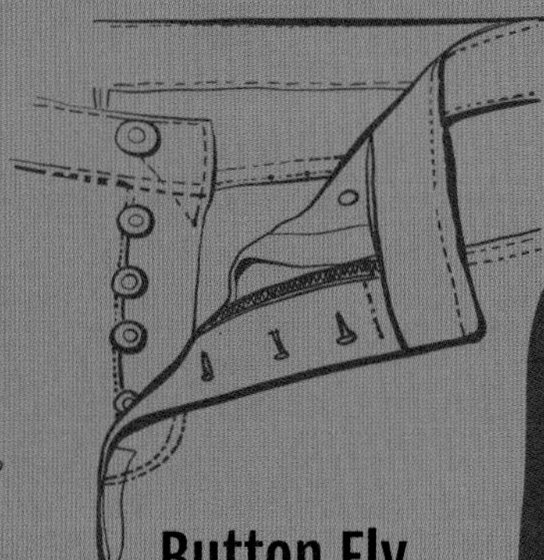

Button Fly

Ursprünglich wurden Jeans mit Knöpfen geschlossen.

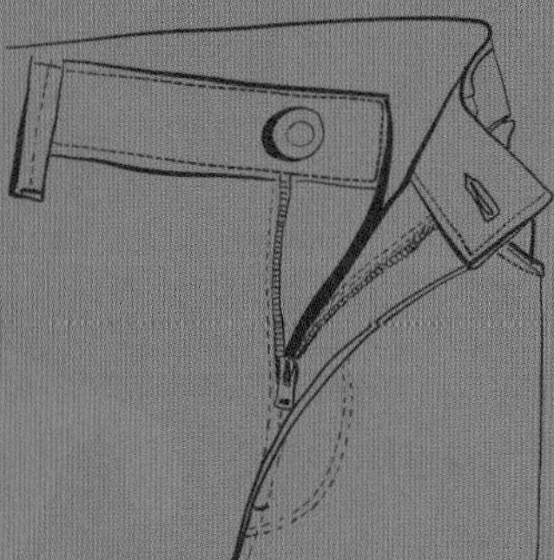

Zip Fly

Zippverschluss

WESTERN

Sie erzählen von der Besiedelung des Wilden Westens durch die **Siedler im 19. Jahrhundert.** Vielfach zeigen sie die Fahrten der Planwagen-Trecks, Eisenbahnbau oder Indianerkriege.

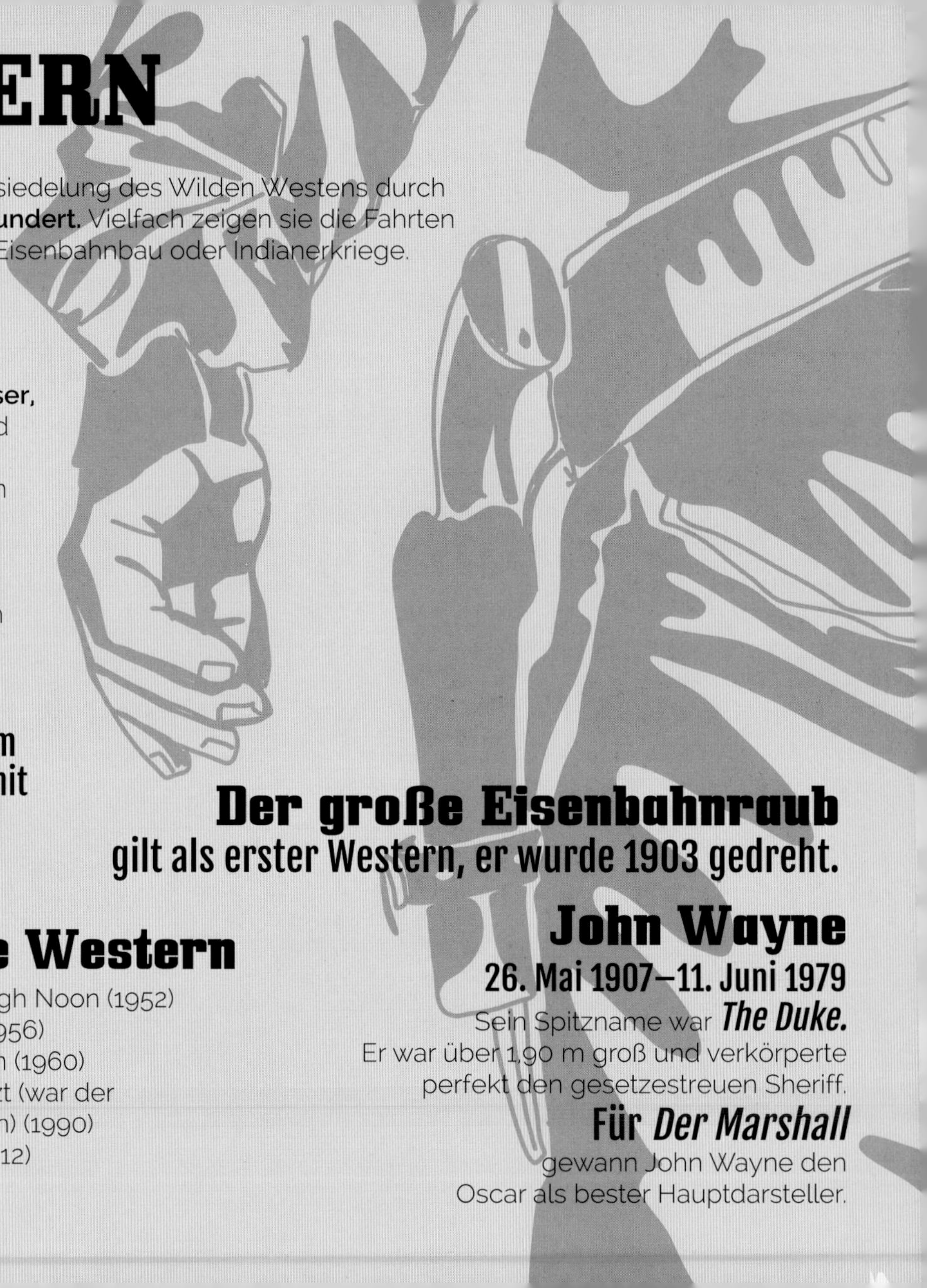

Der Sheriff und sein **böser, gesetzloser Gegner** sind die zentralen Figuren. Western spielen meist in kleinen Orten. Saloon, Pferde, Pferdewagen, **Indianer** und der finale **Showdown** auf der High Street sind wesentliche Elemente dieser Filme.

Kämpfe um die Frau im Mittelpunkt werden mit Fäusten oder Waffen ausgetragen.

Der große Eisenbahnraub
gilt als erster Western, er wurde 1903 gedreht.

Bekannteste Western

- Zwölf Uhr Mittags - High Noon (1952)
- Der schwarze Falke (1956)
- Die glorreichen Sieben (1960)
- Der mit dem Wolf tanzt (war der erfolgreichste Western) (1990)
- Django Unchained (2012)

John Wayne

26. Mai 1907–11. Juni 1979

Sein Spitzname war ***The Duke.***

Er war über 1,90 m groß und verkörperte perfekt den gesetzestreuen Sheriff.

Für *Der Marshall*

gewann John Wayne den Oscar als bester Hauptdarsteller.

COWBOYS

Cowboy-Hut
Der Stetson wurde **1865** in Philadelphia zum ersten Mal hergestellt.

Ausrüstung:

Hosen mit Lederflecken oder Jeans
Hosenträger
Hemden
Gilet
Halstücher
(die man über die Nasen ziehen konnte)
Sporen
Lasso
Revolver
Gewehr
Messer

Cowboys waren Viehhirten.

Sie trieben in Texas im **19. Jahrhundert** die verwilderten Tierherden zusammen.

Cowboys verbrachten den Tag im Sattel und lebten während eines **Trails** im Freien.

Cowboy-Stiefel: robuste Nähte, starkes Oberleder, spitze Form, hoher Absatz (damit der Steigbügel nicht durchrutschen kann)

GANGSTER

Der Name leitet sich von *Gang* ab.
Gangster wird zum Synonym für einen Gesetzesbrecher, der dem organisierten Verbrechen zuzurechnen ist.

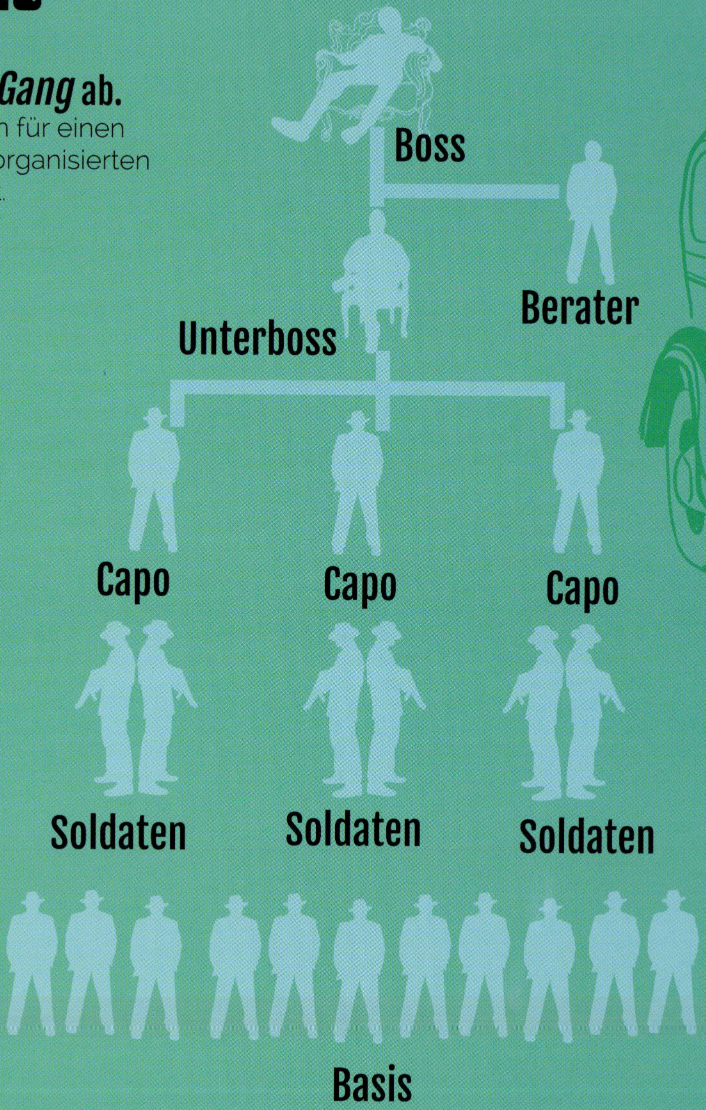

Cosa Nostra und Mafia

Cosa Nostra
Der **FBI-Chef Edgar Hoover** verwendete diesen Begriff erstmalig.

Sie entstand um
1900
und bestand vor allem aus italo-amerikanischen Gangstern.

Die Cosa Nostra ist in Familien organisiert, das Oberhaupt der ehrenwerten Gesellschaft gibt die Befehle. Der Consigliere ist der Berater.

Al Capone

* 17. Januar 1899
† 25. Januar 1947
Er galt als **Staatsfeind Nummer 1.** Al Capone war der Chef der

Chicago Outfit.

Seine Geschäfte waren das illegale Glücksspiel, Schutzgelderpressung, Alkoholschmuggel, Prostitution.

Sein Spitzname war

Scarface

(Narbengesicht).

Er investierte schmutziges Geld in Waschsalons, daher stammt der Begriff der Geldwäsche.

Kosher Nostra

Um *1930* war die sogenannte Kosher Nostra in

New York

aktiv, so bezeichnet wegen der jüdischen Abstammung der Bandenmitglieder wie: **Meyer Lansky, Bugsy Siegel, Dutch Schultz.**

Weitere bekannte Mitglieder der Cosa Nostra:

Lucky Luciano, Frank Costello.

WAFFEN IN DEN USA

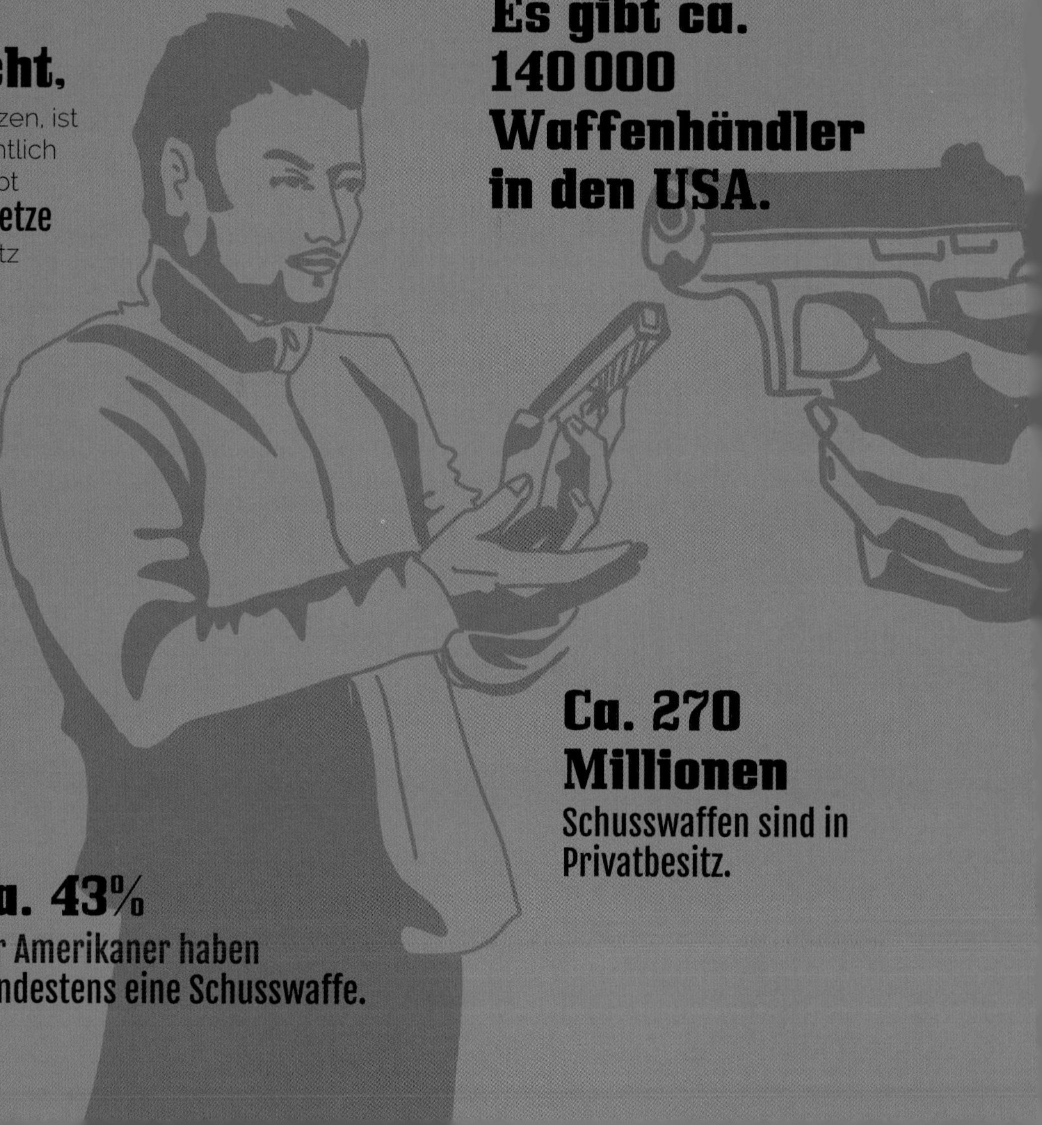

Das Recht,
Waffen zu besitzen, ist verfassungsrechtlich geschützt, es gibt
ca. 20 000 Gesetze
den Waffenbesitz betreffend.

Es gibt ca. 140 000 Waffenhändler in den USA.

Ca. 270 Millionen
Schusswaffen sind in Privatbesitz.

Ca. 43%
der Amerikaner haben mindestens eine Schusswaffe.

National Rifle Association:

eigentlich für das Sportschießen gegründet, heute einflussreiche Waffen-Lobby.

Sie tritt für Waffenbesitz ein und bekämpft die Waffenkontrolle.

Jährlich

sterben ca. 30 000 Menschen

durch den Gebrauch von Schusswaffen.

RASSEN-DISKRIMINIERUNG

1865

wurde in den Vereinigten Staaten die

Sklaverei endgültig abgeschafft.

Der

Ku-Klux-Klan

entstand in der Folge in den Südstaaten. Seine Mitglieder versuchen die Afroamerikaner zu **unterdrücken und durch Gewalt** einzuschüchtern. Sie betreiben Lynchjustiz.

Bis heute ist das **Einkommen** der schwarzen Bevölkerung durchschnittlich um

ca. 40%

geringer als das der weißen.

Malcolm X

eigentlich Malcolm Little

*** 19. Mai 1925**
† 21. Februar 1965
Er bewegte sich im kriminellen Milieu und wurde **1946** zu **10 Jahren Gefängnis** verurteilt.

Noch in der Haft trat er zum Islam über.
Später leitete er den Tempel in Harlem und war Sprecher der Nation of Islam. **Malcolm X wurde zum Hassprediger stilisiert** und war ein Gegner der gewaltlosen Politik von Martin Luther King.

Er war das Idol der Ghetto-Jugend, die unter desaströsen Bedingungen in den Slums lebte.

Er wurde **1965** mit **21 Schüssen** von anderen Mitgliedern der Nation of Islam **ermordet.**

Black Panther Party

Die Partei des **schwarzen Nationalismus** war in den **1960er- und 1970er-Jahren** besonders aktiv. Sie wurde nach der Ermordung von Malcolm X von
Huey Newton und Bobby Seale gegründet.

Die Black Panther Party wollte **bewaffneten Widerstand** gegen die **Unterdrückung** der Afroamerikaner leisten.

MARTIN LUTHER KING

*** 15. Januar 1929**
† 4. April 1968

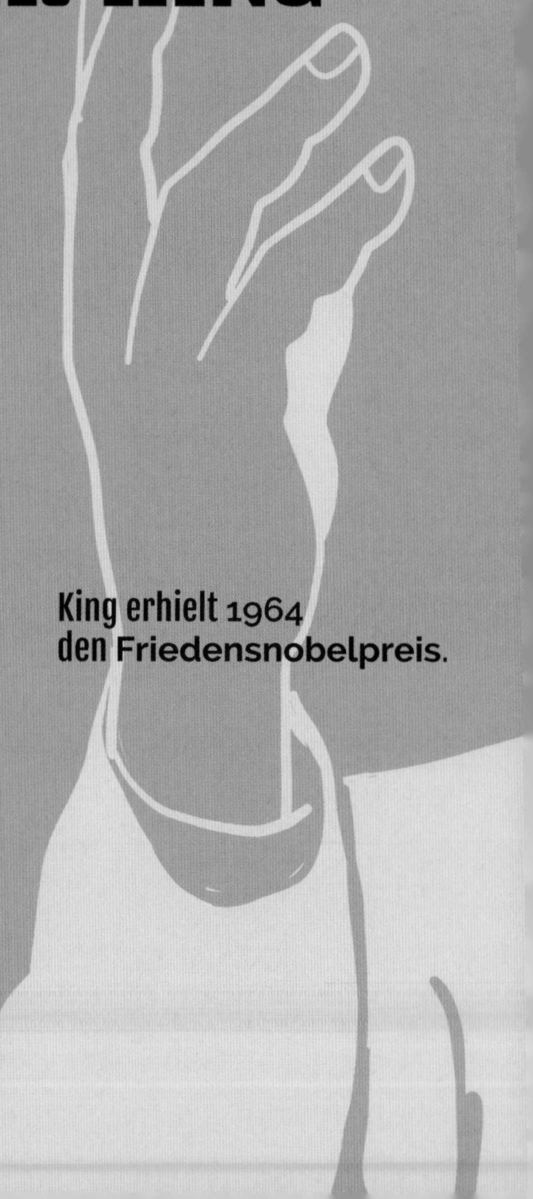

Martin Luther King war
Baptistenpastor
und
Bürgerrechtler.

Martin Luther King war der Sprecher der Bürgerrechtsbewegung

Civil Rights

Movement. Er wuchs in einem Amerika auf, das strikt in Weiß und Schwarz getrennt war.

King erhielt 1964 den Friedensnobelpreis.

Er rief zum zivilen Ungehorsam gegen die Rassendiskriminierung auf:
Die schwarze Bürgerrechtlerin **Rosa Parks** weigerte sich, ihren Platz im Bus für Weiße freizumachen, und wurde verhaftet, angeklagt und zu einer Strafe von **10 Dollar und 4 Dollar Gerichtskosten** verurteilt.

Das führte zu einem 385 Tage dauernden Bus-Boykott der schwarzen Bevölkerung in Montgomery.

Marsch auf Washington

John F. Kennedy legte am

19. Juni 1963

dem Kongress den Civil Rights Act vor,

in dem die **Gleichberechtigung** der schwarzen Bevölkerung festgeschrieben wurde.

Er trat am

2. Juli 1964 in Kraft.

An dem Marsch am

28. August 1963

beteiligten sich mehr als

250 000 Menschen.

Hier hielt er seine berühmte Rede:

I Have a Dream.

Martin Luther King wurde in Memphis

von James Earl Ray, einem Rassisten, erschossen.

RELIGION IN DEN USA

In den Vereinigten Staaten herrscht

Religionsfreiheit.

Die Religionszugehörigkeit wird
auch nicht erfasst.

Ca. 70% sind Christen,

und zwar

- evangelikale Protestanten,
- Mainline-Protestanten
- römisch-katholische Gläubige.

TV-Prediger

Sie predigen im Fernsehen. Einige von Ihnen **besitzen eigene TV-Stationen**.

Sie finden sich vor allem im Bible Belt.

Der Bible Belt erstreckt sich **von Texas über Kansas bis Virginia und Florida.**

Nashville

(sonst als Hauptstadt der Country-Musik bekannt), **Tulsa Jacksonville** und andere Städte werden als

Buckle of the Bible Belt

(Gürtelschnalle) bezeichnet.

Die Zeugen Jehovas

zählen zu den christlichen Religionen.
Sie sind zur Missionierung verpflichtet,
lehnen alle Feiertage, Geburtstage und Bluttransfusionen strikt ab.

Scientology

zählt zu den **nicht christlichen Religionen**. Die Lehre geht auf
L. Ron Hubbard
zurück. Ihre Methoden sind höchst umstritten –
sie gelten in Europa als Sekte.

Ihre bekanntesten Vertreter sind John Travolta und Tom Cruise.

AMISH/AMISCHE

Die Amischen sind eine Glaubensgemeinschaft der Täuferbewegung, die zu **Luthers Zeit** in Deutschland entstand und sich von den Mennoniten abspaltete.

Viele von ihnen wanderten im 18. Jahrhundert nach Pennsylvania aus.

Sie lehnen moderne Techniken ab und betreiben vor allem Ackerbau.

Amische leben in geschlossenen Gemeinschaften **und lehnen Gewalt ab.**

Die Amishen fahren Pferdekutschen und leben zumeist ohne Elektrizität.

Die Amischen stammen **von Deutschen ab** und sprechen das sogenannte **Pennsylvaniadeutsch.** Es kommt ursprünglich aus dem Pfälzischen Dialekt.

Die Frauen tragen **Caps** (Häubchen), für bestimmte Anlässe einen **schwarzen Bonnet** (Stoffhaube) darüber. Sie tragen **schwarze Schürzen.**

Die Kleidung ist einfarbig, gemusterte Stoffe werden nicht verwendet. Die Kleidung soll vor allem bescheiden sein.

Die verheirateten Männer tragen **Vollbart** und bei der Arbeit einen **Strohhut**, an **Sonntagen einen schwarzen Filzhut.**

Gürtel sind für die Amischen verboten, sie tragen Hosenträger.

MORMONEN

Sie berufen sich auf die Bibel und das Buch Mormon.

Der Prophet **Joseph Smith Jr.** behaupetet, das Buch Mormon

1827 von goldenen Platten

übersetzt zu haben. Er schrieb im Laufe seines Lebens auch noch weitere Offenbarungen nieder, die unter dem Titel **»Lehre und Bündnisse«** zusammengefasst sind.

Ihre Kirchen heißen Tempel.

Der Salt-Lake-Tempel

der **Kirche Jesu Christi der Heiligen** der Letzten Tage in Salt Lake City, Utah, ist das bekannteste architektonische Symbol.

Die Mormonen glauben, **dass die erste Besiedlung Amerikas** unmittelbar nach dem Turmbau zu Babel stattfand.

Sie leben vor allem in Utah, Arizona, Wyoming, Idaho, Missouri und Kansas.

STRASSENNETZ IN DEN USA

6.430.366 km
längstes Straßennetz der Welt

Interstates

abgekürzt: I und Nummer

Führen quer durch das Land.

Nord-Süd-Autobahnen:
ungerade Nummern

Ost-West-Autobahnen:
gerade Nummern

Ausfahrten durchlaufend nummeriert, pro Bundesstaat

Ziele werden nicht als Ortsbezeichnung angegeben, sondern mit Nummer der Straße und Himmelsrichtung.

Federal Highways

autobahnähnliche Schnellstraßen,
aber nicht ampel- und kreuzungsfrei.

State oder Provincial Highways

untergeordnete Straßen,
Beschaffenheit kann stark variieren.

Toll Roads oder Turpikes

gebührenpflichtige Straßen, ebenso wie viele Brücken oder Tunnel
Bezahlung mit Kleingeld am Automaten

AUTOFAHREN IN DEN USA

Höchstgeschwindigkeiten einhalten – strenge Strafen

Stoppzeichen beachten

Missachtung wird streng bestraft.

Hohe Strafen für Fahren unter Alkoholeinfluss und Drogen

Strafmandate unbedingt vor Verlassen der USA bezahlen, sonst gibt es Schwierigkeiten bei der nächsten Einreise.

Leihwagen

müssen mit Kreditkarte bezahlt werden.
Mindestalter 25 Jahre
Zur Sicherheit einen **internationalen Führerschein** ausstellen lassen!

Wenn man von der Polizei aufgehalten wird, im Auto sitzen bleiben und die Hände aufs Lenkrad legen.

Nicht aussteigen!

Keine Wertsachen im Auto lassen!

LEGENDÄRE ROUTEN IN DEN USA

Ostküste
ca. 1700 km
von Boston bis Washington D.C.

Alaska Highway
ca. 3000 km
von British Columbia bis nach Alaska

Highway No. 1
ca. 2500 km
Fahrt an der Küste des Pazifischen Ozeans über Los Angeles und San Francisco

Route 66
ca. 4000 km
von Chicago bis Los Angeles

Florida
ca. 2400 km
entlang der Ostküste über Orlando und Miami zum Everglades-Nationalpark

Kanada & USA
ca. 3200 km
von Kanada über die Rocky Mountains bis Phoenix

AUTOMARKEN

Die amerikanische Autoindustrie entstand nach 1890.

Um 1920 dominierten drei große Hersteller den Markt:
General Motors, Ford und Chrysler.

Die Finanzkrise 2008
traf die Autohersteller besonders hart: 2009 gingen sowohl Chrysler als auch General Motors in Konkurs.

General Motors schaffte den Neustart,
Chrysler wurde an Fiat verkauft.

Pickup

Geländewagen mit offener Ladefläche, wird in Amerika *Truck* genannt.
Der meistverkaufte Pickup ist die Ford F-Serie.

Cadillac
Luxuswagen, Cabriolets, Sportwagen

Chevrolet
Personenfahrzeuge, Minivans, SUV

Buick
Luxus für Einsteiger

Dodge
Personenfahrzeuge, Minivans, SUV

Jeep
Geländewagen, SUV

Ford Chrysler
Personenfahrzeuge, Minivans, Geländefahrzeuge

Lincoln
Luxuslimousinen, Cabriolets

Pontiac
Mittelklassewagen, Sportwagen

Hummer
Geländefahrzeuge

NATIONALPARKS

Alle Nationalparks zusammen haben eine Fläche von 340 000 km², fast so groß wie Deutschland.

Yosemite-Nationalpark

liegt in Kalifornien.
UNESCO-Weltnaturerbe
Fläche:
3080 km²
gegründet
1890

Hauptattraktion ist das Yosemite Valley.
Der Park liegt auf 600 bis 4000 m über dem Meeresspiegel.
Der **Pacific Crest Trail** (Wanderweg) führt durch den Park, er gehört mit dem **Appalchian Trail** und dem **Continental Divide Trail** zu den sogenannten Triple-Crown-Wegen.

Hot-Springs-Nationalpark

liegt in Arkansas
Fläche: **22,5 km²**
gegründet **1921**

Hier befinden sich mehrere heiße Quellen in ihm.
Noch heute kann in den Quellen gebadet werden.

Everglades-Nationalpark

ist das tropische Marschland in Florida.
UNESCO-Weltnaturerbe
Fläche:
5660 km²
gegründet am
6. Dezember 1947

Grand-Canyon-Nationalpark

Eine mehr als 450 km lange und 6 bis 30 km breite Schlucht in Arizona, vom Colorado River gegraben.
UNESCO-Weltnaturerbe
Fläche:
4926 km^2
gegründet
1919

Der Name stammt von John Wesley Powell.
Im Grand Canyon kann nur mit *permit* (Erlaubnis) übernachtet werden.

Yellowstone-Nationalpark

erstreckt sich über Wyoming, Montana und Idaho.
UNESCO-Weltnaturerbe
Fläche:
8983 km^2
Er wurde
1872 gegründet und ist der älteste Nationalpark der Welt.

Er liegt über dem **Yellowstone-Vulkan,** dem größten amerikanischen Vulkan, und beherbergt eine der größten Magmakammern der Erde, den größten Geysir der Welt, den Steamboat-Geysir, und Schlammtöpfe.

Der Name stammt vom Yellowstone River.
Im Yellowstone-Park wachsen **Mammutbäume,** die bis zu **115 m** hoch werden und deren **Rinde bis zu 30 cm dick** wird.

Hier leben Grizzly-Bären, Bisons und Wölfe.

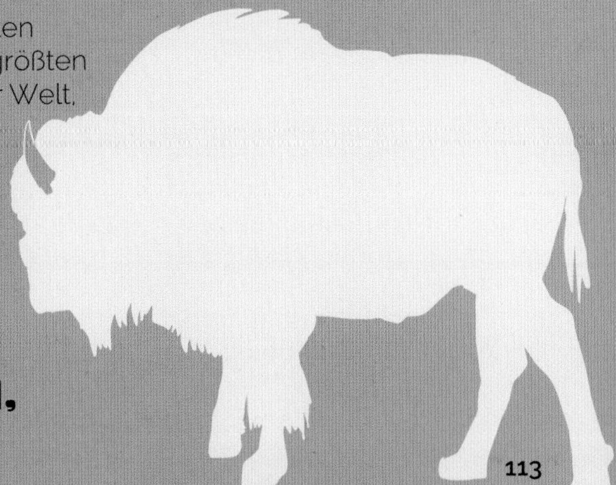

ROCKY MOUNTAINS

Rocky-Mountains-Nationalpark

1915 gegründet

Er ist neben zahlreichen anderen Nationalparks eines der beliebtesten Ziele in den Rocky Mountains.

Die Rocky Mountains erstrecken sich in **Nord-Süd-Richtung** durch das **westliche Amerika.**

Die Nordamerikanische Wasserscheide verläuft entlang der Rockies. Der *Triple Divide* (2444 m hoch) ist der **Wasserscheidepunkt.** Die Flüsse münden in drei Ozeane: **Atlantik, Pazifik, Nordpolarmeer.**

In den Rocky Mountains wurden unter anderem **Blei, Kupfer, Gold, Silber und Zink** gefunden. **Der Abbau führte in den Rockies zu verschmutzten und verseuchten Gewässern.**

Durch den Westwind gibt es häufige Niederschläge an der Pazifikküste und große Trockenheit in den Great Plains.

Der Nationalpark ist bekannt für seine **Seen und seine Tier- und Pflanzenwelt.**

Er gilt auch als Anglerparadies.

Die durchschnittliche Einwohnerdichte beträgt

4 Einwohner pro Quadratkilometer.

Hier lebten zahlreiche **Indianerstämme,** unter anderem die **Apachen, Blackfoot, Cheyenne, Lakota, Shoshone und Ute.**

Die Hudson Bay Company und die North West Company

betrieben hier im

18. Jahrhundert

Pelzhandel. Trapper und Fallensteller lebten unter klimatisch schwierigen Bedingungen.

NIAGARAFÄLLE

Die Niagarafälle verbinden den Erie- und den Ontario-See.

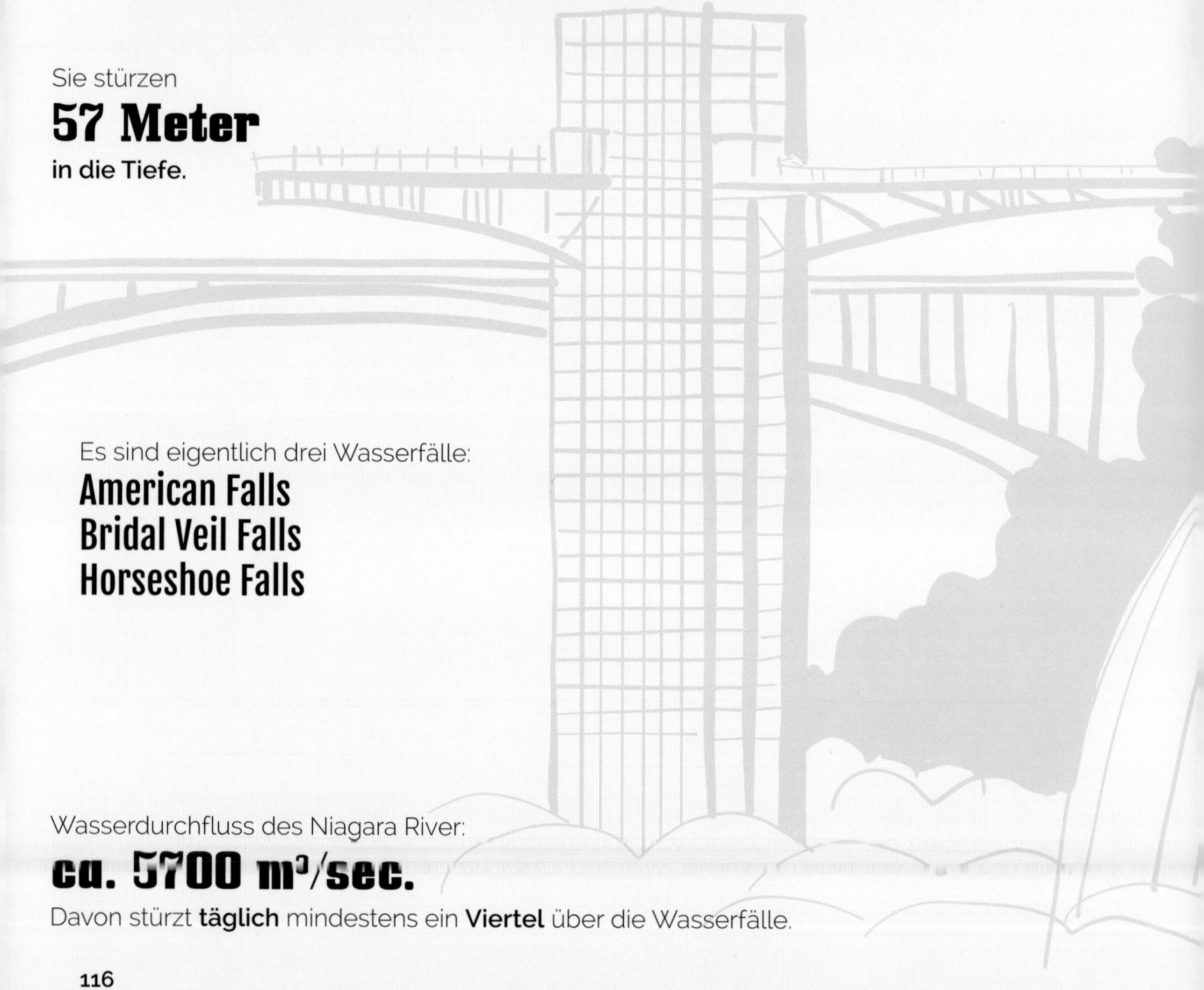

Sie stürzen

57 Meter

in die Tiefe.

Es sind eigentlich drei Wasserfälle:

American Falls
Bridal Veil Falls
Horseshoe Falls

Wasserdurchfluss des Niagara River:

ca. 5700 m^3/sec.

Davon stürzt **täglich** mindestens ein **Viertel** über die Wasserfälle.

Die Niagarafälle sind seit 1800
touristisch erschlossen und haben
ca. 18 Millionen
Besucher **pro Jahr.**

1848
waren die Niagarafälle
30 Stunden
trocken:
Eisschollen blockierten
den Austritt des Flusses.

1936 und 2015
waren die Niagarafälle
fast gänzlich
zugefroren.

Das Befahren der Niagarafälle ist bei Strafe verboten.

DIE GÜRTEL DER USA

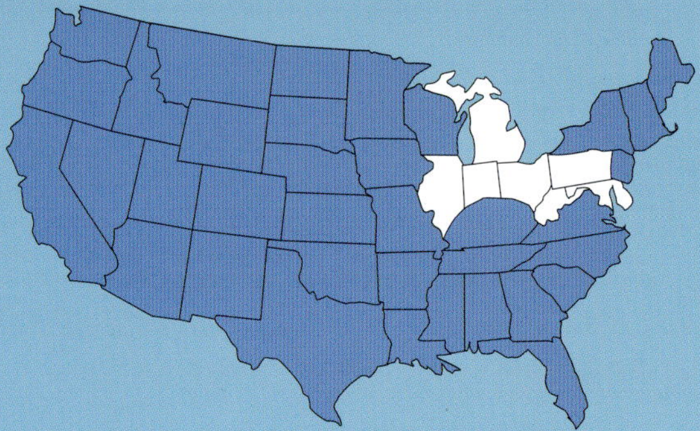

Rust Belt (Rostgürtel)

Er ist die größte **Industrieregion** der USA.

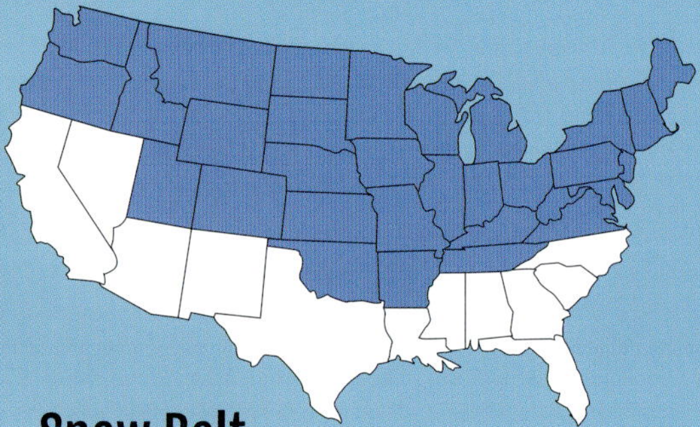

Sun Belt (Sonnengürtel)

Er liegt südlich des 37. Breitengrades und ist eine der am **stärksten wachsenden Wirtschaftsregionen.**

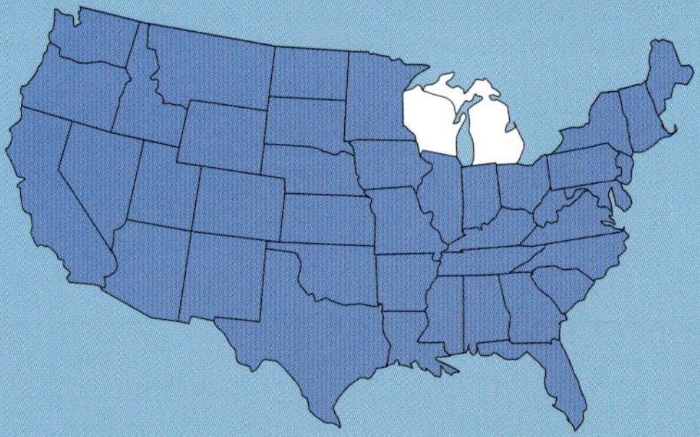

Snow Belt (Schneegürtel)

Das Gebiet der Großen Seen. Winde nehmen die Feuchtigkeit der Seen auf, der Schnee fällt in den Uferregionen.

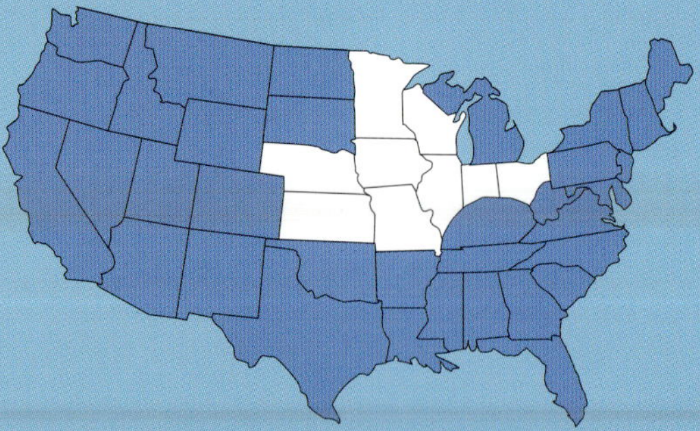

Grain Belt (Weizengürtel)

Hier wird der **amerikanische Weizen** in Monokultur angebaut.

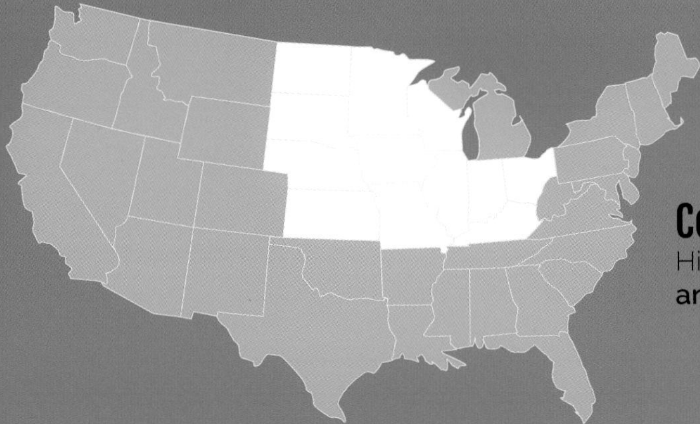

Corn Belt

Hier wird traditionell hauptsächlich **Mais angebaut, heute auch vermehrt Soja**.

Black Belt

Black Belt bezeichnet einerseits **die fruchtbaren Gebiete mit dunklem Boden,** andererseits wird der Begriff **auch für die Südstaaten** mit ihrem **hohen Bevölkerungsanteil von Afroamerikanern** gebraucht.

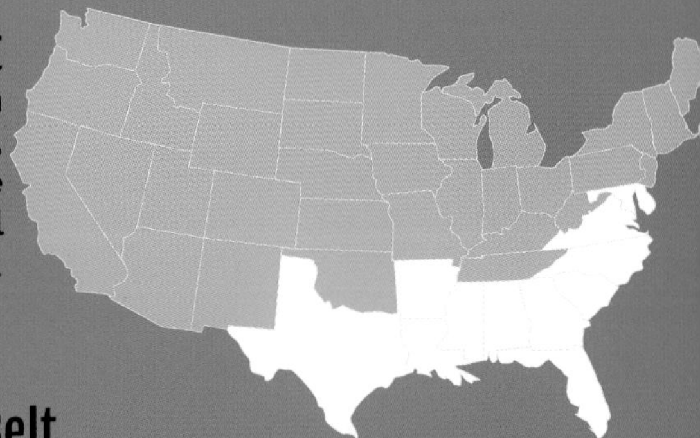

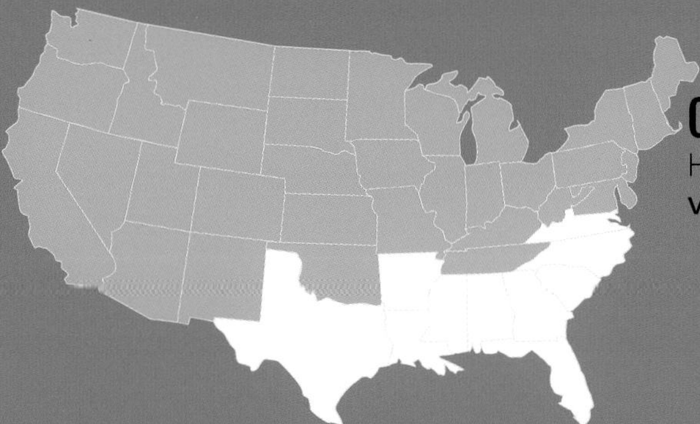

Cotton Belt

Hier wurde im **19. und 20. Jahrhundert vor allem Baumwolle** angebaut.

Dairy Belt

Er bezeichnet die Gebiete, in denen vor allem **Milchwirtschaft** betrieben wird. Dies sind die Neuenglandstaaten und die Great Lakes.

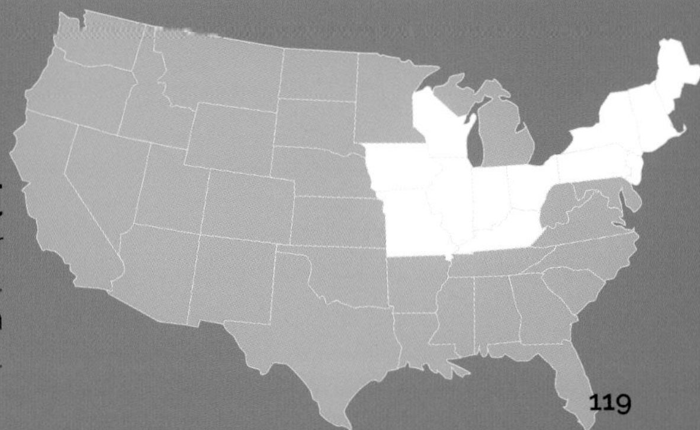

ESSEN IN DEN USA

Hamburger

Bun (rundes Brötchen), Patty (gegrillte Scheibe Rindfleisch)

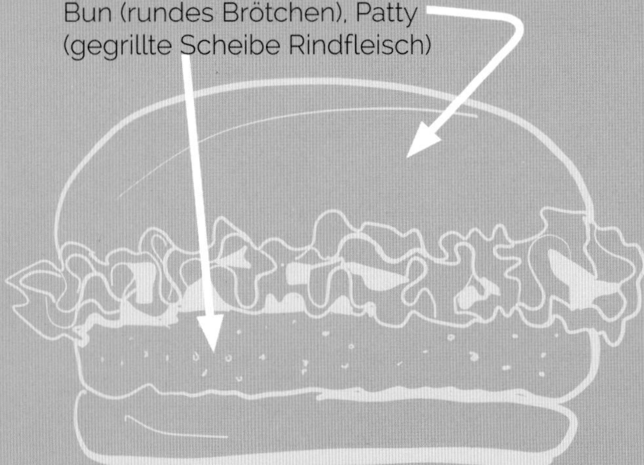

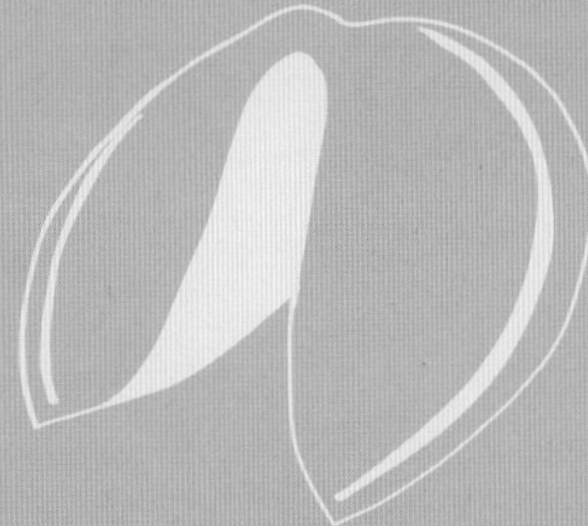

Glückskekse kommen ursprünglich aus Amerika.

Soul Food/Südstaatenküche

z. B. Spareribs und Chicken Wings

Spareribs BBQ

Chicken Wings

French Fries

Peanut Butter Sandwiches

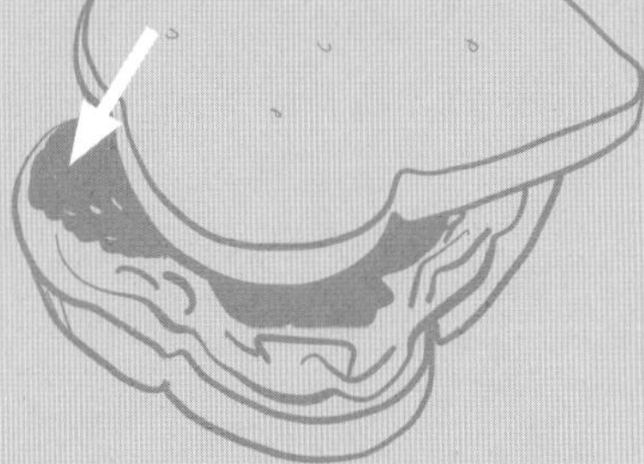

Tex-Mex-Küche

(mexikanische Gerichte – Tacos, Burritos)

Cajun Food (Louisiana)

Baked Beans (New England)

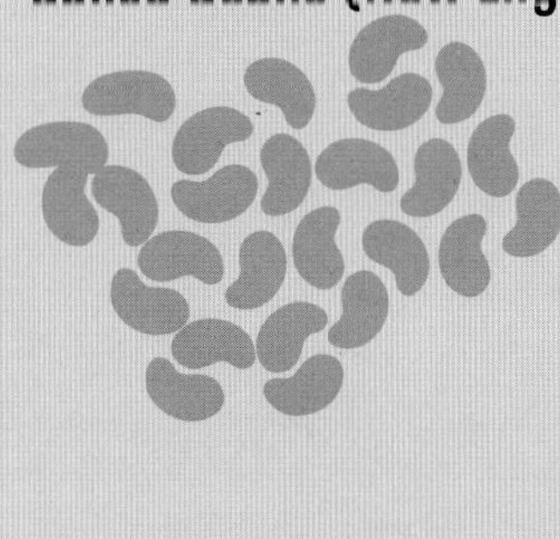

FASTFOOD-KETTEN

McDonald's
seit 1940

arbeiten mit Franchise-System,
Spezialität: Cheeseburger, Pommes

ca. 36 000

Restaurants weltweit

Burger King
seit 1954

Spezialität: Whopper

ca. 13 000

Restaurants weltweit

Wendy's
seit 1969

Spezialität: Hamburger,
Sandwiches und Pommes

ca. 6700

Restaurants weltweit

Taco John's

seit 1968

mexikanisch inspiriertes Essen

ca. 400

Restaurants in Amerika

Taco Bell

seit 1954

arbeiten mit Franchise-System,
Tacos, Burritos, Quesadillas,

ca. 6100

Restaurants weltweit

Jack in the Box

seit 1951

mehr als

2000

Schnellrestaurants in Amerika,
18–24 Stunden geöffnet,
oft als Drive-in

Pizza Hut

seit 1958

arbeiten mit Franchise-System,
Pizzen

ca. 13 000

Restaurants weltweit

KFC

(Kentucky Fried Chicken),

seit 1930

arbeiten mit Franchise System

ca. 20 000

Restaurants weltweit

DINERS

Sie waren ursprünglich vor allem an Fernstraßen zu finden.

Dienten oft als Filmkulisse für Dates von Jugendlichen.

Servieren kleine,
einfache Gerichte und Kaffee.

Kaffee
wird immer nachgegossen und nur einmal bezahlt.

Meist rund um die Uhr geöffnet.

Walter Scott gilt als ihr Erfinder, er baute

1872

einen ausrangierten Speisewagen der Eisenbahn zu einem Restaurant um.

DELIS

Sie entstanden in den USA Mitte des 19. Jahrhunderts und kamen mit deutschen Immigranten nach Amerika.

Die Kosher Food Delis

kamen mit der Welle der **jüdischen Immigranten** nach Amerika.

Kosher Food/ Kosher Style Food

Bagels mit Lachs und Frischkäse
Pastrami-Sandwiches

Alternative zu Fastfood-Restaurants

Pastrami:

ebenso wie Corned Beef haltbar gemachtes Fleisch

Einkauf und frisch zubereitetes Essen werden hier verbunden.

ICE CREAM SODA

1874

Robert McCay Green aus

Philadelphia

soll an einem heißen Tag Vanille-Eis für die Softdrinks verwendet haben, da ihm das Eis ausgegangen war.

AUCH BEKANNT ALS

Ice cream float in GB, Kanada, Südafrika

Root beer float oder **Black Cow** in den USA

Spider in Australien und Neuseeland

Helado flotante in Mexiko

Was man braucht:

1. Großes Glas
2. Eis-Creme
3. Eis-Portionierer
4. Sodawasser, sehr kalt
5. Sirup
6. Strohhalme
7. Lange Löffel

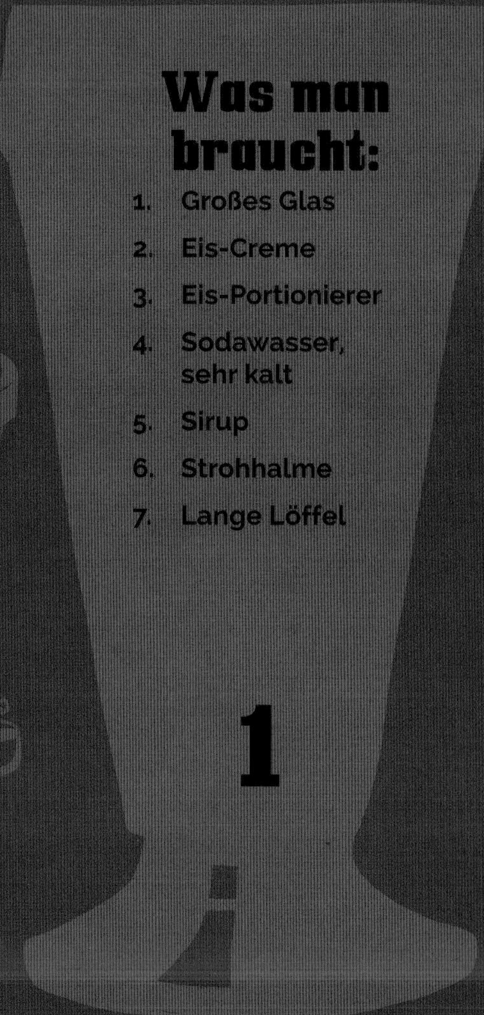

1

2

3

Ice Cream Soda durfte in manchen Staaten **an Sonntagen nicht verkauft werden:** Ice Cream Sundae (ohne Soda)

AMERICAN BREAKFAST

Cereals
(Frühstücksflocken)

Bacon (Speck)
Hash Browns
(Röstkartoffeln)

Sausages
(Würste)

Orange juice (Orangensaft)

Fried eggs
(Spiegelei)
Sunny side down/up
Scrambled eggs
(Rührei)

Pancakes
with maple sirup (Ahornsirup)
Toast
Butter

IM RESTAURANT

TAX (Steuer) inkludiert?
Service Charge

Wait to be seated: Die Bedienung bringt zum Tisch.

Teller werden abgeräumt,

sobald man aufgegessen hat.

Die **benutzte Serviette** wird auf den Stuhl gelegt, nicht neben den Teller.

Naseputzen im Restaurant gilt als **unfein.**

Nach restrooms

und nicht nach toilets fragen!

Doggy Bags

sind in den USA dank der XXL-Portionen üblich.

Nach dem **Essen** in die **Bar** wechseln.

Fleisch: Mehrere Stücke abschneiden, die Gabel in die rechte Hand nehmen und zum Mund führen.

TIP, GRATUITY/ TRINKGELD

Taxi:

10%, eventuell mehr, wenn die Fahrer mit dem Gepäck helfen

Valet Parking:

1–3 Dollar

Im **Restaurant:**

15–20%

Schnellrestaurant oder **Selbstbedienung:**

nicht üblich

Friseur:

10–20%

ALKOHOL IN DER ÖFFENTLICHKEIT

Kein Alkohol in der Öffentlichkeit, das gilt auch für Parks, Strände usw.

Braune Tüten (Brown bags) in der Öffentlichkeit verwenden.

Kein Alkohol am Steuer,

Alkoholgehalt wird in Prozent angegeben.

Keinen Alkohol im **Auto** transportieren, außer im Kofferraum.

Bier und Wein gibt es fast immer im Supermarkt.

Liquor Stores:

für Hochprozentiges

Generelles **Alkoholverbot** in Indianerreservaten

Restaurants brauchen eine Lizenz zum Ausschank von Alkohol.

In verschiedenen Bundesstaaten darf zu bestimmten Nachtstunden kein Alkohol verkauft werden.

Erst ab 21 Jahren

zu kaufen oder zu trinken erlaubt.
In Bars ist ein Ausweis notwendig.

THE NOBLE EXPERIMENT/ DIE PROHIBITION

Landesweites Verbot der Herstellung, des Transports und Verkaufs von Alkohol

1920–1933

Happy Hour:
die Zeit vor dem Abendessen, als bereits getrunken wurde, da in den Restaurants kein Alkohol serviert werden durfte.

Der illegale Alkoholhandel wurde von **organisierten Banden** betrieben.

New York:
Cosa Nostra gemeinsam mit der **Kosher Nostra**

Chicago:
Al Capone mit dem **Chicago Outfit**

Mississippi schaffte die Prohibition **erst 1966** als letzter Bundesstaat ab.

In New York gab es um **1925** mindestens **30 000 Speakeasys** (Flüsterkneipen), in denen heimlich Alkohol ausgeschenkt wurde.

Die Transportnetze der Schmugglerbanden hießen Pipelines.

Es gibt heute noch »dry counties«, wo der Verkauf und der Transport von Alkohol stark eingeschränkt sind. Die meisten liegen im Mittleren Westen.

Franklin D. Roosevelt beendete die landesweite Prohibition mit dem **Cullen-Harrison-Act 1933.**

DRINKS

Whiskey/Bier/Cocktails/Wein/Softdrinks

Whiskey

Wird meist aus Corn (Mais), Rye (Roggen) Barley (Gerste), seltener aus Wheat (Weizen) gebrannt.

Rye war der ursprüngliche Whiskey.

Bourbon überholte den Rye während der Prohibition

Bier

Regular Beer ist dünner und kohlensäurehaltiger als bei uns.

Der Alkoholgehalt liegt meistens zwischen 4,5% und 5,5%.

Die bekanntesten Sorten:

Budweiser, Coors, Miller

Light Beer hat ein Drittel weniger Kalorien.
Einwegflaschen (twist to open) oder Dosen

Cocktails

Vor dem Dinner, nach dem Dinner

Vor allem in Bars, aber auch im Restaurant, zum Essen
Manhattan

Wein

Wird immer beliebter.

Die USA liegen an

4. Stelle der Weinproduktion weltweit.

Die ersten Weingärten legten immigrierte Hugenotten im

16. Jh. an.

Wein wird vor allem in Kalifornien angebaut.

Keine Klassifikation der Weine

Softdrinks

Werden mit viel Eis getrunken –

Achtung Zuckerfalle!

Es gibt zahlreiche Light- oder Zero-Varianten.

Cola – entweder Coca Cola oder Pepsi Cola

Rootbeer

(kohlensäurehaltiges Erfrischungsgetränk, ursprünglich aus den Wurzeln des Sassafrasbaumes gewonnen)

Fruchtsäfte

Ice Tea

HALLOWEEN

Der Name kommt von

All Hallow's Eve

und bezeichnet

die Nacht vor Allerheiligen,

den

31. Oktober.

Trick or Treats

(Süßes, sonst gibt's Saures)

Die Kinder ziehen verkleidet durch die Straßen und bitten um Süßigkeiten.

Sie verkleiden sich als Hexen, Feen, Skelette, Zombies, Geister, Vampire.

Die Iren

feierten den eigentlich

keltischen Feiertag

als katholischen Feiertag

und brachten diese Tradition in die USA.

Die Legende

erzählt, dass Jack Oldfield, ein **Bösewicht, den Teufel überlistete** und nach seinem Tod weder in **den Himmel noch in die Hölle durfte.** Der **Teufel gab ihm eine Rübe und ein Licht,** damit er durch das Dunkel wandern konnte. Seitdem werden **Kürbisse ausgehöhlt und geschnitzt.** **Die Fratzen sollen böse Geister abhalten.** **Man nennt sie auch Jack O'Lantern.**

Halloween wird auch zunehmend von Erwachsenen gefeiert – ebenfalls mit Verkleidungen.

ZEITUNGEN IN DEN VEREINIGTEN STAATEN

In den USA gibt es

ca. 1500 Tageszeitungen,

mit einer Auflage von

ca. 55 Millionen Exemplaren.

Die Auflagen der Zeitungen nehmen kontinuierlich ab, viele der großen renommierten Blätter haben **wirtschaftliche Schwierigkeiten.**

Die größten Zeitungen:

The Wall Street Journal **(Auflage: 2,4 Millionen)**
The New York Times **(Auflage: 1,9 Millionen)**
USA Today **(Auflage: 1,7 Millionen)**
Los Angeles Times **(Auflage: 0,7 Millionen)**
Daily News **(Auflage: 0,5 Millionen)**
The Washington Post **(Auflage: 0,5 Millionen)**
Chicago Sun-Times **(Auflage: 0,5 Millionen)**
Chicago Tribune **(Auflage: 0,5 Millionen)**
The Denver Post **(Auflage: 0,4 Millionen)**

FERNSEHEN IN DEN VEREINIGTEN STAATEN

Fast alle amerikanischen Haushalte besitzen zumindest
ein Fernsehgerät,

bereits um 1950
hatte die Hälfte aller Haushalte einen Fernseher.

Gezeigt werden:

Nachrichtensendungen*:* z. B.: *Good Morning America, This Morning, The Today Show*

Viele Spieleshows, die auch in Europa bekannt sind, z. B.: *The Price is Right* (*Der Preis ist heiß*), Jeopardy

Seifenopern

Daytime Talkshows, wie z. B.: **The Oprah Winfrey Show** – sie gilt als erste Afroamerikanerin, die Milliardärin wurde. *The Ellen de Generes Show*

Late Night Shows

Sitcoms – sie werden vielfach auch bei uns gezeigt, z. B.: *The Big Bang Theory, How I Met Your Mother, The Simpsons, Two and a Half Men, Seinfeld, Friends.*

Reality Shows

4 große Medienkonzerne: CBS, NBS, ABC, FOX

THEATER IN DEN USA/ BROADWAY

Der Broadway ist das
New Yorker Theaterviertel.

Die ersten Theater entstanden im
18. Jahrhundert
in Charleston, Philadelphia, New York, und Boston.

Um 1900 war
***Vaudeville* in New York**
populär. Es hatte keine Handlung, sondern reihte Nummern aneinander, es traten auch Bauchredner, Akrobaten usw. auf.

Broadway-Produktionen: Theater mit mehr als
500 Sitzplätzen

Off-Broadway: Theater mit
100 bis 500 Sitzplätzen

Off-Off Broadway: Theater mit
meist unter 100 Sitzplätzen

Anfang des 20. Jahrhunderts gab es jährlich eine Revue am Broadway:
Ziegfeld Follies.
Sie waren ein Nummernprogramm ohne Handlung.

Als erstes Musical **gilt *The Black Crook*,**

uraufgeführt am Broadway **1866.**
Es dauerte mehr als 5 Stunden.

Heute werden die meisten neuen Theaterstücke in New York am **Broadway** aufgeführt.

Im 20. Jahrhundert dominierte das Musical.

Es verband Tanz, Gesang und Schauspiel und hatte seine Wurzeln in den populären *Minstrel Shows*.

Durch den Film, der in den 1920er-Jahren boomte, **verloren die Theater ihr Massenpublikum.**

Metropolitan Opera

Sie zählt zu den führenden Opernhäusern der Welt. Die ***Metropolitan Opera Company*** wurde **1880 gegründet,** sie lag ursprünglich am Broadway.
Nach 1966 wurde ein neues Gebäude errichtet. Es fasst 3900 Besucher.

HOLLYWOOD

Hollywood ist ein Stadtteil von Los Angeles und das Zentrum der amerikanischen Filmindustrie.

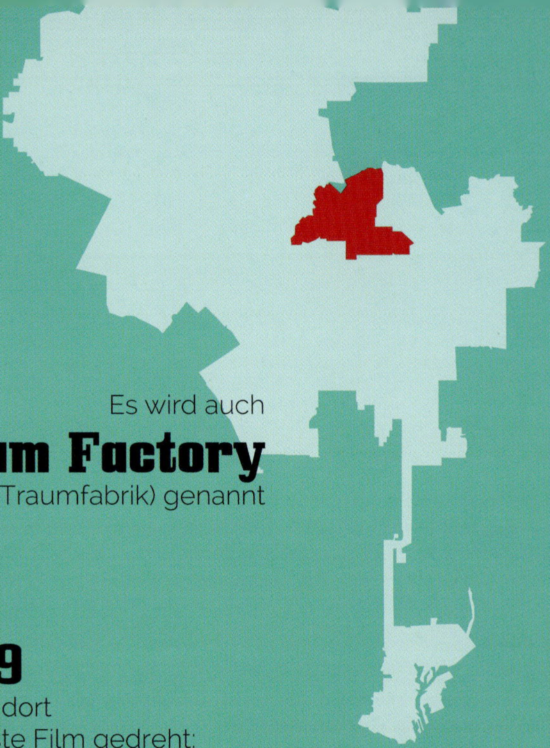

Es wird auch

Dream Factory

(Traumfabrik) genannt

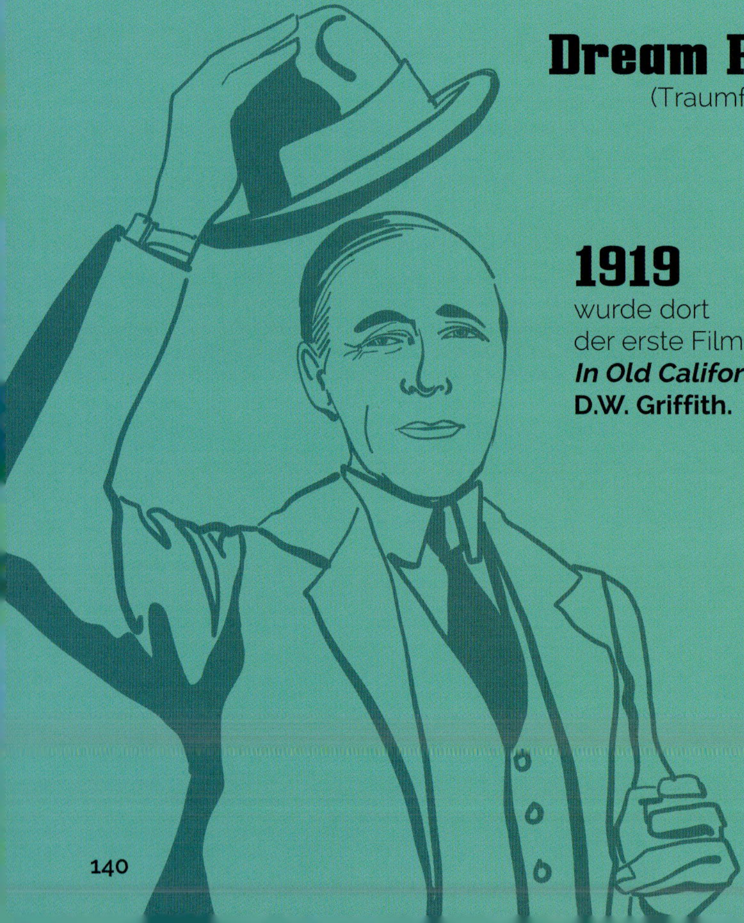

1919

wurde dort
der erste Film gedreht:
In Old California **von**
D.W. Griffith.

1911 eröffnete die
Nestor Company,
das erste Filmstudio.

Das helle Licht
war einer der Gründe,
warum die Filmstudios
nach Hollywood gingen.

1923 errichtete
ein Immobilienbüro das
Hollywood Sign in den
Hollywood Hills.

DIE BIG STUDIOS

Paramount Pictures

Eine Filmproduktionsgesellschaft für Kino- und Fernsehfilme.

Im Archiv befinden sich die meisten Paramount-Filme, die vor **1950** gedreht wurden. Paramount Pictures übernahmen Kinoketten und wurden zum **mächtigsten Filmverleih in den USA.** Sie arbeiteten vor allem mit großen Stars, wie **Rudolph Valentino, Gloria Swanson, Pola Negri** und später **Gary Cooper** oder **Marlene Dietrich**.

Bekannte Filme:

- Jäger des verlorenen Schatzes
- Der Pate
- Star Trek
- Spiel mir das Lied vom Tod
- Grease
- Forrest Gump
- Chinatown
- Titanic

Universal Studios

Gehören zu NBC Universal, wurden **1912** von Carl Laemmle gegründet, einem deutschen Einwanderer.
Er kaufte eine alte Hühnerfarm und errichtete Universal City.
Zu Universal gehört auch ein **Vergnügungs- und Themenpark**, der Studio-Rundfahrten anbietet und jeweils nach den Filmen gestaltet wird.

Bekannte Filme:

- Die purpurrote Maske
- Des Teufels Lohn
- Zeit zu leben und Zeit zu sterben

Metro-Goldwyn-Mayer, MGM

1924 von Marcus Loew und Louis B. Mayer gegründet und feierte besonders in den 1940er-Jahren große Erfolge.
MGM war bekannt für seine Standards in Bezug auf Beleuchtung und Ausstattung. **Buster Keaton**, **Fred Astaire**, **Gene Kelly** und **Spencer Tracy** sind nur einige der Stars, die MGM unter Vertrag hatte.

Bekannte Filme:

- Menschen im Hotel,
- Wenn der Postmann zweimal klingelt
- Ben Hur
- Meuterei auf der Bounty
- Die oberen Zehntausend
- Doktor Schiwago
- James Bond-Filme
- Hobbit-Filme

Warner Brothers

Vier polnische Brüder, Harry, Albert, Samuel und Jack L. Warner gründeten die Filmgesellschaft, die im Lauf ihrer Geschichte mehrmals mit anderen Unternehmen fusionierte.

Sie brachten 1927 den ersten Tonfilm heraus: *The Jazz Singer*.

Warner Brothers drehten zahlreiche Trickfilme, *Looney Tunes: Porky Pig* (*Schweinchen Dick*), *Daffy Duck* und *Bugs Bunny*.

Ihre Hauptgenres waren Gangsterfilme oder Abenteuerfilme.

Der seinerzeit teuerste Film war: *Robin Hood, König der Vagabunden* mit Errol Flynn.

Casablanca mit Humphrey Bogart und Ingrid Bergman wurde von Warner produziert.

Harry Potter, Matrix, Lethal Weapon sind die großen kommerziellen Erfolge.

Sie besitzen auch die Rechte an DC Comics.

United Artists

Tochterunternehmen von Metro-Goldwyn-Mayer, gehören zu Sony Picture Entertainment.

Das Unternehmen wurde **1919** von Charlie Chaplin, Douglas Fairbanks Sr., Mary Pickford und David Ward Griffith gegründet. Es sollte ursprünglich nur als Vertrieb für die Filme der beteiligten Künstler arbeiten, produzierte dann aber auch eigene Filme.

Bekannte Filme:

- Einer flog übers Kuckucksnest
- Der Stadtneurotiker
- In 80 Tagen um die Welt
- Rocky
- Yentl
- Rain Man

20th Century Fox

Entstand 1935 durch den Zusammenschluss von Fox Film Corporation und 20th Century Pictures, das Studio gehört heute zum Medien-Imperium von Rupert Murdoch.

Bekannte Filme und Fernsehserien:

- Heidi
- Früchte des Zorns
- Star Wars
- Titanic
- Avatar
- X-Men
- Simpsons

OSCARS

Eigentlich heißt der Preis: Academy Award of Merit.

Die Academy wurde 1927,

in einer Krise des Kinos, gegründet, die Einführung des Preises wurde **1928** beschlossen.

Der Spitzname *Oscar*

wurde erst 1979 markenrechtlich geschützt.

1940

wurde die **Sperrfrist** für die Bekanntgabe der Oscar-Preisträger **verletzt,** seitdem werden die Namen der Preisträger in versiegelten Kuverts überreicht.

Der erste Oscar-Preisträger

war der deutsche Schauspieler

Emil Jannings

als bester Hauptdarsteller.

Marlon Brando

verweigerte die Annahme des Oscars, **um sich mit den Indianern zu solidarisieren,** und schickte eine Indianerin zur Verleihung.

Die Trophäe:

3,9 kg schwer
mit 24-karätigem
Gold überzogen.
Materialwert:

ca. 300 Dollar

Big Five – die wichtigsten
Oscar-Kategorien:

- bester Film
- beste Regie
- bester Hauptdarsteller
- beste Hauptdarstellerin
- bestes Originaldrehbuch
- bestes Drehbuch nach einer Vorlage

Nur **3 Filme** gewannen
die Big Five Oscars:
Es geschah in einer Nacht (1934)
Einer flog übers Kuckucksnest (1975)
Das Schweigen der Lämmer (1991)

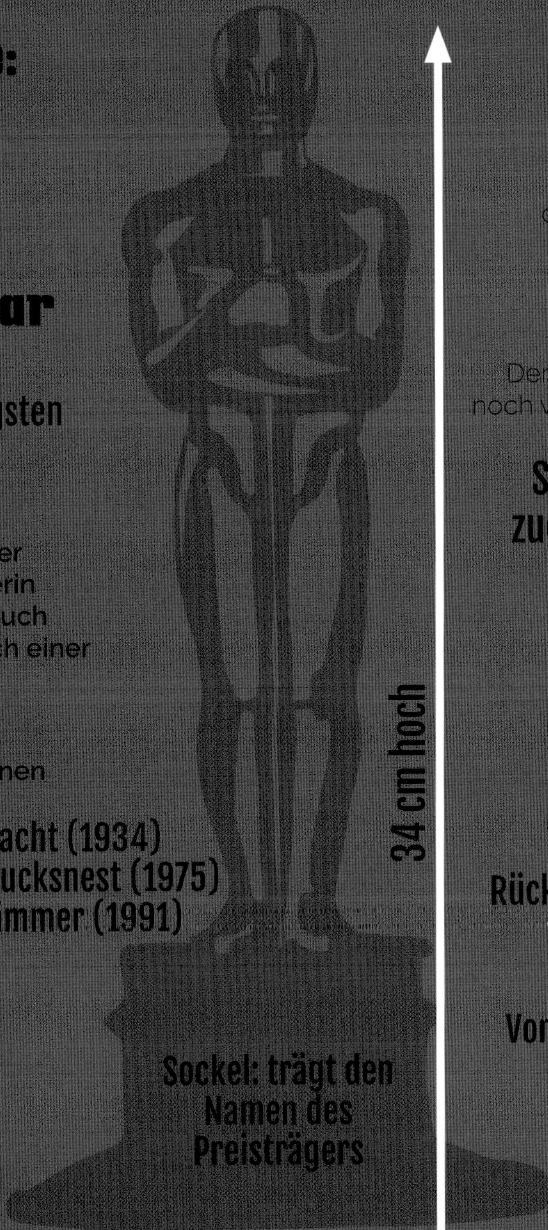

Der Entwurf stammt von
Cedric Gibbons,
dem Art Director von MGM.

Der Oscar darf weder verkauft noch verpfändet werden, das gilt auch für die Erben.
Sie müssen die Statue zuerst der Academy für 1 Dollar anbieten.

11 Oscars:

Ben Hur (1959)
Titanic (1997)
Der Herr der Ringe: Die Rückkehr des Königs (2003)

10 Oscars:

Vom Winde verweht (1939)

REGISSEURE

John Ford

* 1. Februar 1894
† 31. August 1973
Filmregisseur und Produzent

Er gewann 4 Oscars und drehte in seiner 50-jähringen Tätigkeit über 140 Filme.

Ford drehte viele Western-Filme.

Bekannte Filme:

- Up the River
- Früchte des Zorns
- Schlagende Wetter
- Der Sieger

Billy Wilder

* 22. Juni 1906
† 27. März 2002
Er arbeitete als Drehbuchautor und Regisseur, besonders in Filmkomödien.

1961 wurde er mit 3 Oscars für Regie, Drehbuch und als Produzent für *Das Appartement* ausgezeichnet.

Bekannte Filme:

- Manche mögen's heiß
- Das verflixte 7. Jahr
- Das Mädchen Irma La Douce
- Zeugin der Anklage

Woody Allen

* 1. Dezember 1935
Filmregisseur, Schauspieler, Autor, Musiker

Er war 24-mal für den Oscar nominiert und erhielt 4 Oscars.
Woody Allen spielt Jazz.

Bekannte Filme:

- Was Sie schon immer über Sex wissen wollten
- Der Stadtneurotiker
- Manhattan
- Zelig

Francis Ford Coppola

* 7. April 1939
Regisseur und Produzent
Sein **Assistent** bei *Der goldene Regenbogen* war **George Lucas.**

Er wurde mit 5 Oscars für Regie, Drehbuch und als Produzent ausgezeichnet.

Bekannte Filme:

- Der Pate
- Apocalypse Now
- Der Regenmacher

REGISSEURE

George Lucas

*** 14. Mai 1944**
Produzent, Drehbuchautor und Regisseur

Bekannte Filme:

- Star Wars Teil 1–6
- Indiana Jones Teil 1–5

Steven Spielberg

*** 18. Dezember 1946**
Filmproduzent, Regisseur, Drehbuchautor und Schauspieler

Er gilt als der bis heute erfolgreichste Produzent.

Bekannte Filme:

- Der weiße Hai
- E.T. – der Außerirdische
- Jurrassic Park
- Schindlers Liste
- Der Soldat James Ryan
- Indiana Jones Teil 1–4

Quentin Tarantino

* 27. März 1963

Filmproduzent, Regisseur, Drehbuchautor, Schauspieler und Kameramann
Er gilt als Autorenfilmer.

Bekannte Filme:

- Pulp Fiction
- From Dusk Till Dawn
- Kill Bill
- Inglourious Basterds
- Django Unchained

James Cameron

* 16. August 1954

Eigentlich Kanadier, lebt als Filmproduzent, Regisseur, Drehbuchautor in Amerika.
Er ist auf Action- und Science-Fiction-Filme spezialisiert.
1993 gründete er ein Unternehmen für Special Effects: Digital Domain.

Bekannte Filme:

- Terminator 1 und 2
- Abyss – Abgrund des Todes
- True Lies
- Titanic
- Avatar

SCHAUSPIELERINNEN

Mae West

* 17. August 1893
† 22. November 1980

- Sie tat ihm unrecht (1933)
- Every Day's a Holiday (1937)
- Sextette (1978)

Katharine (Houghton) Hepburn

* 12. Mai 1907
29. Juni 2003

- Morgenrot des Ruhms (1933)
- Rat mal, wer zum Essen kommt (1967)
- Am goldenen See (1981)

Doris Day

* 3. April 1922

- Babys auf Bestellung (1958)
- Bettgeflüster (1959)
- Spiel mit mir (1962)

Judy Garland

* 10. Juni 1922
† 22. J uni 1964

- Der Zauberer von Oz (1939)
- Ein neuer Stern am Himmel (1954)
- Das Urteil von Nürnberg (1961)

Ava (Lavinia) Gardner

* 24. Dezember 1922
† 25. Januar 1990

- Verwegene Gegner (1953)
- Die barfüßige Gräfin (1954)
- Erdbeben (1974)

Lauren Bacall

* 16. September 1924
† 12. August 2014

- Haben und Nichthaben (1944)
- Wie angelt man sich einen Millionär? (1953)
- Liebe hat zwei Gesichter (1996)

Marilyn Monroe

(Norma Jean Mortenson,
Taufname: Norma Jean Baker)
* 1. Juni 1926
† 5. August 1962

- Niagara (1953)
- Der Prinz und die Tänzerin (1957)
- Manche mögen's heiß (1959)

Barbra Streisand

(Barbara Joan Streisand)
* 24. April 1942

- Funny Girl (1968)
- So wie wir waren (1973)
- A Star Is Born (1976)

Goldie Hawn

(Aranka Jean Hawn)
* 21. November 1945

- Die Kaktuslbüte (1969)
- Schütze Benjamin (1980)
- Groupies Forever (2002)

Bette Midler

* 1. Dezember 1945

- The Rose (1979)
- Nichts als Ärger mit dem Typ (1987)
- For the Boys – Tage des Ruhms, Tage der Liebe (1991)

SCHAUSPIELERINNEN

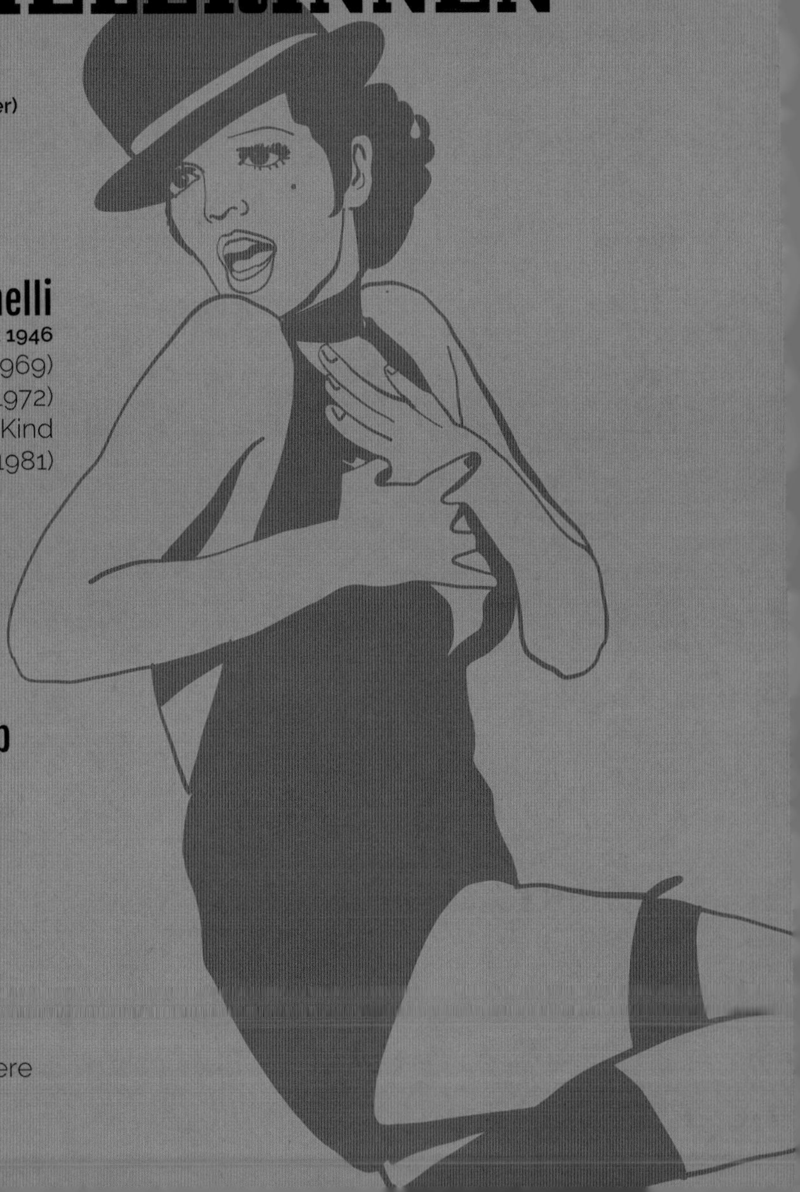

Diane Keaton

(Diane Hall/Keaton Geburtsname der Mutter)

*** 5. Januar 1946**

- Der Pate (1972)
- Der Stadtneurotiker (1977)
- Was das Herz begehrt (2003)

Liza (May) Minelli

*** 12. März 1946**

- The Sterile Cuckoo (1969)
- Cabaret (1972)
- Arthur – Kein Kind von Traurigkeit (1981)

Glenn Close

*** 19. März 1947**

- Zauber der Venus (1991)
- Paradise Road (1997)
- The Girl with All the Gifts (2016)

Mary Louise »Meryl« Streep

*** 22. Juni 1949**

- Jenseits von Afrika (1985)
- Der Teufel trägt Prada (2006)
- Mamma Mia! (2008)

Whoopi Goldberg

*** 13. November 1955**

- Die Farbe Lila (1985)
- Ghost – Nachricht von Sam (1990)
- Sister Act – Eine himmlische Karriere (1992)

Michelle (Marie) Pfeiffer

*** 29. April 1958**

- Gefährliche Liebschaften (1988)
- Die fabelhaften Baker Boys (1989)
- Der Sternwanderer (2007)

Sandra (Annette) Bullock

*** 26. Juli 1964 (deutsch-amerikanisch)**

- Während du schliefst (1995)
- Blind Side – Die große Chance (2009)
- Selbst ist die Braut (2009)

Julia (Fiona) Roberts

*** 28. Oktober 1967**

- Pretty Woman (1990)
- Notting Hill (1999)
- Die Braut, die sich nicht traut (1999)

Winona Ryder

(Winona Laura Horowitz)

*** 29.Oktober 1971**

- Heathers (1989)
- Great Balls of Fire! – Jerry Lee Lewis – Ein Leben für den Rock'n'Roll (1989)
- Durchgeknallt (1999)

Angelina Jolie

*** 4. Juni 1975**

(geb. Angelina Jolie Voight)

- Wallace (1997)
- Der fremde Sohn (2008)
- The Tourist (2010)

Nathalie Portman

(Neta-Lee Hershlag)

*** 9. Juni 1981**

- Black Swan (2010)
- Freundschaft Plus (2011)
- Jackie: Die First Lady (2016)

SCHAUSPIELER

Humphrey (DeForest) Bogart

* 25. Dezember 1899
† 14. Januar 1957

- Casablanca (1942)
- Gangster in Key Largo (1948)
- African Queen (1951)

Spencer (Bonaventure) Tracy

* 5. April 1900
† 10. Juni 1967

- Mannequin (1937)
- Die ganze Wahrheit (1942)
  Pat und Mike (1952)

Walter (John) Matthau

* 1. Oktober 1920
† 1. Juli 2000

- Der Glückspilz (1988)
- Opa kann's nicht lassen (1971)
- Die Sunny Boys (1975)

Jack Lemmon (John Uhler Lemmon III)

* 8. Februar 1925
† 27. Juni 2001

- Keine Zeit für Heldentum (1955)
- Der Glückspilz (1966)
- Save the Tiger (1973)

Paul Newman

* 26. Januar 1925
† 26. September 2008

- Haie der Großstadt (1961)
- Der Unbeugsame (1967)
- Die Farbe des Geldes (1986)

(Charles) Robert Redford

* 18. August 1936

- Der Clou (1973)
- Jenseits von Afrika (1985)
- Der Pferdeflüsterer (1998)

James (Byron) Dean

* 8. Februar 1931
† 30. September 1955

- Jenseits von Eden (1955)
- ... denn sie wissen nicht, was sie tun (1955)
- Giganten (1956)

(John Joseph) »Jack« Nicholson

* 22. April 1937

- Einer flog übers Kuckucksnest (1975)
- Zeit der Zärtlichkeit (1983)
- Besser geht's nicht (1997)

Dustin (Lee) Hofmann

* 8. August 1937

- Kramer gegen Kramer (1979)
- Tootsie (1982)
- Rain Man (1988)

Alfredo James »Al« Pacino

* 25. April 1940

- Serpico (1974)
- Hundstage (1976)
- Der Duft der Frauen (1992)

SCHAUSPIELER

Robert (Anthony) De Niro (Jr.)

* 17. August 1943

- Taxi Driver (1976)
- Wie ein wilder Stier (1980)
- Good Fellas – Drei Jahrzehnte in der Mafia (1990)

Sylvester »Sly« Gardenzio Stallone

* 6. Juli 1946

- Rocky (1976)
- Vorhof zum Paradies (1978)
- Cop Land (1997)

William Bradley »Brad« Pitt

* 18. Dezember 1963

- Troja (2004)
- Mr. & Mrs. Smith (2005)
- Inglourious Basterds (2009)

George (Timothy) Clooney

* 6. Mai 1961

- Oceans's Eleven (2001)
- Syriana (2005)
- The Descendants – Familie und andere Angelegenheiten (2011)

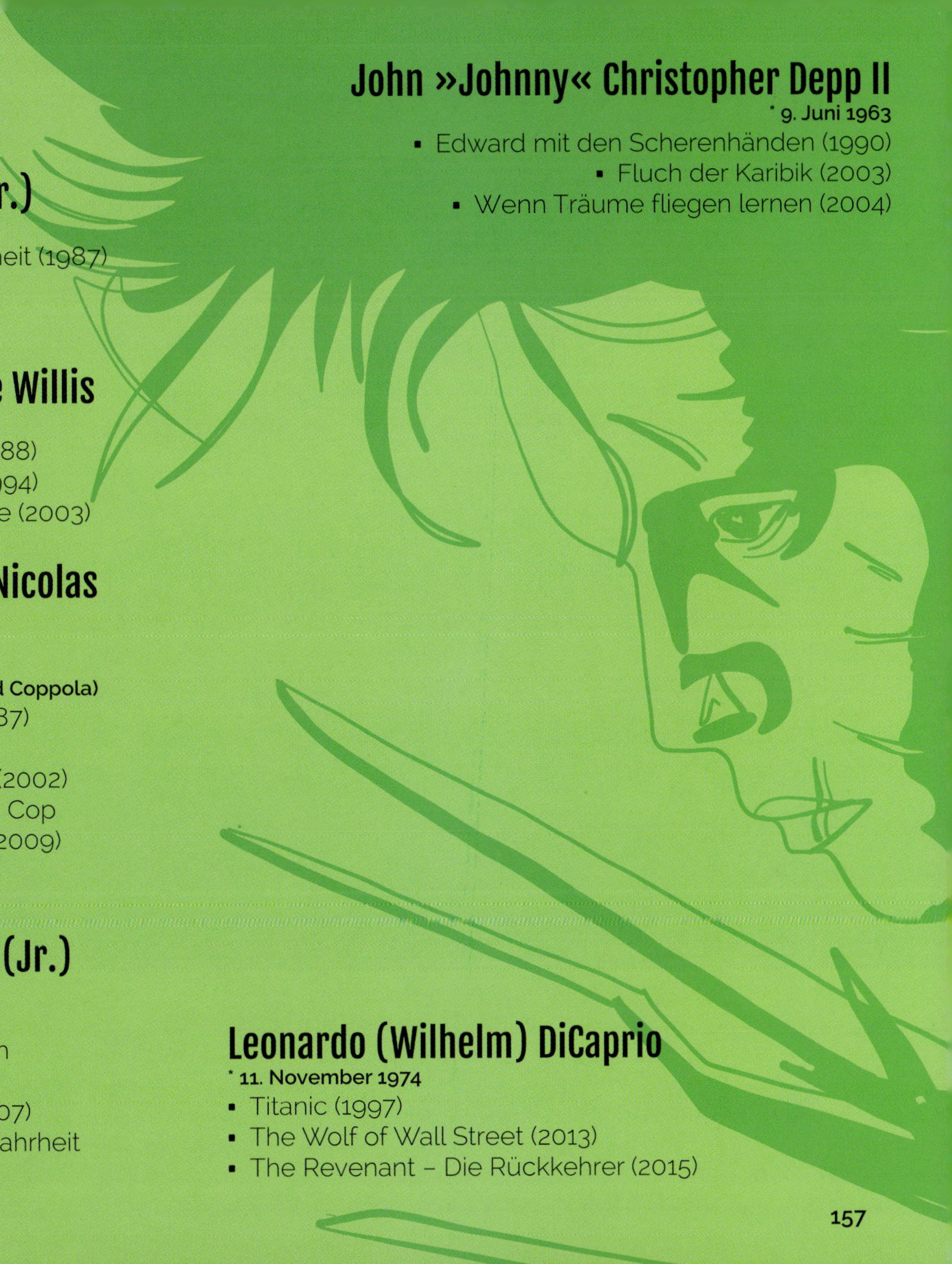

John »Johnny« Christopher Depp II

* 9. Juni 1963

- Edward mit den Scherenhänden (1990)
- Fluch der Karibik (2003)
- Wenn Träume fliegen lernen (2004)

Denzel (Hayes) Washington (Jr.)

* 28. Dezember 1954

- Schrei nach Freiheit (1987)
- Hurricane (1999)
- Fences (2016)

(Walter) Bruce Willis

* 19. März 1955

- Stirb langsam (1988)
- Color of Night (1994)
- Tränen der Sonne (2003)

Nicolas Cage (Nicolas Kim Coppola)

* 7. Januar 1964
(Neffe von Francis Ford Coppola)

- Mondsüchtig (1987)
- Adaption – Der Orchideen-Dieb (2002)
- Bad Lieutenant – Cop ohne Gewissen (2009)

Willard Carroll »Will« Smith, (Jr.)

* 25. September 1968

- Ali (2001)
- Das Streben nach Glück (2006)
- I Am Legend (2007)
- Erschütternde Wahrheit (2015)

Leonardo (Wilhelm) DiCaprio

* 11. November 1974

- Titanic (1997)
- The Wolf of Wall Street (2013)
- The Revenant – Die Rückkehrer (2015)

FILMMUSIK

In der Stummfilmzeit
wurden die Vorführungen von Klavier-, Kino-Orgel-, Geigen- oder Flöten-Musik begleitet.

Mood-Technik:
Sie verbreitet die Stimmung – das noch neutrale Bild wird durch die Musik emotional aufgeladen.

Elmar Bernstein

Er schrieb die Filmusik zu Cecil B. DeMilles **Die zehn Gebote** und zu John Sturges' **Die glorreichen Sieben.**

Maurice Jarre

Er schrieb die Musik zu *Lawrence of Arabia*, *Doktor Schiwago* und *Reise nach Indien*.

Für diese 3 Filme bekam er den Oscar.

Von ihm ist auch die Filmmusik zu *Eine verhängnisvolle Affäre*.

Die deutschen Emigranten in **Hollywood** prägten in den **1930er-Jahren** den Filmsound. **Wolfgang Korngold** gewann 1937 für die Musik zu *Ein rastloses Leben* den Oscar, ebenso für *Robin Hood* (1939).

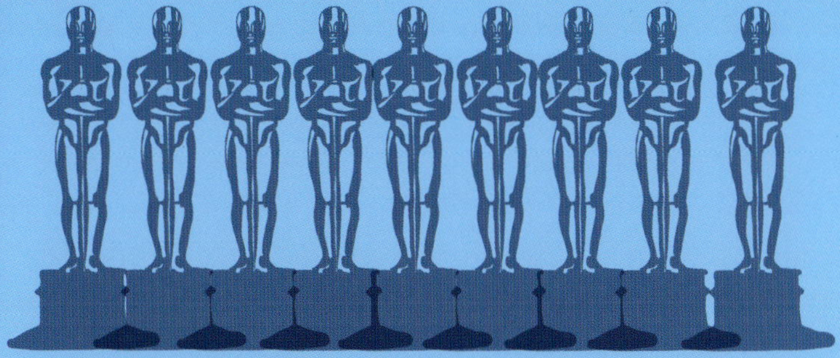

Alfred Newmann
erhielt
9 Oscars
für seine Filmmusik.

John Williams
war am häufigsten
nominiert.

1969
erhielt André Previn
den Oscar für die Filmmusik zu **Porgy and Bess**, davor schon für **Gigi**.

1962
wurde Henry Mancini
für *Frühstück bei Tiffany*
mit dem Oscar ausgezeichnet.

Miklós Rósza
gewann für die Filmmusik
zu *Ben Hur* den Oscar.

TANZENDE PAARE

Fred Astaire

* 10. Mai 1899
† 22. Juni 1987

Tänzer und Choreograph, Sänger und Schauspieler Er prägte mit seinem eleganten Tanzstil die Musik und Musicalfilme.

Ginger Rogers war seine Partnerin in zehn Filmen, der Durchbruch gelang beiden 1933 mit Nebenrollen in *Flying down to Rio*.

Ginger Rogers

* 16. Juli 1911
† 25. April 1995

Sie gewann einen Oscar für eine dramatische Rolle in ***Fräulein Kitty***.

Gene Kelly

* 23. August 1912
† 2. Februar 1996

Sein Tanzstil war eher athletisch geprägt. *Ein Amerikaner in Paris* und *Singin' in the Rain* waren sein größten Erfolge.

Er debütierte 1942 an der Seite von Judy Garland im Film Musical ***For Me and My Gal.***

Leslie Caron

* 1. Juli 1931

Die Französin machte in Hollywood Karriere, **als Partnerin von Gene Kelly** in ***Ein Amerikaner in Paris*** **(1951).**

Fred Astaire und Gene Kelly arbeiteten nur einmal zusammen: im Film *Ziegfeld Follies.*

DISNEY

Die Walt Disney Company wurde **1923** von den Brüdern **Walt** und **Roy Disney** gegründet.

Sie kamen aus einer irisch-deutschen Familie.

Sie verschrieben sich vor allem der Produktion von **Zeichentrickfilmen,** der **Verfilmung von Kinderbüchern** oder historischen Stoffen, die für Kinder bearbeitet wurden.

Fantasia (1940)

versucht Kinder für die klassische Musik zu begeistern.

Marvel Studios

produziert Filme zu den Marvel Comics (*Spiderman*).

Lucasfilm

gehört seit **2012** zu Disney, das den 7. Teil von *Star Wars* produzierte.

Pixar Animation Studios

wurden **2006** von Disney übernommen. Aus ihrer Feder stammen *Findet Nemo, Lucky Luke* und die *Monster AG*.

Pirates of the Caribbean

Die Film-Reihe ist das neue Highlight von Disney.

MICKY MAUS, DONALD & CO.

Micky Maus

Der erste Film mit Micky Maus hieß **Plane Crazy.** Walt Disney fügte als Erster seinen **Trickfilmen Musik** und **Toneffekte** hinzu.

1928 traten zum ersten Mal Minnie Maus und Kater Karlo auf.

Donald Duck

Erster Auftritt **1934** in *Die kluge kleine Henne*, aber nur als Nebenfigur. Er heißt eigentlich Donald Fauntleroy Duck und lebt in Entenhausen.

Disney verfügte, dass Donalds Geburtstag am Freitag, dem 13. März, ist – sein Autokennzeichen ist 313.

Ab 1936

erschien ein **täglicher Cartoon** von Donald, mit jeweils vier Bildern. Carl Barks zeichnete Donald seit **1942**.

Daisy Duck

Donalds Verlobte, Gustav Gans (Gladstone Gander), der Glückspilz, betet sie an. Sie trat erstmals **1940** in einem Kurzfilm auf.

Dagobert Duck

englischer Name **Uncle Srooge oder Scrooge McDuck**

Carl Barks erfand ihn 1947.

Er ist die reichste Ente der Welt und hat sein Vermögen beim Gold Rush von Klondike gemacht.

Tick, Trick und Track

englische Namen: **Huey, Dewey and Louie**
Dänisch: Rip, Rap und Rup
Sie sind die Söhne von Donalds Schwester Della und leben bei ihrem Onkel Donald. Sie sind Mitglieder des Fähnlein Fieselschweif, einer Pfadfindergruppe.

COMICS

Spider-Man

Spider-Man wurde
von Stan Lee und Steve Ditko
erschaffen und erschien zum
ersten Mal 1962.
Sein Alter Ego ist
Peter Parker.

Hulk

Hulk wurde von
Stan Lee und Jack Kirby
veröffentlicht und erschien
zum ersten Mal 1962.
Sein Alter Ego ist
Dr. Robert Bruce Banner.

X-Men

X-Men sind eine Gruppe von Mutanten. Sie wurden ebenfalls von
Stan Lee und Jack Kirby
geschaffen und erschienen
erstmals 1963.

Superman

Superman erschien
1938 zum ersten Mal
und wurde von zwei Teenagern kreiert:
Jerry Siegel und Joe Shuster.

Superman stammt vom Planeten Krypton. Sein Alter Ego ist **Clark Kent,** der beim *Daily Planet* arbeitet. Clark Kents **große Liebe Lois Lane** arbeitet ebenfalls beim *Daily Planet* und ist in Superman verliebt.

Batman

Batman wurde von

Bob Kane und Bill Finger

kreiert und

erschien 1939 erstmals.

Sein Alter Ego ist der **Milliardär Bruce Wayne.** Seine Eltern werden getötet, er wird von Alfred Pennyworth, seinem Butler, aufgezogen.

Batman säubert Gotham City vom Verbrechen, benutzt allerdings nie Schusswaffen und tötet nicht.

Die Peanuts

Die Peanuts wurden von **Charles M. Schultz** kreiert und **1947 zum ersten Mal** veröffentlicht.

Charlie Brown:
ein kleiner Junge, der für Schultz' Kindheit steht – er hat immer Pech.

Snoopy:
ein Beagle, der am Dach der Hundehütte liegt und philosophiert.

Woodstock:
ein kleiner Vogel, ist Snoopys bester Freund.

Sally Brown:
Charlies Schwester, ist verliebt in Linus van Pelt.

Linus van Pelt:
hat immer eine Schmuse-decke dabei, ist der kleine Bruder von Lucy van Pelt.

Lucy van Pelt:
Sie erteilt psychologische Ratschläge, ist aber sonst höchst unangenehm.

SWING- UND BIG-BAND-ORCHESTER

Der Swing verdankt seine Popularität der Tanzbarkeit. Er entstand in den

1920er- und 1930er-Jahren

und hatte seinen Höhepunkt in den

1940er-Jahren.

Die Swing-Welle

erreichte Europa sehr schnell und **wurde vom Nazi-Regime heftig mit Auftrittsverboten** bekämpft und

als entartete Musik verunglimpft.

Big-Band-Orchester:

Die klassische Besetzung besteht aus

17 Musikern und dem Bandleader.

Cole Porter

* 9. Juni 1891

† 15. Oktober 1964

Er studierte Jura in Yale und Harvard und schrieb den *Yale Bulldog*, der heute noch gesungen wird.

Er schrieb 40 Musicals, unter anderem *Anything goes*, *Kiss me, Kate* und *Silk Stockings*.

Evergreens:

- Night and Day (1932)
- Begin the Beguine (1935)
- What is This Thing Called Love? (1930)
- I Got You Under My Skin (1936)
- Love for Sale (1930)

Glenn Miller

* 1. März 1904

† 15. Dezember 1944

Glenn-Miller-Sound: vier Saxophone und Klarinette in der Melodieführung

Seine größten Hits:

- In The Mood
- Moonlight Serenade
- Chattanooga Choo Choo
- Tuxedo Junction

Benny Goodman

* 30. Mai 1909
† 3. Juni 1986
Klarinettist und Big Band Leader
Er gab 1938 ein Konzert in der Carnegie Hall, das den Swing salonfähig machte.

Er wird auch King of Swing genannt.

Sing, Sing, Sing war die Schlussnummer des Carnegie-Hall-Konzertes.

Ella Fitzgerald

* 25. April 1917
† 15. Juni 1996
Ella Fitzgerald debütierte mit

17 Jahren im Apollo Theater in Harlem.

Sie wird die First Lady of Song genannt. Ihr Stimmumfang ging über drei Oktaven, und sie war eine Meisterin des Scatgesanges (eine rhythmische, improvisierte Aneinanderreihung von Silben ohne Bedeutung), wie in *How High Is The Moon* oder *Lullaby of Birdland.*

Sie war die Sängerin von Chick Webb und seiner Big Band.

Ella Fitzgerald nahm zwei Alben nur mit Cole-Porter-Songs auf und zahlreiche weitere Songbooks amerikanischer Komponisten.

WOODSTOCK FESTIVAL

eigentlich: Woodstock Music & Art Fair – 3 Days of Peace & Music

Das Festival war musikalischer Höhepunkt der Hippie-Bewegung
und fand von 15. bis 17. August 1969
in der Nähe von Bethel (New York) statt.

Ca. 400 000 Besucher

Die Organisatoren **Michel Lang und Artie Kornfeld** wollten das Festival ursprünglich tatsächlich in Woodstock abhalten, um ihr Aufnahme-Studio zu promoten.
In Woodstock
lebten zahlreiche Musiker wie
Bob Dylan, Janice Joplin oder Jimi Hendrix.

Das El Monaco Motel war
das Veranstaltungsbüro.

Die Tickets für das Drei-Tages-Konzert kosteten
18 Dollar,
das entspricht einem heutigen Wert von
etwa 120 Dollar.

Die Besucher kamen schon vor der Eröffnung in großer Anzahl und kampierten auf dem Gelände – **Eintrittsgeld zu verlangen wurde damit unmöglich** gemacht, weswegen die Veranstalter entschieden,
das Konzert eintrittsfrei abzuhalten.

Die Veranstalter hatten mit dem schlechten Wetter sowie mit der **unerwartet hohen Anzahl von Besuchern zu kämpfen,**
der Landkreis Sullivan rief den Notstand aus.

Es gab nicht genug Essen,
die Zufahrtsstraßen waren verstopft, Nachschub kam nicht an.

Drogenkonsum (LSD, Mescalin) sowie Hitzschläge und Sonnenbrände wurden von Militärärzten, die eingeflogen worden waren, behandelt.

Janice Choplin

*** 19. Januar 1943**
† 4. Oktober 1970

zentrale Symbolfigur der Hippie-Bewegung

Ihr Motto:

Live fast, love hard, die young

Mitglied im Club 27:

Sie starb mit 27 an einer Überdosis Heroin.

Jimi Hendrix

*** 27. November 1942**
† 18. September 1970

gilt als einer der bedeutendsten Gitarristen.

Hendrix trat in Woodstock erst am Morgen des 18. August auf, als das Festival eigentlich schon vorbei sein sollte.

Er präsentierte seine verfremdete Version der Amerikanischen Hymne.

Mitglied im Club 27

Joan Baez

*** 9. Januar 1941**

Sängerin, Bürgerrechtlerin und Pazifistin

Baez ist bekannt für ihr Engagement **gegen den Vietnamkrieg und im Civil Rights Movement** Martin Luther Kings.

Sie sang Swing Low Sweet Chariot.

ELVIS PRESLEY UND DER ROCK'N'ROLL

* 8. Januar 1935 in Tupelo, Mississippi
† 16. August 1977 in Memphis, Tennessee

Der King lebt!

Mit über 1 Milliarde verkaufter Aufnahmen gilt Elvis Presley als einer der **erfolgreichsten Künstler weltweit.**

Er begann in der Rockabilly-Bewegung – weiße Musiker verschmolzen den Rhythm and Blues und die Country-Musik.

Er ist in **5 Halls of Fame** vertreten: Rockabilly, Rock'n'Roll, Country, Blues und Gospel.

Er drehte zahlreiche Filme und war als GI in Deutschland stationiert.

Elvis ist die Gallionsfigur des Rock'n'Roll – sein Tanzstil war völlig neu.

Sein Stimmumfang betrug fast drei Oktaven.

GRACELAND

Elvis ist im Garten von Graceland begraben.

Sein Anwesen in Memphis (Tennessee), Elvis lebte dort von 1957–1977.

über 70 000 m²

Ca. 600 000 Menschen
besuchen Graceland jährlich.
Zu besichtigen sind die Wohnräume, die Küche und der Keller mit Billard- und Fernsehbar.

Seine Gold- und Platin-Platten sind ebenfalls ausgestellt.

Neben den Graceland Mansions **liegt im Wald eine** kleine Hochzeitskapelle.
Sie bietet ca. 50 Gästen Platz.

Seine Frau Priscilla Presley machte das Anwesen der Öffentlichkeit zugänglich.

RAT PACK UND LAS VEGAS

Der Name Rat Pack soll von Lauren Bacall stammen.

Das erste Rat Pack

Holmy Hills Rat Pack bestand aus

- Frank Sinatra
- Judy Garland
- Lauren Bacall
- Sid Luft
- Humphrey Bogart
- Irving Lazar
- Nathaniel Benchley
- David Niven
- Mike Romanoff.

Sie alle traten ursprünglich **in Soloshows auf,** die aber bald zu **gemeinsamen Bühnenshows wurden,** und drehten auch **zahlreiche gemeinsame Filme** (*Ocean's Eleven, Robin and the Seven Hoods* etc.).

Die Bühnenshows hießen *The Summit.*

Dean Martin

* 7. Juni 1917
† 25. Dezember 1995

Spitzname: King of Cool
Besonderes Merkmal: Drunk Act – er spielte den betrunkenen Entertainer.
Dean Martin arbeitete lange Zeit mit Jerry Lewis zusammen.

Er trat regelmäßig in Las Vegas auf, **drehte mehr als 50 Spielfilme** und war zu seiner Zeit der **bestbezahlte Showmaster in Amerika.**

Im Song *That's Amore* hasste er die Textzeile: **»When the moon hits your eye like a big Pizza pie«** – trotzdem war er neben ***Arrivederci Roma*** und ***Everybody Loves Somebody Sometimes*** einer seiner größten Erfolge.

Frank Sinatra

* 12. Dezember 1959
† 14. Mai 1998

Spitznamen Ol' Blue Eyes – The Voice
Kennzeichen: Smoking und Whiskeyglas

Er nahm ca. **1300 Songs** auf. Sinatra war Sänger, Entertainer und Filmschauspieler. **Er erhielt den Oscar als bester Nebendarsteller** für *Verdammt in alle Ewigkeit* und drehte mit Grace Kelly und Bing Crosby *Die oberen Zehntausend*.

Bekannteste Songs

- Strangers in the Night
- My Way
- New York, New York.

Joey Bishop

* 3. Februar 1918
† 17. Oktober 2007

Sänger, Schauspieler, Showmaster
Er war mit Sinatra Zeit seines Lebens befreundet.

Peter Lawford

* 7. September 1923
† 24. Dezember 1984

Schauspieler, war mit **John F. Kennedys Schwester Patricia verheiratet.** Er unterstützte gemeinsam mit dem Rat Pack John F. Kennedys Wahl zum Präsidenten.

Shirley MacLaine

* 24. April 1934

Schauspielerin, Tänzerin und Buchautorin
Ihr erster Film war ***Immer Ärger mit Harry,*** unter der Regie von **Albert Hitchcock.** Es folgten zahlreiche Filme, darunter ***Das Mädchen Irma la Douce*** mit Jack Lemmon

Sammy Davis Jr.

* 8. Dezember 1925
† 16. Mai 1990

Entertainer, Schauspieler und Tänzer
Er war **schon als Kind im Show-Business aktiv** und war ein großartiger **Stimmenimitator**: Er parodierte seine Freunde aus dem **Rat Pack.**
Er spielte und sang *Sportin' Life* in der Verfilmung von Gershwins ***Porgy and Bess.***

Las Vegas

Die Glücksspielmetropole Amerikas, zahlreiche Casinos am Las Vegas Strip.

Ca. 40 Millionen Besucher jährlich

Die Casinos bieten Shows, wo alle wichtigen Musiker auftreten. Die Stadt ist außerdem bekannt für ihre zahlreichen **Wedding Chapels.**

MICHAEL JACKSON – DER KING OF POP

* 29. August 1958 in Gary, Indiana
† 25. Juni 2009 in Los Angeles, Kalifornien

Michael Jackson sang bereits als Kind als Mitglied der **Jackson 5.**

Thriller gilt als das meistverkaufte Einzelalbum der Welt. **Es erschien 1982.**

Michael Jackson ließ **zahlreiche Schönheitsoperationen** vornehmen – seine immer heller werdende Haut führte er auf Vitiligo (eine Hautkrankheit) zurück.

Michael Jackson war in erster Ehe mit der Tochter von Elvis, **Lisa Marie Presley**, verheiratet. Mit seiner zweiten Frau **Deborah Jeanne Rowe** hatte er **zwei Kinder**. **Sein drittes Kind, dessen Mutter unbekannt ist, wird Blanket genannt.**

Seine Markenzeichen waren ein weißer Glitzerhandschuh, weiße Socken, der schwarze Hut **sowie der Moonwalk.**

Er gründete die Wohltätigkeits-Stiftung **Heal the World** und wurde aufgrund seiner Wohltätigkeitsarbeit **zweimal für den Friedensnobelpreis nominiert.**

NEVERLAND RANCH

Michael Jacksons Anwesen in Santa Ynez in Kalifornien, benannt nach Peter Pans Heimat Neverland

Es gibt einen **Vergnügungspark**, **einen Zoo, Museen, eine Eisenbahn mit Bahnhof** und **ein Kino für 50 Personen.**

Ca. 11 km² groß

Das Wohnhaus hat **ca. 1100 m².**

Bubbles,
ein Schimpanse,
lebte ebenfalls in Neverland. Auch er beherrschte den Moonwalk. Er hatte ein eigenes Bett und saß am Tisch mit Michael Jackson.

Michael Jackson lud **Kinder aus einkommensschwachen Familien ein.** Nachdem er vom Vorwurf des **Kindesmissbrauchs** freigesprochen wurde, verließ er die Ranch.

Heute steht Neverland zum Verkauf.

HIP HOP UND RAP

Der Hip Hop kommt eigentlich aus der afroamerikanischen Funk- und Soul-Musik und entstand in den 1970er-Jahren.

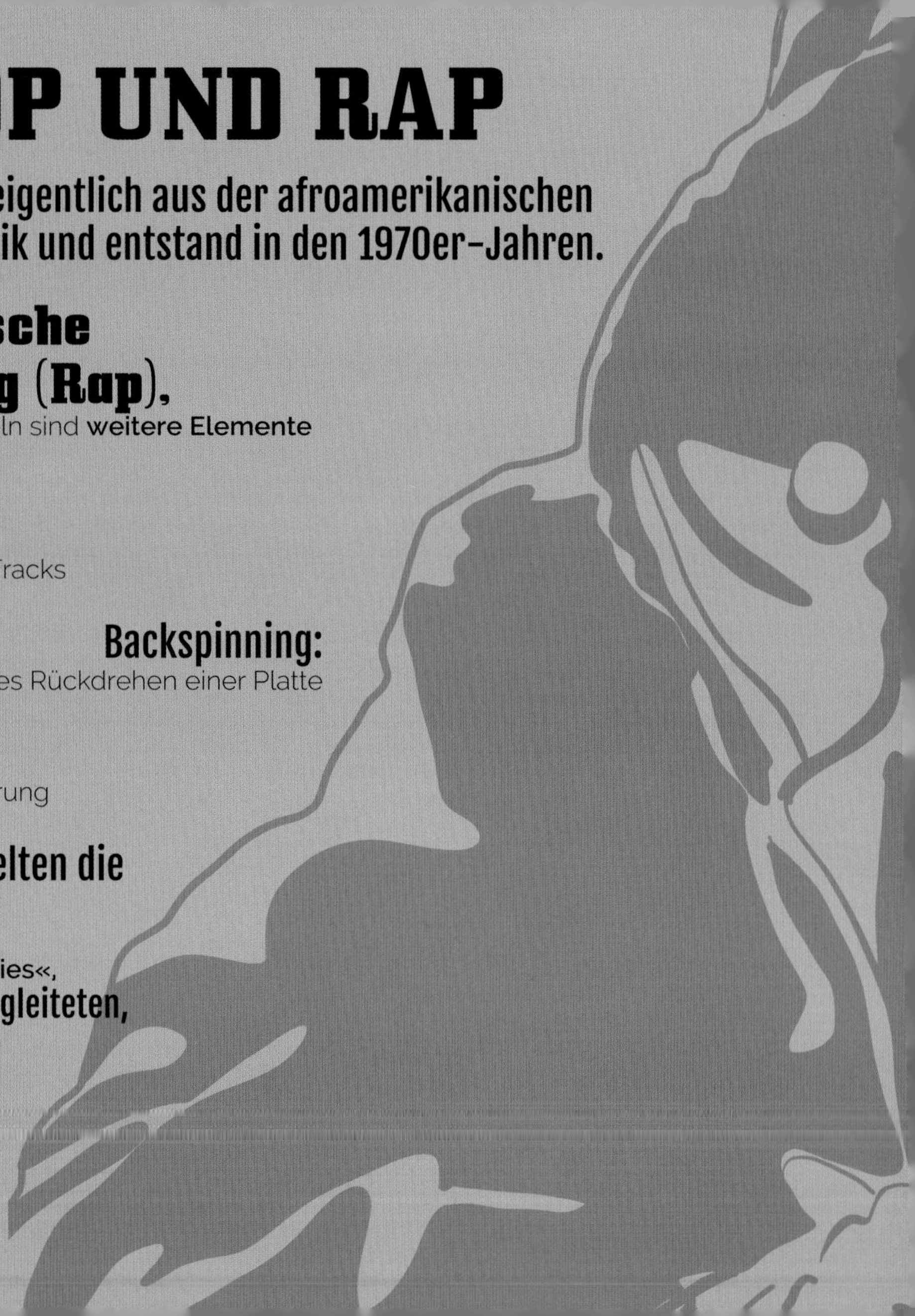

Der rhythmische Sprechgesang (Rap),

das Scratchen und Sampeln sind **weitere Elemente des Hip Hop.**

Cutting:

paralleles Einspielen von Tracks

Backspinning:

schnelles Rückdrehen einer Platte

Phasing:

Geschwindigkeitsveränderung

Als Väter des Raps gelten die **Last Poets.**

Die »Masters of Ceremonies«,
kurz MCs, die die DJs begleiteten,
entwickelten diese Art von Sprechgesang weiter.

Conscious Rap:

deftige Sprache und hochpolitische Texte

Gangsta-Rap:

gewaltorientiert, thematisiert die **Lebensbedingungen in amerikanischen Ghettos** oder die Mitgliedschaft in einer kriminellen Straßengang.

Dr. Dre

bürgerlich André Romelle Young
*** 18. Februar 1965 in Compton, Kalifornien**
bedeutender Hip-Hop-Produzent

Ice-T

bürgerlich Tracy Lauren Marrow
*** 16. Februar 1958 in Newark, New Jersey**
Vater des Gangsta-Rap, Schauspieler

Tupac Shakur

(Pseudonyme: 2Pac oder Makaveli)
bürgerlich Lesane Parish Crooks
*** 16. Juni 1971 in Manhattan, New York City**
† 13. September 1996 in Las Vegas, Nevada
Einer der erfolgreichsten Rapper der USA, wurde 1996 erschossen.

Snoop Dogg

bürgerlich Calvin Cordozar Broadus, Jr.
*** 20. Oktober 1971 in Long Beach, Kalifornien**
Seit seiner Jugend Mitglied in der der Crips-Gang *Rollin' 20's Crips*, wurde von Dr. Dre entdeckt.

50 Cent

bürgerlich Curtis James Jackson III
*** 6. Juli 1975 in Queens, New York**
Kommerziell erfolgreicher Rapper: Sein 2003 veröffentlichtes Album *Get Rich or Try Dying* verkaufte sich weltweit rund 15 Millionen Mal.

STREET ART

Kunst im öffentlichen Raum, normalerweise nicht durch Bewilligungen genehmigt.

Street Art arbeitet oft mit

Spray-Dosen, Markern, Pinseln

usw. und wird auf Hauswänden, Laternen oder Zügen angebracht.

Viele Künstler kommen aus der Punk-Szene.

Graffiti:

Kunstvolle Schriftzüge

Scratching:

Einkratzen von Schrift oder Zeichnungen in Oberflächen

Etching:

Einätzen von Schriftzügen in Fensterscheiben

Ganggraffiti:

markieren die Reviere einer Gang, vor allem in Los Angeles.

STREETDANCE

Breakdance

Auf der Straße getanzt, vor allem zu Hip-Hop. In den

1970er-Jahren in New York entstanden

Die Tänzer werden

B(reak)-Boys genannt.

Der Begriff des Breakdance wurde von den Medien kreiert.

Powermoves

Rotieren, akrobatische Elemente

Head Spin:
Rotieren auf dem Kopf

Ninety Niners:
Rotation auf einer Hand im Handstand

Flare:
wie eine Flanke beim Turnen

Top Rocking:
Tanzen im Stehen

Footwork:
Tanzen auf dem Boden

Freezes:
in der Position bleiben

BOB DYLAN

eigentlich Robert Allen Zimmerman

* 24. Mai 1941 in Duluth, Minnesota

Dylan erhielt 2016 als erster Musiker den Nobelpreis für Literatur.

Er spielt
Klavier, Orgel, Gitarre und Mundharmonika.

Er war Mitglied der **High-School -A-Capella-Gruppe**

The Jokers,
damals noch unter dem Namen **Bobby Zimmermann.**

Der Künstlername Dylan
ist wahrscheinlich eine Referenz an

Dylan Thomas,
den er verehrte.

Er ging nach Greenwich Village in New York,
wo zahlreiche Beatniks lebten, kam dort in Kontakt mit den Werken von **Rimbaud, Verlaine und Baudelaire.**

Seine erste Plattenaufnahme

war als Mundharmonikaspieler

auf einem Album von Harry Belafonte.

Peter, Paul and Mary sangen seine Komposition

Blowin' In The Wind,

die zur pazifistischen Hymne wurde.

Er ging als Gastsänger von

Joan Baez mit

ihr auf Tournee.

Gemeinsam traten sie bei der

Abschlusskundgebung des Civil Rights March

in Washington auf, wo Martin Luther King seine berühmte Rede hielt.

Seine Songs wurden von zahllosen Interpreten gecovert,

darunter Eric Clapton, Van Morrison, Joe Cocker, Johnny Cash, Jimi Hendrix und Elvis Presley.

Bekannte Songs:

- It's All Over Now, Baby Blue (1965)
- Mr. Tambourine Man (1965)
- Blowin' In The Wind (1963)
- Knockin' on Heaven's Door (1973)
- Forever Young (1974)

KOMPONISTEN

George Gershwin

* 26. September 1898
† 11. Juli 1937
Rhapsody in Blue war sein Durchbruch. ***Porgy and Bess*** gilt als erste amerikanische Folk Opera.

Leonard Bernstein

* 25. August 1918
† 14. Oktober 1990
Komponist und Dirigent
Seine erfolgreichsten Bühnenwerke sind die ***West Side Story,*** *Candide* und *On the Town. On the Town* wurde mit Frank Sinatra und Gene Kelly verfilmt.

Samuel Barber

* 9. März 1910
† 23. Januar 1981
Barber lebte mit dem Komponisten **Gian Carlo Menotti** zusammen, der auch das Libretto zu seiner Oper ***Vanessa*** schrieb.

Aaron Copland

* 14. November 1900
† 2. Dezember 1990
Er war Bernstein eng verbunden. **Emerson, Lake and Palmer** interpretierten seine *Fanfare for the Common Man.* Für *Appalachian Spring* erhielt er den Pulitzer-Preis.

Kurt Weill

* 2. März 1900
† 3. April 1950
Ungeachtet seiner deutschen Herkunft gilt er als amerikanischer Komponist. Er **arbeitete mit Brecht** zusammen und komponierte für den Broadway.

John Cage

* 5. September 1912
† 12. August 1992
Er gilt als einer der **wichtigsten Komponisten des 20. Jahrhunderts.** Er lebte mit dem bekannten Tänzer Merce Cunnigham zusammen und war mit den Guggenheims befreundet.
Cage inszenierte **mit *Untitled Event* das erste Happening.**

Philip Glass

* 31. Januar 1937
der wichtigste Vertreter der **Minimal Music.** Er studierte bei Darius Milhaud und kam durch Ravi Shankar, den er 1965 kennenlernte, in Kontakt mit der indischen Musik, die ihn stark beeinflusste.

IVY-LEAGUE-UNIVERSITÄTEN

Ursprünglich zählten zur Ivy League nur vier Universitäten:
Harvard, Yale, Columbia und Princeton.
Der Begriff stand für die Football-Liga dieser vier Universitäten.

Der Name geht möglicherweise auf das
römische Ziffern-zeichen IV
für 4 zurück.

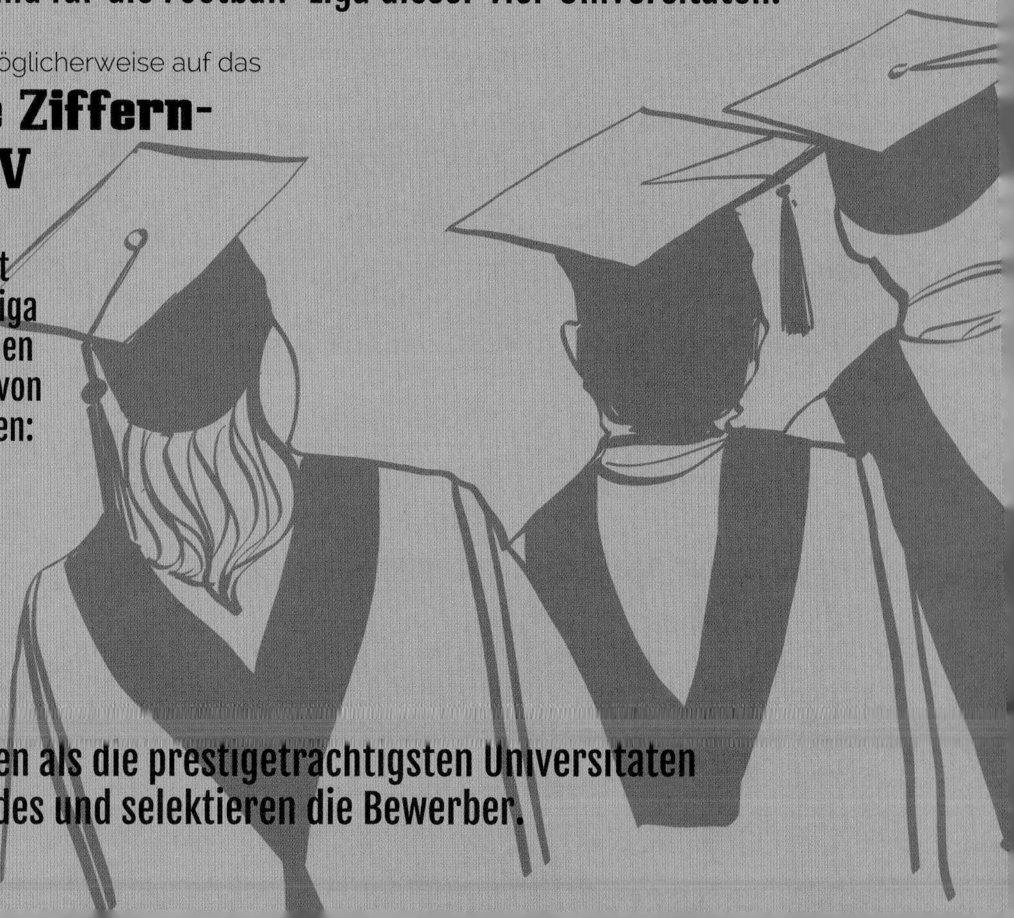

Die Ivy League ist eigentlich eine Liga im amerikanischen Hochschulsport von acht Universitäten:

- Brown
- Columbia
- Cornell
- Dartmouth
- Harvard
- Princeton
- Pennsylvania
- Yale

Sie gelten als die prestigeträchtigsten Universitäten des Landes und selektieren die Bewerber.

Yale University

(Yale Bulldogs)
Lux et veritas
(Licht und Wahrheit)
New Haven, Connecticut,
gegründet 1701

University of Pennsylvania

(Penn Quakers)
Leges sine moribus vanae
(Gesetze ohne Moral sind nutzlos)
Philadelphia, Pennsylvania,
gegründet 1740

Princeton University

(Princeton Tigers)
Vet[us] nov[um] testamentum (Altes und Neues Testament)/Dei sub numine viget (Unter Gottes Macht gedeiht sie); Princeton, New Jersey, **gegründet 1746**

Columbia University

(Columbia Lions)
In lumine tuo videbimus lumen
(In deinem Lichte werden wir das Licht sehen)
New York City, New York, **gegründet 1754**

Brown University

(Brown Bears)
In deo speramus
(Auf Gott hoffen wir)
Providence, Rhode Island,
gegründet 1764

Dartmouth College

(Dartmouth Big Green)
Vox clamantis in deserto
(Die Stimme eines Rufers in der Wüste)
Hanover, New Hampshire,
gegründet 1769

Harvard University

Veritas
(Wahrheit)
Cambridge, Massachusetts,
College gegründet **1636,** Universität **gegründet 1780**

Cornell University

(Cornell Big Red)
I would found an institution where any person can find instruction in any study
(Ich wollte eine Institution gründen, an der jede Person jedes Fach studieren kann)
Ithaca, **New York, gegründet 1865**

US-AMERIKANISCHE NOBELPREISTRÄGER

Friedensnobelpreise

Theodore Roosevelt
1906

Martin Luther King
1964

Henry Kissinger
1973

Al Gore
2007

Literatur

Pearl S. Buck
1938

Ernest Hemingway
1954

John Steinbeck
1962

Toni Morrison
1993

Chemie

Dudley R. Herschbach
1986

Robert Lefkowitz
2012

Eric Betzig
2014

Zwischen 2001 und 2016 gab es 318 amerikanische Nobelpreisträger. Unter anderem waren das:

Physik

Norman Ramsey
1989

Robert C. Richardson
1996

Willard Boyle
2009

David Wineland
2012

Medizin

Barbara McClintock
1983

Phillip A. Sharp
1993

Bruce Beutler
2011

John O'Keefe
2014

Wirtschaftswissenschaften

Harry M. Markowitz
1990

Daniel McFadden
2000

Thomas Sargent
2011

Lars Peter Hansen
2013

ALBERT EINSTEIN

* 14. März 1879 in Ulm, Württemberg, Deutsches Reich
† 18. April 1955 in Princeton, New Jersey

Er veränderte die
Grundlagen der Physik
durch seine Forschungen zur Struktur von Materie, Raum und Zeit.

1905 erschien die spezielle Relativitätstheorie unter dem Titel
Zur Elektrodynamik bewegter Körper.

1915 publizierte er die
allgemeine Relativitätstheorie.

1921 **erhielt er den Nobelpreis für Physik.**

Einstein hatte im Lauf seines Lebens
6 Staatsbürgerschaften:

- Württemberg
- Schweiz
- Österreich-Ungarn,
- Königreich Preußen
- Freistaat Preußen
- USA

"Man hat den Eindruck, dass die moderne Physik auf Annahmen beruht, die irgendwie dem Lächeln einer Katze gleichen, die gar nicht da ist." (Albert Einstein)

»Zwei Dinge sind unendlich, das Universum
und die menschliche Dummheit,
aber beim Universum bin ich mir noch nicht
ganz sicher.«

»Wenn man zwei Stunden lang mit einem Mädchen zusammensitzt, meint man, es wäre eine Minute. Sitzt man jedoch eine Minute auf einem heißen Ofen, meint man, es wären zwei Stunden. Das ist Relativität.«

Einstein lehrte 1932–1955 in Princeton.

$$E = mc^2$$

Naturgesetz, in der speziellen Relativitätstheorie formuliert

Ruheenergie (E)

Masse (m)

Lichtgeschwindigkeit (c)

MONDLANDUNG

Der Wettlauf ins All wurde zwischen der Sowjetunion und Amerika ausgetragen.

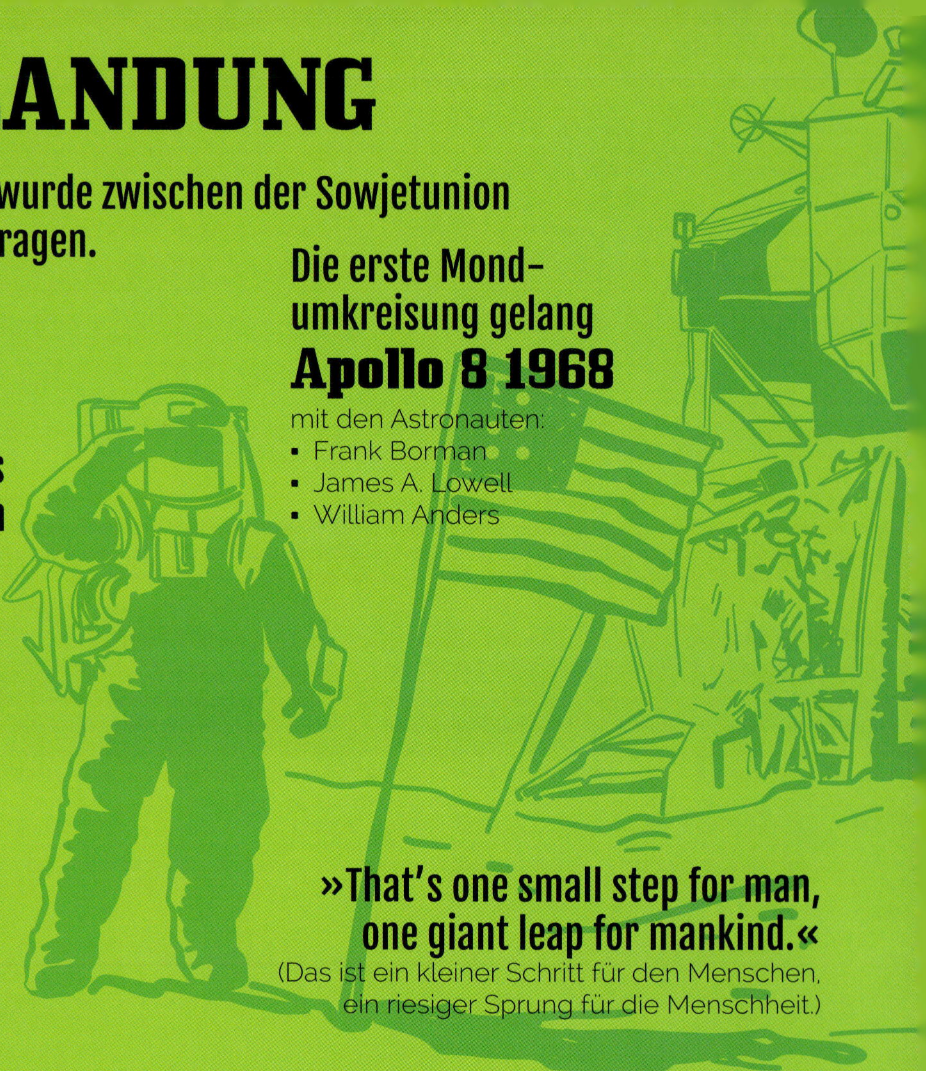

Lunik 2,

eine **sowjetische Sonde**, schlug als

erstes unbemanntes Objekt 1959 auf dem Mond auf.

Die amerikanische Sonde

Surveyor 1

landete 1966 als erste Sonde weich auf dem Mond.

Die erste Mondumkreisung gelang

Apollo 8 1968

mit den Astronauten:

- Frank Borman
- James A. Lowell
- William Anders

»That's one small step for man, one giant leap for mankind.«

(Das ist ein kleiner Schritt für den Menschen, ein riesiger Sprung für die Menschheit.)

NASA

National Aeronautics and Space Administration

Zivile Behörde für Raumfahrt und Flugwissenschaft

1958 gegründet

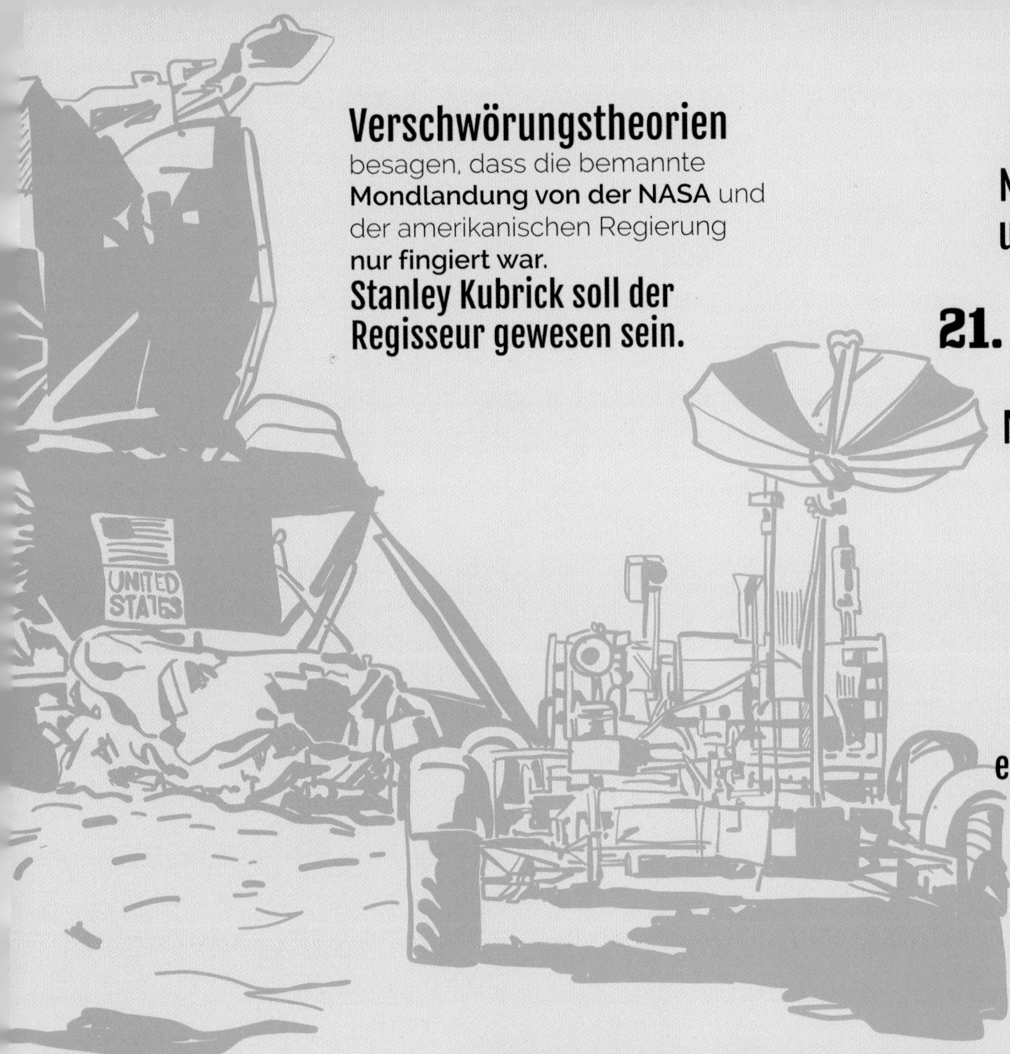

Verschwörungstheorien besagen, dass die bemannte **Mondlandung von der NASA** und der amerikanischen Regierung **nur fingiert war.**
Stanley Kubrick soll der Regisseur gewesen sein.

Apollo 11

Neil Armstrong und Buzz Aldrin betraten am
21. Juli 1969
den Mond.
Michael Collins war der dritte Astronaut der Besatzung.

Neil Armstrong lenkte die Mondlandefähre Eagle und **betrat als erster Mensch die Mondoberfläche.**

Houston, we've had a problem.

(Houston, wir haben ein Problem gehabt.)
Jim Lovell meldete sich während der **Apollo-13-Mission mit diesen Worten im Kontrollzentrum.**

UFOS

Abkürzung für

Unidentified Flying Object

(unbekanntes Flugobjekt)

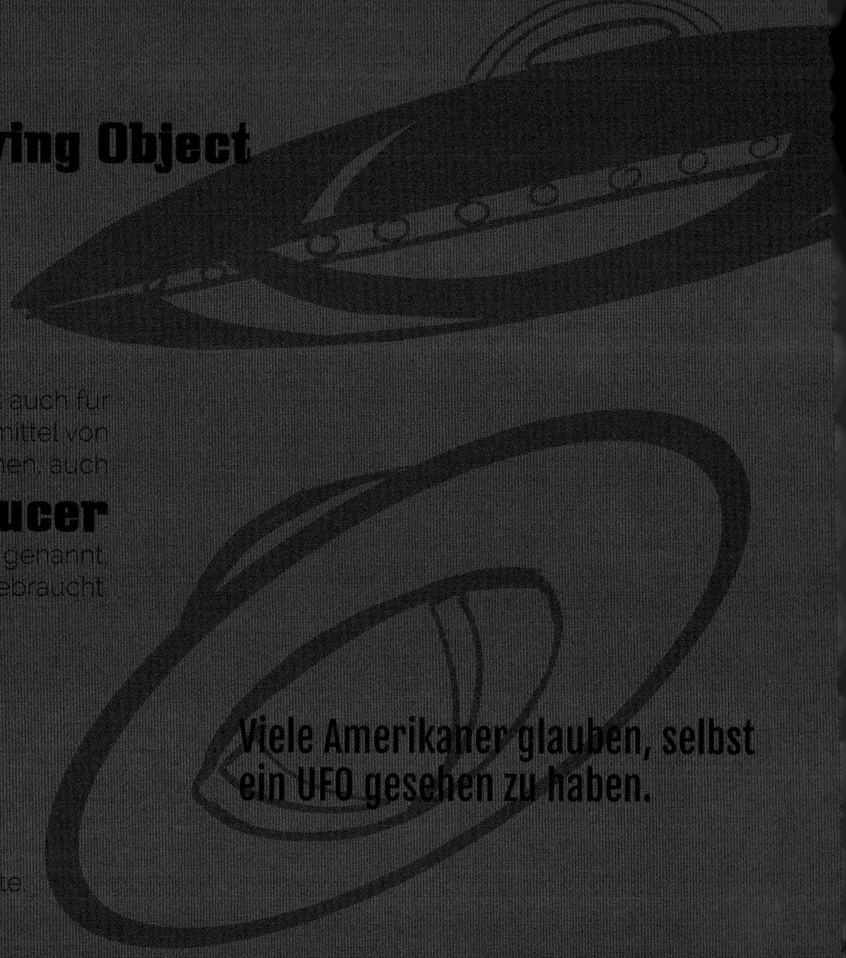

Der Begriff wird oft auch für Transportmittel von Außerirdischen, auch

flying saucer

(fliegende Untertasse) genannt, gebraucht.

1947

sah

Kenneth Arnold

über dem

Mount Rainer

mehrere unbekannte Flugobjekte.

Damit begann eine große Sichtungswelle von UFOs.

Viele Amerikaner glauben, selbst ein UFO gesehen zu haben.

Auch über Kornkreise wird oft im Zusammenhang mit UFO-Sichtungen berichtet.

Der Roswell-Zwischenfall

Im Juni oder Juli 1947 soll

in der Nähe der Kleinstadt Roswell ein außerirdisches Flugobjekt abgestürzt sein.

Laut einer Verschwörungstheorie sollen Aliens gefunden worden sein.

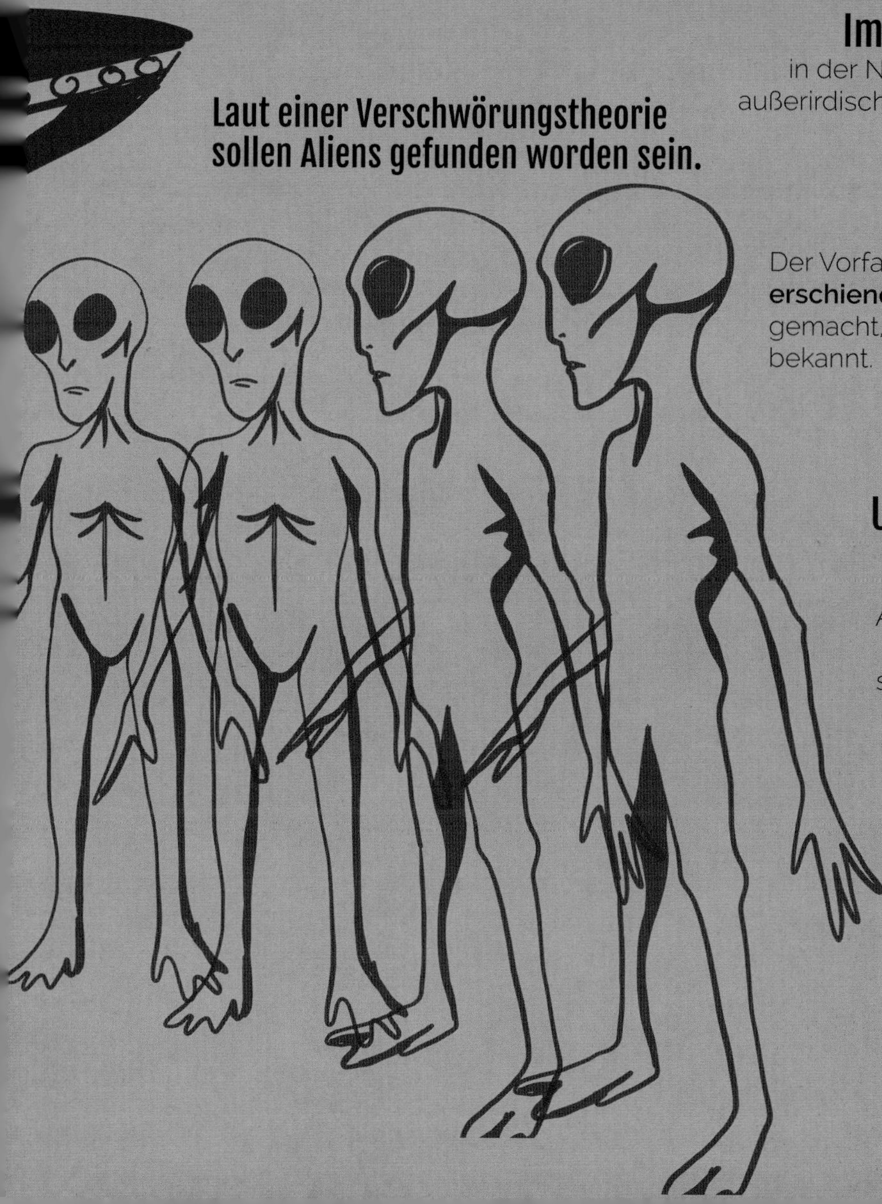

Der Vorfall wurde durch **ein 1980 erschienenes Buch** publik gemacht, wieder aufgerollt und bekannt.

UFOs

beschäftigen die Unterhaltungsindustrie:

Zahlreiche Filme greifen die fliegende Untertasse und den Angriff von Außerirdischen auf. Die Außerirdischen sind nicht immer Aggressoren, insbesondere bei ***Unheimlicher Begegnung*** oder ***ET*** kommen sie in friedlicher Absicht!

Steven Spielberg drehte 1977 den Film ***Unheimliche Begegnung der dritten Art,*** Roland Emmerich 1996 ***Independence Day.***

LITERATUR

Walt Whitman

*** 31. Mai 1891**
† 26. März 1892
Begründer der modernen amerikanischen Dichtung
Berühmtestes Werk:
Leaves of Grass

Marc Twain

(Samuel Langhorne Clemens)
*** 30. November 1835**
† 21. April 1910
Das Pseudonym Marc Twain verwendete er erstmals 1836; es ist ein Ruf aus der Sprache der Mississippi-Flussschiffer: »zwei Faden Wassertiefe«.
Berühmteste Werke: *Tom Sawyer, Huckleberry Finn, The Prince and the Pauper*

James Fennimore Cooper

*** 15. September 1789**
† 14. September 1851
Er war bis auf Washington Irving der erste amerikanische Schriftsteller, der von seinen Büchern leben konnte.
Berühmteste Werke: *The Leatherstocking Tales*

Herman Melville

*** 1. August 1819**
† 28. September 1891
Sein bekanntestes Werk, der Roman *Moby-Dick*, wurde auch verfilmt: Regie führte John Houston, das Drehbuch schrieb Ray Bradbury.

Emily (Elizabeth) Dickinson

*** 10. Dezember 1830**
† 15. Mai 1886
Sie hatte eine Vorliebe für weiße Kleidung, lebte sehr zurückgezogen und hatte kaum persönlichen Kontakt, sondern korrespondierte mit vielen Bekannten.
Es gibt keine autorisierte Endfassung ihrer Gedichte, bei vielen liegen mehrere Fassungen vor.

Edgar Allen Poe

*** 19. Januar 1809**
† 7. Oktober 1849
Mit *The Murders in the Rue Morgue* gilt Poe als der erste **Kriminalromanautor.**
Er war verrückt nach Katzen und schrieb oft mit einer Katze auf seiner Schulter.

Ralf Waldo Emerson

*** 25. Mai 1803**
† 27. April 1882
Er forderte eine radikale Erneuerung und die geistige Selbstbestimmung der amerikanischen Kultur und Literatur.

Tennessee Williams (Thomas Lanier Williams III)

*** 26. März 1911**
† 25. Februar 1983
Er erhielt seinen Spitznamen von Collegefreunden an der University of Missouri aufgrund seines Tennessee-Dialekts. Für seine Stücke *Endstation Sehnsucht* und *Die Katze auf dem heißen Blechdach* wurde er mit dem Pulitzer-Preis ausgezeichnet.

Henry James
* 15. April 1843
† 28. Februar 1916
Er beeinflusste James Joyce mit seinem Bewusstseinsstrom-Stil (stream of counsciousness).
Berühmteste Werke: *Washington Square, The Portrait of a Lady*

Gertrude Stein
* 3. Februar 1874
† 27. Juli 1946
Sie zählt zu den wichtigsten Schriftstellerinnen der klassischen literarischen Moderne. Stein war auch Verlegerin. In ihrem Salon trafen sich unter anderem Pablo Picasso, Henri Matisse, F. Scott Fitzgerald und Ernest Hemingway.

Sinclair Lewis
* 7. Februar 1885
† 10. Januar 1951
Er erhielt 1930 für seine sozialkritischen und satirischen Romane als erster Amerikaner den Nobelpreis für Literatur.

T.S. Eliot
(Thomas Stearns Eliot OM)
* 26. September 1888
† 4. Januar 1965
Er erhielt 1948 den Nobelpreis für Literatur und trägt den Titel OM - Order of Merit, britischer Orden/Auszeichnung für herausragende Leistungen in der Literatur, Wissenschaft, Kunst, Militär und auf anderen Gebieten.
Berühmteste Werke: *The Waste Land, Murder in the Cathedral*

Eugene (Gladsone) O'Neill
* 16. Oktober 1888
† 27. November 1953
Er erhielt 1936 als erster amerikanischer Dramatiker den Nobelpreis für Literatur und ist bis heute neben Robert Frost der Einzige, der vier Pulitzer-Preise (US-amerikanischer Journalisten- und Medienpreis) verliehen bekam.
Berühmteste Werke: *Long Day's Journey Into Night, Beyond The Horizon*

William (Cuthbert) Faulkner
(eigentl. Falkner)
* 25. September 1897
† 6. Juli 1962
Nobelpreis 1949 (erst 1950 verliehen); er gilt als bedeutendster US-amerikanischer Romancier.
Berühmteste Werke: *A Fable, Sanctuary, Absalom, Absalom!*

F. Scott Fitzgerald
* 24. September 1896
† 21. Dezember 1940
Einer seiner wichtigsten Romane, *The Great Gatsby* (1925), zeigt ein Abbild der Roaring Twenties.

Ernest (Miller) Hemingway
* 21. Juli 1899
† 2. Juli 1961
Begründer des modernen Klassizismus, er erhielt 1954 den Nobelpreis für Literatur.
Berühmteste Werke: *For Whom the Bell Tolls, The Old Man and the Sea, A Farewell to Arms*

LITERATUR

W. H. Auden (Wystan Hugh Auden)

*** 21. Februar 1907**
† 29. September 1973
Er heiratete 1935 Erika Mann, die Tochter von Thomas Mann, um ihr zu einem englischen Reisepass zu verhelfen. Seine Dichtungen werden oft in Filmen zitiert, z.B. das Trauergedicht *Funeral Blues* in *Vier Hochzeiten und ein Todesfall* (1993)

John (Ernst) Steinbeck

*** 27. Februar 1902**
† 20. Dezember 1968
Er erhielt 1962 den Nobelpreis für Literatur.
Berühmteste Werke: *Of Mice and Men, East of Eden, the Grapes of Wrath*

Norman (Kingsley) Mailer

*** 31. Januar 1923**
† 10. November 2007
Er wurde 1960 wegen einer Messerattacke auf seine damalige Frau, die Malerin Adele Morales, zu fünf Jahren Haft auf Bewährung verurteilt. Für *The Executioner's Song* erhielt er den Pulitzer-Preis.

Jerome D. (David) Salinger

*** 1. Januar 1919**
† 27. Januar 2010
Laut Aussage seines Biographen war sein Spruch, um sich bei Frauen vorzustellen: »Ich bin J.D. Salinger und ich habe *The Catcher in the Rye* geschrieben.«

Thomas (Ruggles) Pynchon (Jr.)

*** 8. Mai 1937**
Mit seinen Romanen *V., The Crying of Lot 49* oder *Vineland* gilt er als bedeutender Vertreter der literarischen Postmoderne.

Raymond Carver

*** 25. Mai 1938**
† 2. August 1988
Vertreter des literarischen Minimalismus; seine Kurzgeschichten *Short Cuts* wurden 1933 von Robert Altmann verfilmt.

Truman Capote

*** 30. September 1924**
† 25. August 1984
Es wurden bereits über 300 Millionen Exemplare seiner Bücher verkauft, die Verfilmung seines Romans *Breakfast at Tiffany's* 1961 zählt zu den Klassikern der Filmgeschichte.

Ray Bradbury

* 22. August 1920
† 5. Juni 2012

Schriftsteller und Drehbuchautor, bekannt für Science-Fiction und Horror. Sein Roman *Fahrenheit 451* ist eine der wichtigsten Dystopien.

Toni Morrison

(Chloe Ardelia Wofford)
* 18. Februar 1931

Sie ist mit *Song of Solomon* oder *Jazz* eine der bedeutendsten Vertreterinnen der afroamerikanischen Literatur und wurde 1993 mit dem Literaturnobelpreis ausgezeichnet.

Paul (Benjamin) Auster

* 3. Februar 1947

Er wurde weltbekannt durch seine Serie experimenteller Kriminalromane, veröffentlicht als *The New York Trilogy* 1987; starke Bezüge zu den amerikanischen Transzendentalisten des 19. Jahrhunderts.

T.C. Boyle (Tom Coraghessan Boyle)

* 2. Dezember 1948

Bekannt für seine Kurzgeschichten, seine Romane und Erzählungen basieren oft auf einem geschichtlichen Hintergrund.

John (Ray) Grisham Jr.

* 8. Februar 1955

Er ist eigentlich Anwalt und bekannt für seine Justizthriller und Kriminalromane. Sein erster Roman *A Time to Kill* (Die Jury) erschien zunächst in einer Auflage von nur 5000 Stück. Für die Filmrechte von *The Firm* (*Die Firma*) bekam er 60 000 Dollar.

DETEKTIVE IN DEN USA

Detective ist auch eine Berufsbezeichnung der Kriminalpolizei oder der Privatermittler.

Pinkerton

Eine amerikanische Detektei, gegründet **1850 von Allen Pinkerton.**

Dashiell Hammet, ein bekannter Kriminalschriftsteller, **war Mitarbeiter der Pinkerton Agency.**

Sein Detektiv **Sam Spade** aus dem Krimi *Der Malteser Falke* war der **klassische Antiheld.**

Philip Marlowe
Raymond Chandler, 1939

Philo Vance
S.S. Van Dine, 1926

Nero Wolfe,
Rex Stout, 1934

Mike Hammer,
Mickey Spillane, 1947

Perry Mason
Paul Drake, Della Street, 1957

Peter Shandy
Charlotte McLeod, 1987

Charlie Parker,
John Conolly, 1999

Robert Langdon
Dan Brown, 2000

Jane Rizzoli
Tess Gerritsen, 2001

Fernsehserien:

Columbo
Serie von Richard Levinson und William Link

Monk
Serie von Andy Breckman

Burn Notice
Serie von Jeffrey Donavan und Gabrielle Anwar

Magnum
Serie von Donald P. Bellisario und Glen A. Larson

Remington Steele
Serie von Robert Butler und Michael Gleason

Moonlighting
(*Das Model und der Schnüffler*), Serie von Glenn Gordon Caron

Unforgettable
Serie von Poppy Montgomery und Dylan Walsh

CSI Las Vegas, CSI Miami, CSI New York
Serie von Anthony E. Zuiker und Ann Donahue
CSI Las Vegas war die Ursprungs-Sendung

MUSEEN IN DEN USA

MoMA (Museum of Modern Art), New York
eine der bedeutendsten Sammlungen Moderner Kunst

Werke aus den Bereichen Design, Architektur, Zeichnungen, Gemälde, Fotografien, Skulpturen usw.

Metropolitan Museum of Art New York
Das größte Kunstmuseum der Vereinigten Staaten.

Gegründet 1870, mehr als 3 Millionen Werke

Art Institute of Chicago, gegründet 1866

bedeutende Sammlung von Impressionisten, Post-Impressionisten und amerikanischer Kunst, ist **zugleich Kunsthochschule**.

Smithsonian Institution, Washington

der **größte Museumskomplex** der Welt und zugleich ein Forschungszentrum. Die Museen sind spezialisiert auf Objekte der Menschheitsgeschichte

Solomon R. Guggenheim Museum

Museum Moderner Kunst in New York, basierend auf der Sammlung von Solomon Guggenheim Von **Frank Lloyd Wright** entworfen, 1959 eröffnet

ANDY WARHOL

* 6. August 1928 in Pittsburgh, Pennsylvania
† 22. Februar 1987 in Manhattan, New York

Mitbegründer der Pop Art,
Künstler, Verleger und Filmemacher

Er begann als Grafiker und Illustrator.

Warhol arbeitete mit trivialen Sujets aus der
Alltagskultur
wie Cartoon-Motiven (Popeye),
Konservendosen (Campbells')
oder auch Hollywoodstars.

Eines seiner
bekanntesten Werke
ist *Marilyn Monroe* (1962),
das er in zahlreichen
Farbvarianten vervielfältigte

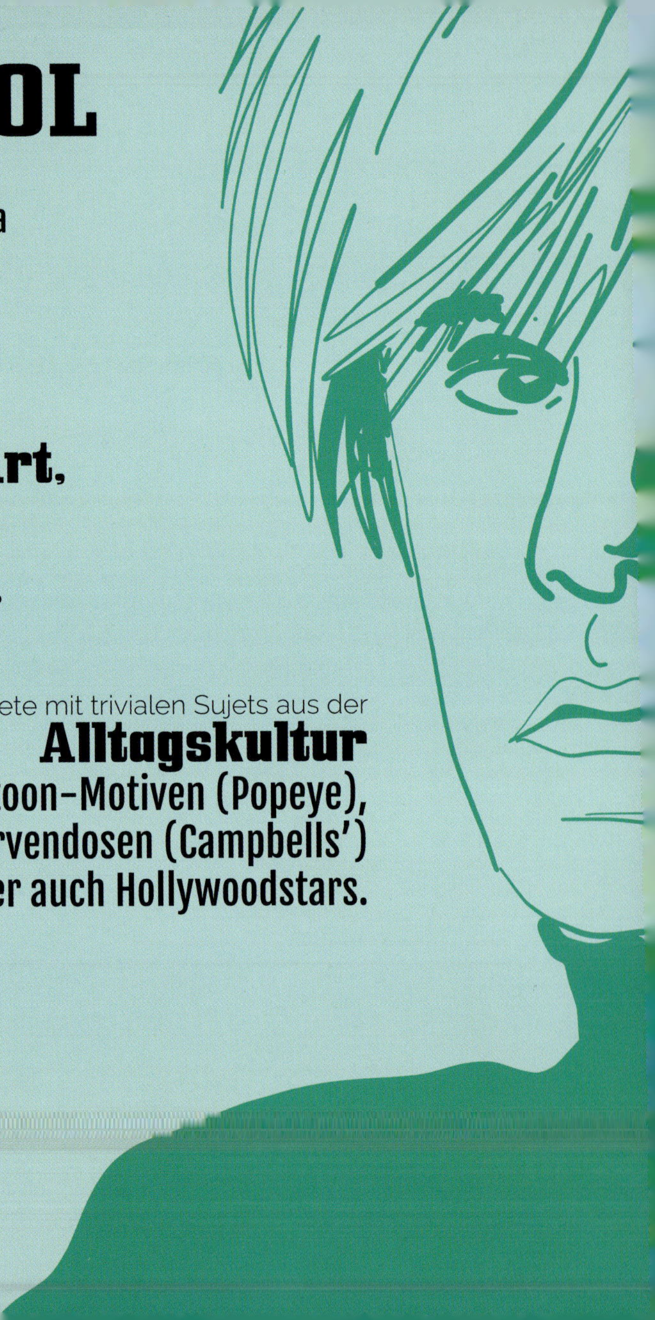

In Andy Warhols Factory

trafen sich die Kreativen
der New Yorker Szene:
Bob Dylan, Jim Morrison,
Marcel Duchamp, Lou Reed etc.

Zeitgenossen:

Mark Rothko

* 25. September 1903
† 25. Februar 1970
Abstrakter Expressionismus

Jackson Pollock

* 28. Januar 1912
† 11. August 1956
Abstrakter Expressionismus, Action Painting

Roy Lichtenstein

* 27. Oktober 1923
† 29. September 1997
Vertreter der Pop Art
Er beeinflusste Jeff Koons, Damien
Hirst und Keith Haring.

BASEBALL

Amerikanischer Nationalsport

Pitcher
wirft den Ball zum Catcher.

Batter
schlägt den Ball.

Catcher
fängt den Ball.

Die Spieler treten in einer festgelegten Reihenfolge an:

Lineup

Der **Ball** ist etwas größer als ein Tennisball. Er hat

ca. 7,5 cm Durchmesser.

Die Lederstücke werden traditionell mit rotem Faden zusammengenäht.

Die Bälle sind vielfach begehrte Sammlerstücke.

Ballspiel mit 2 Mannschaften

Die Spielabschnitte heißen Innings.

Baseballausdrücke in der amerikanischen Sprache:

To touch base – Kontakt aufnehmen
To throw a curve ball – auf dem falschen Fuß erwischen
Keep your eye on the ball – nicht ablenken lassen
First Base – küssen
Second Base – intensives Berühren des Körpers
Homerun – Geschlechtsverkehr

Die Schläger

bestehen aus Holz, Karbon oder aus einer Alu-Legierung.

Baseball Hall of Fame:
liegt in Cooperstown, New York.

Jedes Jahr werden Spieler gewählt, die auf der Messingtafel eingetragen werden.

Baseballhandschuh:
in unterschiedlichen Größen, der Catcher trägt einen besonders gepolsterten Handschuh: Mitt.

Der erste Verein waren die
New York Knickerbocker, gegründet 1845.

FOOTBALL

Ballspiel mit zwei Mannschaften,
wird in 4 Vierteln ausgetragen

Das Erreichen der Endzonen des Spielfelds, **auf 100 Yards begrenzt, bringt die Punkte.**

Wurde 1869 an amerikanischen Universitäten erstmals gespielt **und ist die populärste Sportart in Amerika.**

Quarterback versucht, den Ball einem Spieler zuzuwerfen.

Der Ball

Touchdown

Der Ball wird in die gegnerische End-Zone getragen oder dort gefangen.

Der Ball kann durch

Passing (Werfen),
Rushing oder Running (Laufen)
bewegt werden.

BASKETBALL

Hallensportart, zwei Mannschaften,
Ziel ist es, den Ball in den Korb der gegnerischen Mannschaft zu werfen.

Anfang des 20. Jahrhunderts setzte sich Basketball vor allem als College-Sportart durch.

5 Feldspieler:
1 Center,
2 Forwards
2 Guards.

Die Körbe sind in einer Höhe **von 3,05 m angebracht.**

Ball: aus synthetischem Material, Gewicht ca. 570–650 g

Michael Jordan
spielte bei den Chicago Bulls und bei den Washington Wizzards.
Er gilt als einer der besten Spieler der NBA.

Größe: 1,98 m

Streetball:
Abwandlung des klassischen Basketballs, beliebter Freizeitsport.

Beachbasketball:
wird am Strand gespielt

Dennis Rodman
Spielte unter anderem für die Detroit Pistons, die Chicago Bulls und die Los Angeles Lakers.

Er gilt als einer der besten Verteidiger der NBA-Geschichte.

Größe: 2,08 m

Register

a

Academy Award of Merit 144
Adams, John 50, 87
Al Capone 94, 131
al-Quaida 61
Alabama 25 f., 28, 39, 43, 52 f.
Alaska 12, 14, 24, 26, 28, 31, 39, 108
Aldrin, Buzz 191
All Hallow's Eve 134
Allen, Woody 147
America Falls 116
Apollo 8 190
Apollo-13-Mission 191
Area Codes (Vorwahlen) 38 f.
Arizona 24, 26, 28, 39, 43, 105, 113
Arkansas 25 f., 28, 39, 43, 52 f., 112
Armstrong, Louis Satchmo 65, 67
Armstrong, Neil 191
Art Institute of Chicago 200
Arthur, Chester A. 51
Assisi, Franz von 68
Astaire, Fred 160
Atlanta 26, 55
Auden, W. H. 196
Auster, Paul 197
Avenues 56

b

Bacall, Lauren 151, 172
Baez, Joan 169, 181
Bank of America Tower 62
Barber, Samuel 182
Batman 165
Beer 132
Belafonte, Harry 181
Ben Hur 142, 145, 159
Bergman, Ingrid 143
Bernstein, Elmar 158
Bernstein, Leonard 182
Betzig, Eric 186
Beutler, Bruce 187
Bezirke 42
Bible Belt 102
Big-Band-Orchester 166
Bill of Rights 20
Bishop, Joey 173
Black Belt 119
Black Friday 81
Black Panther Party 99
Blizzards 16
Blowin' in the Wind 181
Blue Jeans 90
Blues-Festival 65
Bogart, Humphrey 143, 154, 172
Boston 55, 84 f., 108, 138
Boyle, T.C. 197
Boyle, Willard 187
Bradbury, Ray 197
Brando, Marlon 144
Breakdance 179
Bridal Veil Falls 116
Broadway 138 f.
Brooklyn 56
Brown University 184 f.
Buchanan, James 50
Buck, Pearl S. 186
Bullock, Sandra 153
Buren, Martin van 50
Burger King 122
Bürger- und Wahlrecht 83

Bus-Boykott 100
Buschtrommel 82
Bush, George H. W. 51
Bush, George W. 51, 61

c

Cable Cars 68
Cage, John 183
Cage, Nicolas 157
Cameron, James 149
Cape Cod 80
Capote, Truman 196
Caron, Leslie 161
Carter, Jimmy 51
Carver, Raymond 196
Casablanca 143
Chaplin, Charlie 89, 143
Chicago 54, 64 f., 108, 131
Chicago Sun-Times 136
Chicago Symphony Orchestra 64,
Chicago Turbine 136
Christmas Day (Weihnachten) 33
Chrysler 110
Civil Rights Act 101
Civil Rights March 181
Civil Rights Movement 99, 169
Claims (das Recht) 88
Cleveland, Grover 51
Clinton, Bill 51
Clooney, George 156
Close, Glenn 152
Cocktails 132 f.
Colorado 24, 26, 28, 39, 43, 53, 98, 113
Columbia University 184 f.
Columbus Day (Kolumbus-Tag) 33
Connecticut 20, 25 f., 28, 39, 43, 52 f., 87, 185
Coolidge, Calvin 51
Cooper, Garry
Cooper, James Fennimore 194
Copland, Aaron 183
Coppola, Francis Ford 147
Corn Belt 119
Cornell University 184 f.
Cosa Nostra 94, 131
Cotton Belt 119
Cruise, Tom 103
Cullen-Harrison Act 131

d

Dagobert Duck 89, 162
Daily News 136
Dairy Belt 119
Daisy Duck 162
Dallas 55
Dankesgebet 81
Dartmouth College 184 f.
Das Schweigen der Lämmer 145
Davis, Jacob 90
Davis, Sammy Jr. 173
Day Light Saving Time (Sommerzeit-umstellung) 31
Day, Doris 150
De Niro, Robert 156
Dean, James 155
Delaware 20, 25 f., 28, 39, 43, 52 f.
Depp, John

Christopher 157
Der große Eisenbahnraub 92
Der Herr der Ringe 145
Der Marshall 92
Der Stadtneurotiker 143, 147
Deutschamerikaner 74
DiCaprio, Leonardo 157
Dickinson, Emily 194
Die Peanuts 165
Dietrich, Marlene 142
Doggy Bags 128
Donald Duck 162
Dr. Dre 177
Dream Factory 140
Dry Counties 131
Dylan, Bob 180, 168
Dylan, Thomas 180

e

East River 56
Einer flog übers Kuckucksnest 143, 145
Einwanderungswelle 75
Eisenhower, Dwight D. 47, 51
Elektronische Reisegenehmigung (ESTA) 70
Eliot, T. S. 195
Emerson, Ralf Waldo 194
Empire State Building 63
Erie-See 116
Es geschah in einer Nacht 145
Everglades-Nationalpark 112

f

Fahrenheit 17
Fantasia 162
Faulkner, William 195
Fernsehserien 199
Fiat 110
50 Cent 177
Fillmore, Millard 50
Fitzgerald, Ella 167
Fitzgerald, F. Scott 195
Flächenmaße 36
Flagge 18, 23, 26, 77
Florida 25 f., 28, 39, 43 52 f., 102, 108, 112
Flynn, Errol 143
Föderale Republik 12
Ford 110
Ford, Gerald 51
Ford, John 146
Franklin, Benjamin 35, 87
French Quarter Festival 67
Friedensnobelpreis 100, 174, 186
Frühstück bei Tiffany 159

g

Gangsta-Rap 177
Gardner, Ava 150
Garfield, James A. 50
Garland, Judy 150, 161, 172
General Motors 110
Georgia 20, 25 f., 28, 39 43, 52 f.
Gershwin, George 182

Ginsberg, Allen 69
Glass, Philip 183
Goldberg, Whoopi 152
Golden Gate Bridge 68
Goodman, Benny 167
Gore, Al 186
Graffiti 178
Grain Belt (Weizengürtel) 118
Grand-Canyon-Nationalpark 113
Grant, Ulysses 35, 50
Green Card 71
Grisham, John Jr. 197
Ground Zero 60

h

Hamilton, Alexander 35
Hammer, Mike 198
Hansen, Lars Peter 187
Happy Hour 131
Hardig, Warren G. 51
Harrison, Benjamin 51
Harrison, William H. 50
Harvard University 184 f.
Hawaii 12, 24, 26, 28, 31, 39
Hawn, Goldie 151
Hayes, Rutherford B. 50
Haymarket Riot 64
Hemingway, Ernest 186, 195
Hendrix, Jimi 168 f., 181
Hepburn, Katharine 150
Herschbach, Dudley R. 186
Highways 106
Hines, Earl 65
Hippie-Bewegung 68, 168
Hispanics 75
Hofmann, Dustin 155
Hog Butcher 64
Hoover, Herbert C. 51
Horseshoe Falls 116
Hot-Springs-Nationalpark 112
Houston 55
Hubbard, Ron 103
Hudson River 56, 61
Hulk 164
Hurrikan Katrina 66
Hurrikans 16

i

I Have a Dream 101
Ice-T 177
Idaho 24, 26, 28, 39, 43, 52 f., 105, 113
Illinois 25 f., 28, 39, 43, 52, 53
In God We Trust 13, 34
Independence Day (Unabhängigkeitstag) 32, 86, 193
Indiana 25 f., 28, 39, 43, 52 f.
Indianer 78 f., 84, 92, 115, 130, 144
Indianer-Territorium 79
Interstates 106
Iowa 25 f., 28, 39, 43, 52 f.

j

Jack in the Box 123
Jack O'Lantern 135
Jackson 5 174
Jackson, Andrew 35, 50

James, Henry 195
Jannings, Emil 144
Jarre, Maurice 158
Jefferson, Thomas 34 f., 50, 87
Johnson, Andrew 50
Johnson, Lyndon B. 51
Jolie, Angelina 153
Joplin, Janice 168 f.
Jordan, Michael 208
Juneteenth Day/ Freedom Day 32

k

Kalifornien 24, 26, 28, 43, 52 f., 68, 112, 133, 175
Kansas 25 f., 28, 39, 43, 52 f., 102, 105
Keaton, Diane 152
Kelly, Gene 161, 182
Kennedy, John F. 34, 51, 101, 173
Kentucky 25 f., 28, 39, 43, 52 f.
Kerouac, Jack 69
KFC 123
Kissinger, Henry 186
Kolonialisten 75
Kolumbus, Christoph 77 f.
Konquistadoren 78
Kosher Food Delis 125
Kosher Nostra 95, 131
Ku-Klux-Klan 98

l

Labor Day (Tag der Arbeit) 33
Langdon, Robert 198
Längenmaße 36
Latinos 75
Lawford, Peter 173
Le Moyne de Bienville, Jean-Baptiste 66
Lefkowitz, Robert 186
Lemmon, Jack 154, 173
Lewis, Sinclair 195
Liberty Enlightening the World 58
Lichtenstein, Roy 203
Lincoln, Abraham 34 f., 50, 83, 111
Liquore Stores 130
Los Angeles 54, 108, 140
Los Angeles Times 136
Louisiana 25 f., 28, 39, 43, 52 f., 121
Lucas, George 147 f.
Lucasfilm 162
Luther, Martin 104

m

MacLaine, Shirley 173
Madison, James 50
Mafia 94
Mailer, Norman 196
Maine 25 f., 28, 39, 43
Make Love Not War 69
Malcolm X 99
Mancini, Henry 159
Manhattan 56
Marching Band 67
Markowitz, Harry M. 187
Marlowe, Philip 198
Marsch auf Washington 101

Martin Luther King 99 f., 181, 186
Martin Luther King Day 32
Martin, Dean 172
Marvel Studios 162
Maryland 20, 25 f., 28, 39, 43, 52 f.
Mason, Perry 198
Massachusetts 20, 25, 27 f., 39, 43, 52 f., 80, 87, 185
Matthau, Walter 154
Mayflower 80
McClinton, Barbara 187
McDonald's 122
McFadden, Daniel 187
McKinley, William 51
Melville, Herman 194
Memorial Day (Gedenktag) 32
Metro-Goldwyn-Mayer (MGM) 142, 145
Metropolitan Museum of Art 200
Metropolitan Opera 139
Miami 55
Michigan 25, 27 f., 39, 43, 52 f.
Midler, Bette 151
Miller, Glenn 166
Minelli, Liza 152
Minnesota 25, 27, 29, 39, 43, 52 f.
Mississippi 25, 27, 29, 39, 43, 52 f., 66, 131, 194
Missouri 25, 27, 29, 39, 43, 52 f., 105, 194
Moby-Dick 194
Monroe, James 50
Monroe, Marilyn 151, 202
Montana 24, 27, 29, 39, 43, 53, 113
Moonwalk 174
Mormonen 105
Morrison, Toni 186, 197
Museum of Modern Art (MoMA) 200

N

National Aeronautics and Space Administration (NASA) 190
National Rifle Association 97
Nebraska 25, 27 f., 39, 43, 52 f.
Negri, Pola 142
Negro Spirituals 82
Neighborhoods 42
Nestor Company 141
Neue Welt 77
Nevada 24, 27 f., 39, 43
New Hampshire 20, 25, 27, 29, 39, 43, 52 f., 185
New Jersey 20, 25, 27, 29, 39, 43, 52 f., 185
New Mexico 24, 27, 29, 39, 43, 52
New Orleans 65 f.
New Orleans Karneval 67
New Year's Day (Neujahr) 32
New York 20, 25, 27, 29, 39, 43, 52 ff., 56, 57 f., 62, 131, 87, 95, 131, 138 f., 179 f., 185, 200 f., 203, 205

New York Knicker-
bockers 205
Newman, Paul 155
Newmann, Alfred 159
Nicholson, Jack 155
Nixon, Richard M. 44, 51
North Carolina 20, 25, 27, 29, 39, 43, 52 f.
North Dakota 25, 27, 29, 39, 43, 52 f.
Notrufnummer 38

o

Obama, Barack 44, 51
O'Keefe, John 187
O'Neill, Eugene 195
Ohio 25, 27, 29, 39, 43, 52 f.
Oklahoma 25, 27, 29, 39, 43, 52 f.
Olfield, Jack 135
One World Trade Center 62
Ontario-See 116
Oregon 24, 27, 29, 39, 43, 53
Osama Bin Laden 61
Oval Office 46

p

Pacino, Alfredo James »Al« 155
Paramount Pictures 142
Park Police 45
Parker, Charlie 198
Parks, Rosa 99
Pennsylvania 20, 25, 27, 29, 39, 52 f., 87, 104, 184 f.
Pfeiffer, Michelle 153
Philadelphia 55
Pickups 110
Pierce, Franklin 50
Pinkerton 198
Pipelines 131
Pirates oft he Carribbean 162
Pitt, William Bradley 156
Pixar Animation Studios 162
Pizza Hut 123
Poe, Edgar Allen 194
Polk, James K. 50
Pollock, Jackson 203
Pop Art 202
Porgy and Bess 173, 182
Porter, Cole 166
Portman, Nathalie 153
Presley, Elvis 170, 174, 181
Previn, André 159
Princeton University 184 f.
Proclamation Act 79
Pynchon, Thomas 196

q

Quadranten 42
Queens 56

r

Ramsey, Norman 187
Rap (Sprechgesang) 176 f.
Ray, James Earl 101
Reagan, Ronald W. 47
Redford, Robert 155

Regierungsform 12
Regisseure 146, 148
Reisefön 41
Relativitätstheorie 188
Religionsfreiheit 102
Resolute Desk 46
Restrooms 128
Rhode Island 20, 25, 27, 29, 39, 43, 185
Richardson, Robert C. 187
Rizzoli, Jane 198
Roaming 38
Roberts, Julia 153
Robin Hood, König der Vagabunden 143
Rockabilly-Bewegung 170
Rocky Mountains 108, 114
Rogers, Ginger 160
Roosevelt, Franklin D. 34, 51, 131
Roswell-Zwischenfall 193
Rósza, Miklós 159
Rothko, Mark 203
Rust Belt (Rostgürtel) 118
Ryder, Winona 153

S

Sacajawea 34
Salinger, Jerome D. 196
Salt-Lake-Tempel 105
San Francisco 54, 90, 108
Sargent, Thomas 187
Satchmo Summer Festival 67
Schauspieler 154, 156
Schukostecker 41
Secret Service 45
Sekte 103
Shandy, Peter 198
Sharp, Philip A. 187
SIM-Karte 38
Sinatra, Frank 172 f., 182
Sklaverei 32, 82 f., 98
Smith, Joseph Jr. 105
Smith, Willard Carroll 157
Smithonian Institution Washington 201
Snoop Dogg 177
Snow Belt (Schneegürtel) 118
Softdrinks 132 f.
Solomon R. Guggenheim Museum 201
Sons of Liberty 85
Soul Food 120
South Carolina 20, 25, 27, 29, 39, 43, 52 f.
South Dakota 25, 27, 29, 39, 43, 52 f.
Spade, Sam 198
Speakeasys 131
Spider-Man 164
Spielberg, Steven 148, 193
Stallone, Sylvester 156
Stamp Act 84
Star Wars 143, 148, 162
Staten Island 56
Steckdosen 41
Stein, Gertrude 195
Steinbeck, John 186, 196
Sternenbanner 18
Stowe, Harriet Beecher 82
Strauss, Levi 90
Streep, Meryl 152
Street Band 67

Streetball 209
Streisand, Barbra 151
Stromadapter 40
Sugar Act 84
Sun Belt (Sonnengürtel) 118
Superman 164
Swanson, Gloria 142

t

Taco Bell 123
Taco John's 123
Taft, William H. 51
Tarantino, Quentin 149
TAX (Steuer) 38, 86, 128
Taylor, Zachary 50
Telefonzellen 38
Tennessee 25, 27, 29, 39, 43, 52 f., 171
Terroranschläge 60
Tex-Mex-Küche 121
Texas 25, 27, 29, 39, 43, 52 f., 93, 102
Thanksgiving 33, 80 f.
The Black Crook 139
The Bronx 56
The Denver Post 136
The Jazz Singer 143
The New York Times 136
The Star Spangled Banner 22
The Wall Street Journal 136
The Washington Post 136
Theodore Roosevelt 44, 51, 186
Thoreau, Henry David 69
Thriller 174
Tick, Trick und Track 162
Titanic 142 f., 145, 149, 157
To Anacreon in Heaven 22
Tornados 16
Tracy, Spencer 154
Travolta, John 103
Tribute of Light 61
Trick or Treats 134
Truman, Harry 51
Trump International Hotel & Tower 62
Trump, Donald 51
Tupac Shakur 177
Twain, Marc 194
20th Century Fox 143
Twin Towers 61
Tyler, John 50

u

Unabhängigkeitserklärung 59, 86 f.
Uncle Tom's Cabin 82
Unheimliche Begegnung der dritten Art 193
United Artists 143
United States Dollar (USD) 34
Universal Studios 142
University of Pennsylvania 184 f.
USA Today 136
Utah 24, 27, 29, 39, 43, 52 f., 105

V

Valentino, Rudolph 142
Valet Parking 129
Vance, Philo 198
Vasco, Gama da 77
Vaudeville 138
Vermont 25, 27, 29, 39, 43, 52 f.
Vespucci, Amerigo 76
Veterans Day (Veteranentag) 33
Virginia 20, 25, 27, 29, 39, 43, 52 f., 82, 87, 102
Volumenmaße 37
Voodoo-Kultur 66

W

Warner Brothers 143
Washington 24, 27, 29, 39, 42 f., 53
Washington, D.C. 42 f., 55, 101, 108
Washington, Denzel 157
Washington, George 34 f., 42, 45, 50
Washington's Birthday (President's Day) 32
Wayne, John 92
Weill, Kurt 183
Wein 132 f.
Weißes Haus (White House) 44, 46
Wendy's 122
West Virginia 25, 27, 29, 39, 43, 52 f.
West, Mae 150
Whiskey 132
Whitman, Walt 194
Wilder, Billy 146
Williams, John 159
Williams, Tennessee 194
Willis Tower 63
Willis, Bruce 157
Wilson, Woodrow 51
Wineland, David 187
Winfrey, Oprah 137
Wisconsin 25, 27, 29, 39, 43, 52 f.
Wolfe, Nero 198
Worksongs 82
World Trade Center (WTC) 60 f.
Wounded Knee 79
Wyoming 24, 27, 29, 39, 43, 53, 105, 113

X

X-Men 164

Y

Yale University 184 f.
Yellowstone-Nationalpark 113
Yosemite-Nationalpark 112

Z

Zeugen Jehova 103
Ziegfeld Follies 138, 161

a monkey. He grabbed the stem and pulled himself up and sat down on the thick stem with his legs dangling on either side of the branch. This branch was immediately beneath the branch on which Nevlin Lane was sitting. This man began to scan and feel the branch with both hands. He found a small opening in the branch and he inserted his hand in this opening. He could insert his hand upto his elbow and no more. He re-examined the opening and tested its depth with his hand again. He smiled and took out that folded piece of paper from his pocket and carefully kept it in the hollow of the branch. After finishing this task, he sat down on the same branch resting his back against the trunk of the tree and pulled both his feet on the same side. He relaxed and began to smoke a cigar and left the candle burning at the base of the side tree.

The branch on which Nevlin Lane was sitting was so close to the opening in the lower branch that if he wanted to, he could easily pull out the paper and examine it to satisfy his curiosity. However, he sat very still, holding his breath with anticipation.

Hardly had two minutes passed when Nevlin Lane noticed a tall man approaching the tree. This other man was walking at a fast pace. He came and stood at the base of the big oak tree. In the light of the candle, Nevlin Lane at once recognized this man as his step brother, Jordan Lane. Nevlin Lane was very surprised and wondered what his brother was doing there, at this time of the night at Stonelake, under the big oak tree. Nevlin Lane looked at his brother closely and noticed his face was red and he appeared to be thin. He looked nervous. In the meanwhile, his brother came close to the base of the tree and saw this other man sitting on the branch smoking a cigar in a calm and cool manner. Jordan Lane said excitedly but in a nervous voice, "Hey there, are you dozing off? Please hurry up and carry out the task you promised."

The man sitting on the branch of the tree said casually, "Sir Jordan Lane, what is the hurry. Except for the two of us there is no other person here. Relax and let us talk for a while."

Nevlin Lane was very surprised to hear this voice and said to himself, "Am I dreaming or is it really the voice of the wicked dacoit Lewryk. Why has this devil of a man come here from Austria and what urgent work can he possibly have with my brother at this time of the night? Surely he is Lewryk dressed as a lawyer." Nevlin Lane got so excited and worried at hearing the voice of the dacoit that if he had not controlled himself and exercised great courage, he would have fallen to the ground. He was shaking but he held on to the branch of the tree with all his strength and kept sitting motionless, breathing very quietly. He focused his eyes on the faces of the two men so that he may listen to their conversation.

Sir Jordan Lane looked at his watch in the light of the candle and said, "I have come exactly at the agreed time. Now let us talk business as I wish to return back without further delay."

Lewryk said, "I am also sitting here for just this reason and have been waiting for you for sometime. First tell me did you see anyone coming in this direction from the railway station?"

Sir Jordan Lane said, "No I did not see anyone. Listen this is no time for idle conversation."

On hearing this Lewryk extinguished his cigar and asked Jordan Lane, "Can I trust you that you have brought five thousand pounds with you? I do not see the bag with the money but I can see the gun bulging out from your pant pocket. If you want to play dirty please tell me so, because I too am carrying a gun. If you really want to carry out the transaction then please keep the bundle of notes, using your left hand, on this branch where I am sitting and with your right hand take the real will of your father from me."

Sir Jordan Lane said to him in a stern voice, "I told you that this is no time for useless talk. Let us quickly exchange goods. I have instructed my servants that if I am delayed in returning from my walk for more than an hour, they should all come to this oak tree. Only forty minutes are left before they will all come here. You better come down and as agreed, you keep the will on the left side and I will keep the money on my left side. I will pick up the will with my right hand and you can pick the bundle of five thousand pound notes with your right hand. This will enable us to carry out the exchange simultaneously. If I had any intention of defrauding you, why would have I come here at this lonely spot at midnight." He took out the bundle of notes from his coat pocket and lifted them up with his hand so that the dacoit could have a good look at them and said, "Now you show me the real will of my father in the same manner."

Lewryk said, "Whatever you say is always full of deceit. Now you have raised this point of first showing you the will. My dear sir, I am not a person to cheat or tell a lie. You should be satisfied that I have the real will in my possession. We know each other for a very long time. Can you tell me one single instance when I may have deceived you or lied to you? On the contrary, I have experienced that your moves are invariably deceitful and you cheat. We may be dacoits in our profession but we are firm in carrying out our promises and we tell the truth. I can relate several instances when you have cheated and deceived others. For example, I know that by telling lies you deceived and forced your father to write a second will, that you have with you. You made false promises to your father that you will take care of his wishes and forced him, just before his death, to write a second will. By virtue of this will you have grabbed control over the entire property and wealth of your father. This will that is with you is of no value at all. The real will, properly signed by your father and duly witnessed, divides his property equally between you, your brother Nevlin Lane and a girl born of decent parents. She is alive and well. That will is with me and I propose to hand it over to you now. Where is the need to show the real will as I have come here for this very purpose. A man speaks the way he is. You must have intentions of deceiving, that's why you doubt me. Please stop doubting me. None of us gain anything by this mistrust. You will get the real will and I will get the money. We both need each other's trust. However, I agree to your suggestion of exchanging the will and money. Just one more thing. You have already told me the name of the person who seduced my daughter Rachel and have given me written proof also. Could you please tell me where I can find this person?"

Sir Jordan Lane replied, "I do not know about his whereabouts nor do I have any need to find him. If you want to find him then you will have to do it yourself. You are just wasting time by useless questions. I am afraid that some police officer may come this way and arrest you and put you in jail because you are a famous dacoit whose crimes are well advertised. The London police is constantly on the look out for you. It is therefore better that you come down now and make the exchange as I suggested and you have agreed upon."

Lewryk said, "All right Sir, I am coming down. I will find the person who ruined my Rachel myself and will never bother you again after today. Please move twenty paces away from the tree base and keep the bundle of notes on your left side. The moment you start walking back twenty paces, I will keep the real will of your father towards your right hand side, I will jump off the tree. You pick up the will and I will pick up the bundle of money."

Nevlin Lane had heard every word of the entire conversation between his brother Jordan Lane and Lewryk. The dacoit was busy talking with his back towards Nevlin Lane. As the dacoit was speaking the last few sentences, Nevlin Lane bent down very quietly and stretched his hand, and with great agility took out the real will from the hollow in the branch.

Jordan Lane moved back twenty paces from the tree and stood there ready for the exchange. Lewryk inserted his hand in the hollow space where he had kept the will. He did not find it there and shouted, "Oh no! Oh no. Oh, my God. What happened here!"

Hearing the dacoit shout like this, Jordan Lane ran back to the base of the tree and asked, "Banks, is that you shouting?"

Banks said, "Oh Sir. Oh. What can I do. Believe me, I promise in God's presence that I kept the will in the hollow of this tree, considering it to be the safest place. When we finished talking and you turned to walk back twenty paces, I inserted my hand in the hollow of the tree to retrieve the will. But, I cannot find it here. Please, can you also look in this hollow where I have my hand? Maybe I am not looking properly."

Sir Jordan Lane, who was fairly tall, stretched his right hand and bent the branch down towards him. He held the branch down with his shoulders and pulled himself up by keeping his chest against the branch and with his right hand searched the opening in the tree as indicated by Banks. Needless to say, he did not find the will there as the will was with Nevlin Lane. When Jordan Lane did not find the paper in the hollow of the tree he let go of the branch and stood at the base of the tree. Jordan Lane addressed the dacoit in a sarcastic tone, "You are a liar and a big cheat. You are not a professional dacoit because they keep their word. You never had the will. All your big stories were just lies. You tricked me into believing you. I am sorry I trusted the promises you made and believed what you said to be true. That is why I came to this lonely, deserted place in the middle of the night. I believe your game plan was to get me at this lonely spot and rob me of my money."

To avoid Jordan Lane leaving the scene, Banks said to convince him, "My dear Sir, I am telling the truth. I had the real will with me and it seems to have disappeared from this hollow in the tree in the past few minutes only. God knows if some angel has flown away with it." To further convince Jordan Lane, he jumped from the tree branch and stood on the ground facing him. He kept one hand on Jordan Lane's shoulder and one on his head and said in a very meek voice, "I promise that I had the real will with me and I kept it in the hollow of the tree with my own hands, considering it to be a very safe place. You also searched the place yourself. After keeping the will in this safe place, I was simply waiting for you to come. I kept it in the hollow because I wanted to smoke a cigar and I needed both hands to light it. I did not keep it in my pocket, because I was afraid it might fall down while I was climbing the tree. I climbed the tree because this road in the front connects directly to the railway station and I was afraid that some police officer going around on duty might see me standing here and interfere in our arranged transaction. There is no third person here except the two of us."

Banks had hardly finished the sentence when Jordan Lane pushed his hand away from his shoulder and took out his gun from the pocket and said in an authoritative voice, "Stand away from me otherwise I will shoot you."

Banks removed his hand and standing at a distance, bowed his head meekly and said in an apologetic tone, "I am telling the truth. Come on, I will show you the spot from where I had dug the tin cylinder only a few minutes back. I had taken out the real will from the cylinder and kept it in my coat pocket. Just before you came I had dug another hole near the tree and buried the tin cylinder there. I had levelled both the holes with earth and leaves. Come with me, I will show you both the holes and the tin cylinder and this will convince you that I am telling the truth and in fact I had the real will, written in the handwriting of your father. I had the will safely buried in this tin cylinder and dug it out only a few minutes back. I kept it in the hollow of the tree to smoke a cigar. It is impossible for the tree to swallow it. I must have been rushed by your asking me to hurry up and your angry attitude, and may not have looked inside the hollow of the tree properly. It could have slipped to the bottom of the hollow. But you thoroughly searched inside the hollow for a few minutes. It is quite possible that you found it. You really never wanted to part with your money. I think that now you have both the will and the money with you. You want to run away with both of them. It is very obvious that except for the two of us, there is no third person around. I suggest that if you have not found and taken the real will, permit me to search all your pockets."

Sir Jordan Lane smiled and said, "This is a new trick that you have thought of, searching my pockets. I am not mad to permit you to go through my pockets while I am alive and give you an opportunity to run away with the money in my pocket. From now onwards I will not trust you anymore or believe in your stories. This is a funny story you have invented, about the will being inside the tin cylinder and your keeping the will in the hollow of the tree. On the top of it you dare to accuse me of stealing the will. I cannot become a thief just by your saying so. On the contrary, you are a dacoit who has forged the documents. You are the dacoit who went around robbing others and have been convicted for the same. You are the one who escaped from prison. You are a very wicked man and you were sent to jail for eight years on charges of forgery. There you made a rope by tearing the blanket in pieces. With this rope you climbed over the prison window and escaped towards the jungle. God knows how many places you have robbed before returning back to London. You fabricated this interesting story about the will to cheat me of my money. I am very sorry I fell for your trick and came to this lonely deserted place with five thousand pounds in cash. If you had my father's real will, you would have given it to me without this nonsense. However, your intention from the very beginning was to rob me of my five thousand pounds. Now get out of here. I do not even want to see your face. Save your life and run away to some far away country otherwise my servants will be here shortly and you will be arrested and sent to prison."

Nevlin Lane was intently watching and listening to every word of the conversation between his brother and the dacoit. He saw that the dacoit straightened up and held the neck of Sir Jordan Lane and they both started to fight. They appeared to be equals, as sometimes the dacoit had the upper hand and at the other times his brother. The dacoit took hold of Jordan Lane's coat and pushed him to the ground. Jordan Lane snatched the artificial beard and moustache from the dacoit's face with both his hands, and threw it far away. He then started tearing his clothes with his teeth. Whenever the dacoit tried to hold his mouth and hand, Jordan Lane punched him with his fists and bit his hand."

When the dacoit's artificial beard and moustache was removed, Nevlin Lane could clearly see the face of the dacoit. He, of course, was the wicked Lewryk and his face looked exactly when he took Sylvia away. The rage built up in Nevlin Lane and he had a strong desire to kill the dacoit and free his brother from him. Just then he heard a shot from a gun and someone's loud voice. Nevlin Lane thought that the dacoit had shot his brother and his face became red with rage. He jumped from the tree at once and wanted to shoot the dacoit. In all this chaos, the candle extinguished and Nevlin Lane could barely see in the direction from where he had seen the flash of the gun and heard the gun shot. He followed the direction, where, from his perch on the tree, he had seen the dacoit on top of his brother and the two of them fighting. In the dim light he could barely see the person standing there. But he wasted no time in overpowering this person and knocking him flat on the ground. With all his force he held his throat and with both hands he began to choke him. Nevlin Lane, thinking that the person on the ground was dacoit Lewryk, said with rage, "You mean, wicked Lewryk! Now you cannot escape me and I am going to kill you. You left me for dead but I have become alive just to take revenge." He was on the point of taking out his gun to shoot the person, whom he thought to be the dacoit, when the person he was holding recognized Nevlin Lane's voice and said, "For God's sake Master Lane get off my chest quickly, you are almost choking me. I am not the dacoit. I am your friend and servant, inspector Trail. Do you not recognize my voice?

Chapter 37

A friend is a person who shows his friendship
In hard times and helps to resolve problems

Nevlin Lane immediately recognized the voice of the person on the ground and at once got up from his chest. He said in a very surprised tone, "My God! What is going on? How I am hearing the voice of my friend inspector Trail from the mouth of the dacoit."

Inspector Trail said, "My friend, you squeezed my body so hard from the back that I became helpless. My body is hurting very badly. It appears that I have broken some bone in my back or my neck. The pain is intense. Hold my hand and help me get up. Oh, Oh. You did a terrible thing. After a very long time I got the notorious dacoit under my direct surveillance. I was about to arrest this dacoit and the person who has been sheltering him, your step brother Sir Jordan Lane. In one go I would have handcuffed both of them by one chain. However, they both ran away when they heard your footsteps. How sad. I am so very sorry that they both escaped after my hard work to track them down. If you had only waited for a few more minutes I would have arrested both of them. I would have received a big reward and great honour from my superiors."

On hearing his friend speak like this, Nevlin Lane used all his strength to help inspector Trail get up. He massaged his body to relieve his pain. He felt each part of his body and thanked God that there was no broken bone nor was there any dislocation of the shoulders or neck. Inspector Trail felt a lot better after the massage and his body that was feeling stiff, became loose and relaxed. He thanked Nevlin Lane and stood up erect. He asked in a surprised tone, "Master Lane, how did you manage to come here at midnight? I became helpless by your grip, otherwise I would have surely arrested both of them. At a time like this, you should have helped me arrest them."

Nevlin Lane said, "How could I possibly know in this darkness that you were waiting for them to start fighting, so that you could arrest them. Until the time the candle extinguished, I did not see your face anywhere."

Inspector Trail said, "How about that! I have been waiting and watching for an hour. I was just waiting for the right opportunity to make the arrest."

Nevlin Lane said, "Did you say that you had the dacoit under surveillance for an hour?"

Inspector Trail said, "This is true. I have been here for an hour. You may recall that I told you earlier in the evening that I have to go to the railway station for an urgent work. As I was going to the railway station, I saw this man dressed in a suit wearing a gown like that of a lawyer, with a white beard and moustache and wearing gold rimmed glasses. He was coming towards Court Lane, your house. I got suspicious because he was dressed as a lawyer. I wondered why a lawyer is required at Court Lane at eleven o'clock in the night. I was curious to find out and followed him quietly keeping about ten paces behind him. If this person had even turned back to look, he would have recognized me. But he kept on going straight, occupied in his own thoughts. He walked fast and came to this spot under the big oak tree. I hid behind another tree on the left side of the oak tree in such a way that this man could not see me, but I could see all his movements. I kept my eyes on him. But due to the distance between us I could not see exactly what he was doing under the oak tree. When he lit the candle and walked forwards, in the direction of the tree, I could hear the sound of digging but I could not see what he dug out of the ground. I watched him as he came back to the oak tree, kept the candle on one side, climbed the branch on the tree and dangled his feet on one side. When he settled down, very quietly I moved under the oak tree and pressed my body against the tree trunk. Since his back was towards my side, he could not see me. I saw him take out something from his pocket and search the hollow in the branch, with both hands. I stood there motionless, holding my breath. I stood like that for a while and then saw your step brother Jordan Lane coming towards the tree."

Nevlin Lane asked, "Did you hear the conversation between these two?"

Inspector Trail replied, "I heard every word of it."

Nevlin Lane said, "I was sitting on the branch just above the branch on which the dacoit was sitting. I was hidden by the leaves. I too was sitting motionless and holding my breath and listening to their conversation. Honestly, if I had got a glimpse of your face then, with your help and assistance, I would have captured the dacoit. Nothing can be done now. He probably took the bundle of money from my brother's pocket."

On hearing this, inspector Trail took out the bundle of notes from his pocket and showed it to Nevlin Lane and said, "The money is here. Please open it and examine. See if these are real notes worth five thousand pounds or some waste paper bundled to look like money. When those two were fighting, I saw this bundle of notes falling from your brother's pocket. I approached the fighting pair very quietly and extinguished the candle and in the light of stars approached them with a view to handcuffing both of them. Those two were busy fighting. Even though they both kept looking around, I believe they did not see me approaching. Those two were kicking, pushing, biting and tearing each other's clothes with such ferocity that I hesitated to approach them. I picked up this bundle of notes and the beard and moustache that your brother had pulled away from the dacoit's face and thrown on one side. After picking up these items I retreated to the base of the tree and stood very still against the tree trunk. I thought I would catch them when they were both out of breath and exhausted by fighting. When they appeared to be tired, I quietly approached them. I had hardly taken four steps when I heard this shot which was probably fired by one of them. I could not see anything because of the smoke from the gun. I wanted to get down on my knees to hear the sound of their feet and to assess the general direction in which they were fighting. Just as I was kneeling down you came and overpowered me. If you had not come, I would have handcuffed them. God knows in which direction they both ran away when they heard our footsteps."

Nevlin Lane said, "I am very sorry. I wish I reached that spot before you. I would have stabbed that dacoit. He once tried to kill me by shooting at me point blank. I would have felt very happy to kill him. That wicked dacoit made my life very difficult and harassed me a lot."

Inspector Trail said, "I do not know of your dealings with this dacoit, how and where you came in contact with him and why he tried to kill you by shooting at you at close range. However, for sometime, I too am after his life. I have gone through considerable pain in trying to trace him. A few days back my informants gave me the news about his presence in London. My staff is trying to catch him everyday. I am also constantly trying to track him down. I am ten times more anxious than you are to see him dead."

Nevlin Lane asked, "Why are you after the life of this dacoit?"

Inspector Trail replied, "My friend, I consider it more important to arrest this wicked dacoit James Banks than eating my meals."

Nevlin Lane asked, "Why do you call this dacoit James Banks? Are you referring to some other dacoit the one we have been talking about?"

Inspector Trail said, "I have no need to talk with you about any other dacoit. This dacoit, who just escaped from me is James Banks. This wicked person created a big fraud, was involved in one of the biggest robberies and escaped from the prison."

On hearing this Nevlin Lane was very surprised as he knew

this dacoit by another name, Lewryk. This thought made him sick and he sat down. He said with some anxiety, "Why do you call him James Banks. Is it possible that I know this same dacoit by another name? I too am after his life."

Inspector Trail asked, "What is the reason of your becoming his enemy?"

Nevlin Lane said, "This dacoit harassed me and gave me lot of trouble in Austria. When I was on my way to London, he almost killed me. When I look at his face I am filled with rage and desire for revenge. Let us not waste time in talking. We should go and look for him. It is likely that he is hiding in some bushes around here." Nevlin Lane started to walk in the northerly direction.

Inspector Trail said, "Sir, this dacoit is a very dangerous man. He is a master at playing tricks. By adopting new tricks and manoeuvres, he has managed to escape arrest so far. He will not be anywhere near here and will not rest till he is in some safe hiding place. Do you know what happened to the real will that Jordan Lane was mentioning. I saw myself the dacoit hiding some paper in the hollow of the tree. Probably that paper is the will about which these two men were talking. That must be the will that your elder brother was willing to buy for five thousand pounds. He must have brought this bundle of money here for this very purpose, to complete the transaction. Since they were both out to show the other's wicked and mean side and were very angry at each other, it is quite likely that the paper got pushed deep inside the hollow and they did not find it because of a hurried search. That paper may still be hidden there. Why do we both not look for it in a cool and calm way?"

Nevlin Lane said, "There is no need to search for that paper in the tree hollow. It is with me in my pocket." With this statement, he took out the paper from his pocket and placed it in the hand of his true friend, inspector Trail. He held his friend's hand with great warmth and excitement and said, "You showed me the bundle of money and I will show you the paper. This is the paper that the dacoit kept in the hollow of the tree. I was sitting on the branch of the tree, right above where the dacoit was sitting. I was watching his every move. After listening to their conversation and after the details of the deal were settled, the dacoit got busy in talking about his daughter Rachel. I was grateful for this opportunity. So I stretched my hand and gently pulled the paper from the hollow of the tree and kept it in my pocket."

On hearing this, inspector Trail jumped with joy and said, "Well done. Now I have got the evidence to prosecute and convict him."

Nevlin Lane said, "The Almighty God is great. He provided these circumstances by which we could witness and hear all the details. Both you and I were under and above the same tree and by God's grace neither of them saw us. I wish I had seen you. I would have really taught that wicked dacoit, whom you address as James Banks, a lesson that he would have never forgotten in this life." Suddenly Nevlin Lane became very quiet because his mind drifted to the memory of Sylvia and he remembered the night when Lewryk snatched Sylvia away from him and left him in great pain.

On seeing Nevlin Lane sad, inspector Trail shook his hand and said in a sympathetic voice, "My friend, you are lost in your thoughts. What is it? Listen to me carefully. Sir Jordan Lane, your step brother has a long history of dealing with this dacoit. You must have realized it yourself from their conversation that he knew the dacoit for a long time. What a shame that he is the district magistrate, and is protecting and assisting a notorious dacoit. Who knows what terrible crimes he had this dacoit carry out on his behalf? Because Jordan Lane is his friend, this dacoit even escaped from the prison with his help. To top it all, he is constantly questioning us, the senior police officers, as to why we are not able to catch this dacoit and why he is on the loose. I respect you very much otherwise I would have arrested Sir Jordan Lane tomorrow morning and brought him to the courts."

Nevlin Lane said in a surprised tone, "What did you say—my brother corroborated with this dacoit and assisted him in escaping from the prison? What proof do you have of accusing my brother of such despicable crimes?"

Inspector Trail said, "You are by nature a very honest and decent person and you judge everyone by your standards. We, as police officers, are trained to judge a person in totality, by observing his every small act. It is the first time today that I have heard the conversation between these two. But there are several cases against this dacoit in the courts that can now be explained. I assure you that this will, which is in my hand, is the key to all the secrets."

Nevlin Lane said, "There appears to be some secret behind this will."

Inspector Trail replied, "This secret can no longer be kept under cover. It must come out in the open."

Nevlin Lane said, "I will go to my brother right now and ask him the secret behind this will and the reason for his conspiring with the dacoit."

Inspector Trail said with some concern, "For God's sake do not take any rash and terrible steps. Do not even think of doing something like that. Your brother is going to laugh you out in seconds. I am well aware of his cunning ways. He is very selfish and wicked. He is going to snatch the will from you and throw you out of the house. I am the only one who can control him and make him answer. You are no match for him. I urge you to listen to my advice. Without my permission or informing me in advance, do not say even a word to anyone about tonight's episode. Otherwise you will get into very serious trouble and I will lose the case. You do not know what is involved in investigating such complicated cases nor are you familiar with the legalities of the court procedures. For all these reasons, it is better that you follow my advice."

Nevlin Lane promised to follow his friend's advice and they both shook hands at this understanding. They walked to the office of inspector Trail at the police station. As soon as inspector Trail entered the police station, he summoned four police officers and instructed them, "The dacoit James Banks is still in London. Track him down and keep a constant watch on him till such time that we arrest him. Keep me informed about all his moves, where he is, where he goes and what clothes he is wearing to change his personality. I want a daily report." After instructing his staff, he escorted Nevlin Lane to his private office. He turned the lamp's knob to increase the light in the room and said to Nevlin Lane: "Now I am going to read this will word for word. Please listen carefully and let us try to understand it."

Nevlin Lane started to pace the room. Inspector Trail read the will and shouted with joy, "Your late father has written this will with remarkable fairness and foresight. It has all the things that I heard several people mention in the past. Your respected father has bequeathed one third of his entire property, expensive jewellery, costly art and cash to your brother Jordan Lane. He has left exactly an equal share for you. By virtue of this will you will become very rich."

Nevlin Lane looked surprised and said, "Why has my father divided the property into three parts when my brother and I are the only two who are legally entitled to the inheritance."

Inspector Trail said, "Your late father has divided all the property into three equal parts. He has left the first portion to Jordan Lane, the second to you and the third portion to a girl. She is the same girl, whose mother your father used to love. I learned from a very reliable source that your father, although in love with her, wanted to keep her only as his mistress. But that woman was from a decent family. She was very beautiful, highly accomplished and clever. She loved a very highly educated, kind person. She was aware of your father's intentions and did not want to have anything to do with him. She married this kind gentleman, who was her true love. Your father became their enemy for life and vowed to destroy them. By the power of his money, influence and high status, he harassed and troubled them in the worst possible way. They were completely destroyed, both financially and emotionally. Even after the birth of a daughter to them, your father did not stop harassing the couple. The girl's mother died because of the hardship and constant mental torture that they had to face. The father left for a distant country with his little girl. The girl's father was a very pious and religious person. He considered revenge to be a sin and considered it best to leave the country. Your father had a sudden change of heart and his behaviour changed completely. He became very religious. He talked like a saint, about religious things with Audrey Hope, myself and the others who went to see him. His advice and teachings were worth listening. In his last days, he decided to be fair. He left one third portion of his property to this girl, whose mother had become his life time enemy." Inspector Trail then read the entire will to Nevlin Lane.

Nevlin Lane did not follow this long and complicated explanation. He also did not fully understand the language of the will as it was not in his nature to think negatively about anyone. His mind was racing in two different directions and his head began to reel with the various pieces of information he got in the past few hours. Several thoughts were going through his mind. Inspector Trail noticed that Nevlin Lane appeared to be confused and uncertain. He handed the will to Nevlin Lane for him to read it himself. He could not follow its language and returned the will back to inspector Trail. He said to him, "I am not able to follow its language. Please, help me to understand it."

Inspector Trail said, "The language of the will is not all that complicated for you to understand. It clearly states that you are entitled to one third of the entire estate. I do not know how James Banks got possession of this will and why your brother came alone to a deserted place, prepared to buy it for five thousand pounds."

Nevlin Lane said, "We have got this will from dacoit Lewryk and it is quite possible that this is a forged document."

Inspector Trail said, "This theory is wrong. This is the real will. Your father has written it in his own handwriting with love and fairness. I am very familiar with his handwriting and his signatures. I do not know what you are thinking. Certainly your mind is not here as you are not able to recognize your father's handwriting and signature. Not only myself, but all junior and senior officers in the administration and his close associates recognize his writing and signature. If your step brother Jordan Lane did not lose the real will, why would he be prepared to pay five thousand pounds for this and come at midnight to get it. I do not know how your step brother forced and intimidated your father in writing another will favouring him with all his property. Everyone here is talking about this. If a will is written under duress and not of one's free will, it will not be acceptable as compared to something written with love, fairness and peace of mind. Any learned and wise person can at once tell the difference. Anyway, this is an irrelevant subject. However, I tell you that this is the real will written by your father. Another point that proves its authenticity is that it is witnessed and signed by your nanny, Mrs. Parson. In the courts and in public, this will be regarded as the true will."

Nevlin Lane said, "I thank God a thousand times that before his death, my father somehow learned of my innocence and my good intentions. He considered me to be honest and not guilty and therefore left me an equal share. I trust his hatred for me was gone and he realized that the accusations levelled against me by my step brother were all false and a creation of his mind. Now I have seen for myself the selfish and wicked nature of my brother and I find no change in his nature even today, but even then I do not want to make this will public. I will have to say negative things about my brother in public and this will ruin our family reputation. As the saying goes this is washing dirty linen in public. I do not wish to disclose the cunning nature of my brother in public."

Inspector Trail said, "This will cannot be suppressed now under any circumstances. This will on this paper, will go to the courts and no one can stop it. Because of your kind and unselfish nature you may not wish to claim your share. But the poor girl named in the will, whose parents died after suffering torture and harassment at the hands of your family elders, must get her due share. She deserves it and it is her right to claim it. I consider it a serious crime to hide the will and deprive this girl of her rightful share. I am not going to commit such a crime against public interest. On the contrary, I will make every effort to find this girl and bring her here and help her to get her rightful share of the inheritance through the courts. I will not rest till I have done this. I consider this to be my duty. I am confident, that in spite of your sincere and unselfish nature, you will not create any hindrance in this girl claiming and getting her due share. Would you really be happy to see someone's rights being violated and would you not consider this to be a crime?"

Nevlin Lane said, "God forbid! No, never. I will not commit such a crime. I cannot even dream of depriving someone of their rightful share. How can I ever see this girl being deprived of her share. I will be happy to see her get her share. Please, you must find this girl. Be assured, that from my side, I will not create any hindrance in this matter."

Inspector Trail said, "Very well. Now you leave the matters related to the will to me. First thing tomorrow morning, I will go to your brother's house and investigate the facts about last night's incident. I will see if he is willing to settle the will in a gentlemanly manner by giving the rightful share to the others named in the will. If he shows any sign of denying its knowledge or creates a problem, then I will proceed through the legal channels and bring the case to the courts."

Nevlin Lane agreed with the approach suggested by his friend. He was happy with inspector Trail's plan. He promised to leave this matter in his hands. He locked the will in a secure safe in inspector Trail's office and said good night to his friend and walked back to Mrs. Parson's house. He went to his room directly and laid down on his bed, without saying good night to Mrs. Parson. He knew it was Friday when Mrs. Parson reads the whole religious book. She had asked him not to disturb her on his return. He went to bed but could not sleep. He began to think about Sylvia. With her face in front of his eyes, he said to himself, "God is great. To relieve me of my poverty He created circumstances by which the real will came into my possession. But God, what will I do with all this wealth when my Sylvia is separated from me. Without her I cannot feel happy even with all this money in my hand. To feed myself I will find some teaching job here and spend the rest of my life in her memory." With these kind of thoughts he began to feel dizzy and restless and kept saying, "Sylvia, Sylvia!" Finally he fell asleep.

It is worthwhile to mention that Sir Jordan Lane, sneaked

from his house like a robber, at eleven o'clock at night, to negotiate the transaction of the will with dacoit James Banks. Without informing or saying anything to his servants, he climbed the stairs near the gate at the back of the house. This route brought him to the library and sitting room and from there he quietly walked to the oak tree. Since the servants had locked the front gate at nine o'clock, he returned back to the house, badly beaten up after the fight with the dacoit. He came through the back of the house and the library to reach his living quarters. The reason for dacoit James Banks running away was as follows. At the time when he had Jordan Lane on the ground and he was on top of him and Jordan Lane was tearing his clothes and had pulled his beard and moustache away, at that very moment inspector Trail was approaching quietly to arrest them. Inspector Trail assumed that by now both of them must be tired out by the fight. He had extinguished the candle and was depending on the light from the stars. Just at that moment, the dacoit saw him coming. He was afraid that inspector Trail would arrest him. Without saying anything to Jordan Lane, he got up and fired the gun, pointing it upward towards the sky, to create maximum smoke so that the inspector would not be able to see in which direction he escaped. In the darkness created by the smoke, he ran towards the railway road as fast as he could. As soon as the pressure of the dacoit's hands lifted from Jordan Lane's body, he got up and without looking in any direction he ran towards the house as fast as he could and entered the house from the back stairs.

Chapter 38

What good is that tree that does not give fruit
What good is that heart that has no feelings

Sir Jordan Lane reached his bedroom and sat down on the bed. When he was undressing he noticed blood on his left elbow. He figured that he must have scratched his elbow on the ground while fighting with the mean dacoit. He hid the shirt in the cabinet near his bed. He cleaned his wound with some water, put vaseline on it and bandaged it. He lay down on the bed. He could not sleep because of the pain all over his body. He cursed James Banks to his heart's content and felt better. He thought, "When the wicked dacoit threw me on the ground, the bundle of money must have fallen from my pocket. He must have picked it up. When he got the money he left me and ran away. Otherwise, he would have never left me without first killing me. Oh well, money is not that important. The main thing is that I have survived this encounter. That damned man took away a very large sum of money, but now he won't dare to come near me. It's alright if he took the money but in return, hopefully, I have got rid of him forever. He certainly had the real will of my father written in his own handwriting. I did lose the real will at the time of my father's death and I have been searching for it all these years. For this reason I did not even get the room cleaned. That damned James Banks stole it. His story in this respect is correct. If he did not have the will he would not know its contents so precisely. There are two possibilities. Either he has lost it or, assuming his story about burying it in a metal cylinder underground is true, then maybe the paper got all soiled and rotted over the three year period and disintegrated. If he had found the paper intact inside the metal cylinder, I am sure he would have handed it over to me in exchange for five thousand pounds. Supposing he suspected that I would have filled the bag with waste paper instead of real money, in that case he would have met me at my house, showed me the real will and also examined the money in peace. If he was scared to come to my house he could have arranged a meeting at one of the empty houses, or in a garden or in a hotel in the daytime, and carried out the transaction quietly. He is more powerful than me and had nothing to fear in meeting at a more public place. As a dacoit he is fearless and is not scared of either the street constable or the highest police officer. It would have been better for both of us to carry out this transaction during the daytime. I would have given him the money and taken the will from him. Since he did not do it this way it is obvious that he has somehow lost the real will and it is no longer with him, otherwise he would have surely given it to me. I think he just wanted to steal five thousand pounds from me. Probably this was the reason that he asked me to meet him with the money at a deserted and lonely spot in the garden, in the middle of the night. Well, some good has come out of all this after all. I am now at least convinced that the real will is with no one else and is destroyed forever. There is no point to be scared of this dacoit anymore. I am a man with a lot of prestige and status and am a respected member of the parliament. It was a shame that I got scared by a common dacoit like James Banks. He cannot lodge a complaint against me in the courts because he is a convict himself and cannot possibly stay in London. If he decides to stay, he will be arrested. He cannot even go and seek any legal advice or contact any decent gentleman for help because he is a notorious dacoit whose picture is posted all over the place and in the newspapers. Any person he might try to contact will get him arrested. I am the last person he would want to see because I am not only a very senior government official, but I have other contacts. Moreover, he fought with me before running away. He knows very well that if he came anywhere near me, I will get him arrested right away. As long as I had need for him I helped him and hid him in my house, but now I have no need for him. Even though he took five thousand pounds away from me, I should not be too sorry or concerned about it because I shall be marrying Audrey Hope soon and all her property will then be under my control. I will acquire millions of pounds in wealth and property. Under these circumstances it is not worth feeling sorry for the loss of five thousand pounds." With these thoughts Sir Jordan Lane felt much better and relaxed. He no longer felt worried or afraid. He got up from his bed, loaded his rifle and kept it beside his bed. He was afraid that dacoit James Banks may be hiding in his house and may jump over the wall to come to his room and try to get his sympathy by another one of his tall stories. He decided that if he comes anywhere near him, he will shoot him without asking any questions. To get him arrested would mean that Jordan Lane would have to go to the court to give evidence and God knows what Banks might say in front of the court officials. He thought that it would be much better to finish him off when he had the opportunity. With this thought he stared outside and listened carefully for any footsteps. He did not see or hear anyone. He took the loaded rifle to the open window and pointing it towards the sky discharged a shot. He returned to his bed and lay down quietly.

The noise of the gun shot woke up his servants. His personal servant came running to his room and knocked at the door. Sir Jordan Lane got up from bed and opened the door. He allowed the servant to come in the room.

The servant looked terrified and much concerned. As soon as he entered the room he asked his master, "Sir, we all heard the sound of a gun shot coming from the side of your window and I came running to find out if you are alright. I also wanted to find out who fired the gun. All your servants are up and are concerned. They are searching all around the house and the surroundings for any intruder. They sent me to inquire about your welfare."

Sir Jordan Lane replied, "No intruder can dare come near my room but the gun was indeed fired. I also woke up from its noise. The fact is that I had a severe headache since this evening. I got up from bed to get some medicine from the cabinet. The loaded gun was beside the cabinet and inadvertently my foot touched it and it fell down. The trigger must have been activated by the sole of my foot. The bullet scraped my elbow on its way out of the window towards the jungle. I have now learned a lesson not to keep a loaded gun by my side. In future I will never keep a loaded gun in my room."

The servant said, "Sir, with your permission we can bring the doctor from the neighbourhood."

Sir Jordan Lane repiled, "Oh no. There is no need to get the doctor. The bullet missed the arm and just scraped the elbow causing a slight laceration in the muscle. There is no need for a doctor. Please go and tell all the servants what happened and also ask them to refrain from mentioning to anyone about the accidental discharge of the gun and the injury to my hand. If the press comes to know of it they will publish the story in the papers and I certainly do not wish this incident to be published and known to public."

The servant replied, "Very well Sir. However, if you do not want the doctor to be called then at least allow me to clean your wound with boric acid, put the ointment from your table drawer over the wound and bandage it. This will reduce the pain and help the wound to heal faster. You appear to be restless and in pain."

Sir Jordan Lane said, "Alright, you may do it. Make me up a nice cup of tea. That will help me cheer up. Please go and tell all the servants that they should not tell anyone about this incident and also not discuss it amongst themselves."

The servant said, "Sir, all the servants are awake at this time. Over an hour ago, the security guard woke me up and said that he had heard someone open the door of the library located at the back of the house which can be reached from outside by the stairs at the side of the house. He also heard the door close. Since then the guard has been very alert and is constantly checking the premises. He suggested that we wait. If he heard the door open and close again then we would search every corner of the house. We were discussing this when we heard the gun shot and all the employees woke up. The guard sent me to look after you and get your orders to search the whole house for an intruder. Sir, did you also hear the opening of the library doors?"

The opening of the door that the servant mentioned was the same library door through which Sir Jordan Lane had gone out to meet the dacoit under the big oak tree. He told James Banks that he has asked his servants to come and look for him if he did not return within an hour. This was a lie. He never mentioned anything to his servants and did not want them to know about his going out for his rendezvous. Even now he continued his web of lies and said to his servant, "Yes, late in the night I had gone to the library to get an important paper and it was me who had opened the library door. You folks must have heard that noise. But there is no cause for concern. Please inform all the servants about this and ask them not to mention it to anyone else."

The servant cleaned the wound on Sir Jordan Lane's arm with antiseptic and bandaged it. He also put a sling around his neck to support the arm so that the sensation of pain would reduce. He brought a cup of tea for him and left the room. He narrated the story about the gun and the opening of the door to the other servants as told by his master and also conveyed his instructions that these incidents should not be mentioned to any outsiders to avoid the chance of unwarranted gossip that may reach the newspaper publishers. Feeling reassured, all the servants retired to their rooms and went back to sleep.

Sir Jordan Lane felt better after the wound was bandaged by the servant and he slept peacefully. In the morning the postman brought the mail. When Sir Jordan Lane got up, his whole body was in pain. After the morning routine he had his breakfast. He sat down at his desk and looked at the mail and read all the letters quickly. He did not see any letter from Audrey Hope and this made him very angry. He thumbed the table and said to himself, "Audrey Hope did not reply to my love letter. She is a very proud girl. Audrey Hope, you just wait till I marry you and then I will teach you a lesson. I will take control of all your property and wealth and then harass you so much that you will beg for mercy."

He got up from the chair in a rage. He felt like going to Audrey Hope's house and demanding an explanation from her for not replying to his letter. But then he thought that James Banks may come back with a new story about the will and he was eager to find out about the will. So he gave up the idea of going to see Audrey Hope. He said to himself that he should wait the whole day for the wicked James Banks. If he did not contact him by the next morning, then it can be assumed that he has left London with his five thousand pounds. He regretted that he took such a large sum of money from him. He realized that it was no use worrying about lost money, "No point in crying over spilled milk." He was glad that he at least got rid of the dacoit forever because he would never dare come near him again. He felt confident that because of the fear of arrest, he would not even stay anywhere close to London. He was lost in his thoughts when the servant came and said, "Sir, Inspector Trail is here to see you. He is waiting outside. He says that he has something important to discuss with your honour."

On getting this message, Sir Jordan Lane combed his hair and smiled so as not to look worried. He thought that probably dacoit Banks has been arrested and the inspector has come to report to him about the arrest. He had no other business with the inspector that day. There was no case pending in his court which would involve him. Considering all this he instructed the servant to show Inspector Trail to his office room. When the servant left, he threw his robe on the shoulders to hide the bandage on his arm and waited for the inspector.

The servant brought Inspector Trail to the room and left to carry on his other jobs. Inspector Trail saluted Sir Jordan Lane and said, "Good morning Sir. I am sorry to disturb you in your busy work schedule but you are the district magistrate for this area and no one else is available in the vicinity. I have come to seek your advice and report a serious matter."

Sir Jordan Lane's arm was paining a lot and his mind was

very disturbed after the episode of previous night. He also felt sick. His face was pale. However, he braced himself to meet the inspector. He replied in a low voice, "No need to apologise. Please do sit down." He tried to pull a chair near him but his hand was shaking and he felt weak. Inspector Trail supported him and pulled a chair for him and sat down on the nearby chair. As Sir Jordan Lane was sitting down his robe slipped from the shoulder. Inspector Trail noticed the bandage and said with a sympathetic voice, "Sir, why your arm is bandaged? Were you hurt in some mishap last night?"

Sir Jordan Lane said, "Yes, but I am glad that my life was saved. Last night I picked up my gun from the table beside the bed and wanted to keep it in the cabinet. But it slipped from my hand and fell on the ground at such an angle that the trigger got pressed and the bullet scraped my arm and disappeared through the window, which was luckily open, in the grounds outside. The servant cleaned the wound and bandaged it. The pain is not too bad and I will be alright. You came to talk to me about something and report some incident. Please proceed with your report."

Inspector Trail said, "Thank God that your life was saved. Did you get your wound examined by the doctor because sometimes the bullet wound . . . "

He did not get a chance to finish his sentence as Sir Jordan Lane interrupted him and said, "I thank you for your kind concern. As it happens the wound was not serious enough to show to the doctor. The bullet just grazed the arm. The doctor would have laughed at me for calling him at midnight for a small injury like this and probably think I was a coward. Anyway, forget this and tell me the purpose of your visit."

Inspector Trail said, "Sir, last night two constables under my command made an arrest."

On hearing this Sir Jordan Lane's face became pale and his body began to shiver. He pulled himself together and said with a firm tone, "You said that they arrested someone. Whom did they arrest? Tell me all the details."

Inspector Trail said, "My men at the police headquarters have seized some property belonging to you. It was my duty to first come and inform you about the same and seek your advice as to what I should do with it and what further action should be taken."

On hearing this Sir Jordan Lane became very nervous. His face became very pale. However, he was a good actor and he immediately composed himself and said in a surprised voice, "Inspector, what did you say—the constables at police headquarters have some property belonging to me?"

Inspector Trail said, "Yes Sir."

Sir Jordan Lane did some quick thinking and assumed that they must have arrested dacoit Banks and he may have confessed to every thing that happened the previous night. He might have also mentioned that the bundle of money belonged to him. With this in mind he said in a low voice, "Probably the famous dacoit Banks has been arrested by your men. I am so happy to hear this. Congratulations."

Inspector Trail said, "No Sir. We have not been able to arrest him so far. We know for sure that he is in London these days. He comes to some place around here in different disguises. I am on his trail and expect to arrest him very shortly. However, I am rather surprised that you thought of dacoit Bankss at this time. Were you also informed of his presence in this area?"

On hearing this Sir Jordan Lane felt very happy and smiled. He said, "No, I have received no information about dacoit Banks being here. But the way you were talking, I assumed that he has been arrested. Tell me how you know that the property seized by your constables belongs to me? I am fully aware of what is going on in my house and I am sure nothing has been stolen from here."

Sir Jordan Lane could have never guessed that inspector Trail had come on a fishing expedition on behalf of his dear friend Nevlin Lane, and wanted to find out the real feelings of Jordan Lane. He was trying to find out how honest he was by just talking casually. The way he talked and denied any knowledge of anything missing from the house proved to him that Sir Jordan Lane was dishonest and was lying. He figured out that he was too clever to fall for a soft approach. So he changed his tactic and said in a serious voice, "Sir, please think again, carefully. Are you sure you have not lost anything? Because I am sure that the property seized by us belongs to you. That is why I have not taken any further action so far. I know from experience, that generally the rich and famous people, holding high positions, hesitate to report any theft as it means court appearances and fear of implicating and arrest of their employees and servants. For this very reason I considered it appropriate to first inform you and seek your advice. Probably you too do not want any friend or servant of yours to be arrested. I had no need to take your valuable time or waste my time as I could have easily presented my report along with your stolen property to the courts and let the law take its own course. I urge you again, with all due respect, to please, once again look in your house to see if any article or money has been stolen. If at this time you do not report anything missing and are truthful, then it will be impossible for me to suppress the facts later on. I am also afraid that your brother Mr. Nevlin Lane may decide to take action against any property lost from the house."

Sir Jordan Lane got upset and said in an angry tone, "Inspector, you are lecturing to me like a stranger. Why do you not tell me, in simple straightforward manner, what property you have found and identified as belonging to me. I have carefully thought about this and I do not think I have lost anything. What do you mean by saying that Nevlin Lane may take action on any property lost from the house? Have you received any information about his whereabouts? All my efforts to locate him have been unsuccessful. I have not been able to get any news about him from any source."

Inspector Trail said, "No Sir, I do not know where the brave Nevlin Lane had gone nor did I have any need to find him at any time. However, I heard that in the past you had published posters in newspapers in Austria to locate him. I just thought that he would have returned the same way as you thought dacoit Banks did. It occurred to me that he may have seen those advertisements in papers in Austria and may have returned to London. In that case he may file papers in a London court to claim half the share of his father's property. You did not publish the news of your father's death in the newspapers. If you had done that, I am sure he would have returned back to London a long time back."

The face of Sir Jordan Lane became tense on hearing inspector Trail speak like this and his hands began to shake. He hid his hands in the pockets of his gown. His heartbeat increased. He heaved a painful sigh and said, "As it happens, my late father Sir Gravlin Lane, did not leave even a penny in his will, in Nevlin Lane's name. Under these circumstances there was no point in publishing about my father's death in the newspapers. It is not my nature to deceive anyone. Anyway, this is a family matter and I do not wish to discuss our private affairs. Now you tell me about this stolen property and how you assumed that it belonged to me."

Inspector Trail was an honest and straightforward person. He was a good judge of character. He could see that Sir Jordan Lane was a dishonest, selfish and cunning person, full of greed. Though he was the district magistrate, he was not fair. He was also a friend of the dacoits and knew what crimes they had committed with his help. He realized that he will not be able to break Sir Jordan Lane down by civilized ways. He would have to adopt much stronger tactics to make him reveal his true self. He thought that he should say something right now that would show whether he had any kindness in him or not. If he did not say anything kind, then Trail would not be surprised if he was involved in some other serious crimes also. With this in mind he invented a story and looked straight in Sir Jordan Lane's eyes and said in an authoritative tone, "The property that my two constables seized surely belongs to Court Lane mansion and it was stolen by the son of your gardener. So far I did not say it in plain words because I thought that you would certainly not want the son of your old faithful and loyal gardener to be arrested by the police. For this reason I was hesitant and was delaying relating to you the full story. I had otherwise no reason to come here and bother you. I would have arrested him this morning and sent him to the court for punishment."

Sir Jordan Lane said, "Please listen carefully and make a note for future reference. I am not one of those magistrates who would be biased by anyone's recommendations or make concessions for anyone. I will not show any mercy, even to my closest relatives as far as the dispensing of justice is concerned. I am grateful to you for coming to my house and informing me prior to the start of any legal court action. There appears to be some mistake, as I do not understand how any money or article from my house could be removed without my knowledge. However, as per your advice, I will certainly investigate it further and find out what was stolen. If I find that the son of my gardener is in any way connected with this robbery, I will hand him over to you without the slightest hesitation and would fire the old gardener and ask him to leave these premises."

On getting this response, inspector Trail saluted Sir Jordan Lane and left him. He climbed down the stairs and left the house. He walked towards his office thinking that Sir Jordan Lane was indeed a wicked and unkind person. He was stubborn and had no mercy in his heart. He fell for his story and was ready to fire his old and loyal gardener and also did not hesitate to let his gardener's only son be arrested. He was bent upon grabbing the due share of his step brother, Nevlin Lane. He wanted all the property and money of his father for himself. He reached his office and got busy with the work.

After inspector Trail left, Sir Jordan Lane went to his room and laid down on the bed. He began to analyze the purpose of inspector Trail's visit. He thought that inspector Trail was speaking in ambiguous terms and was hesitant to give the facts.

This indicated that like dacoit Banks, he was also looking for some kind of a bribe to hush up the matter and close the case. In order to get money from him he implicated his gardener's son in the robbery. Because of his clever answers and straightforward approach, he was subdued and did not have the courage to ask for a bribe. Seemingly, he had absolutely no knowledge of last night's episode or of Nevlin Lane's whereabouts. Dacoit Banks must have left London and gone to a foreign country with the big bundle of money in his hands. Now he felt safe from all sides. The real will had been destroyed by its being buried underground by dacoit Banks. The paper on which the will was written must have disintegrated. All his thinking was channelled to suit his own logic and to satisfy him about the various events. He did not have the courage to think of alternatives which would show things differently. He felt satisfied and happy with his way of thinking. He felt that Inspector Trail really came for bribe, and he had no knowledge about Nevlin Lane, that dacoit Banks must have left the country and the real will was destroyed when it was buried underground.

He got up from bed and wrote a telegram to Audrey Hope: "Audrey Hope, I will be coming to London tomorrow morning to see you." He gave the telegram to his servant and instructed him to go to the post office and send it straightaway. He felt satisfied and retired to his bed and soon fell sound asleep.

Chapter 39

My heart looks for only you everywhere
Like a compass points to only one direction

As per her habit Audrey Hope reached the theatre on time as she had promised. She was accompanied by Lord and Lady Marlow. She sat down on her designated seat and watched the beautiful performance of Sylvia. She felt very proud and happy to hear the loud acclaim and cheer from the audience at her friend's dance and songs. When Sylvia saw Audrey Hope's happy face, she felt satisfied. The sadness and frustration she had experienced earlier on meeting Lord Lorimor seemed to evaporate

When the show finished, Audrey Hope happily returned to her home with Lord and Lady Marlow. She did not wait for Sylvia. When she reached home, she found the letter from Sir Jordan Lane on her table. She lay down on her bed and thought of the things that Lord Lorimor had told her with such sincerity. Thinking about him made her cry and she cried to her heart's content. She felt very sad that due to her feeling of shame and confusion at the time, she did not publish a denial notice to the engagement news published by Sir Jordan Lane. After she felt a little better, a thought came to her mind. She thought that if she could take Lady Marlow in her confidence and tell her about her meeting with Lord Lorimor at Sylvia's house and what he told her, maybe she would act as an advocate on her behalf and somehow make Sir Jordan Lane understand the situation and free her of this burden on her mind. However, she realized that this would not work, as her aunt and Sir Jordan Lane had lately developed a very special bond and she would not help her in this task. She then thought of taking Lord Marlow in her confidence. He loved her like a father and it was possible that he might help her. He might be able to persuade Jordan Lane that it was not right for him to marry a girl who did not love him. If he was unable to reason with him, maybe he could threaten him. Even this proposal did not sound workable to her. She began to think that the fault was really hers and not of Sir Jordan Lane. She should have made it clear from day one, that she did not care for him. She should not have listened to his lengthy talk and carried on the conversation. The time to show her hatred was now long past. Sir Jordan Lane would not rest till she was forced to marry him. Even if she pleaded with him to free her, he would not listen. He would feel very insulted if she broke the engagement since it had already been published in newspapers. His high reputation would be destroyed. Some people consider committing suicide in such circumstances or they feel so ashamed and humbled that they completely stop socializing. Even she would feel ashamed to face anyone. She thought that she had no other alternative but to face the situation with patience and leave the things to God. She should be prepared to face a life of misery and unhappiness. Whatever was written in her fate, would happen."

With such thoughts on her mind, she fell asleep. She dreamed about Lord Lorimor sitting beside her bed and saying, "My dear Audrey Hope, dear Audrey Hope." She saw that he was crying. She got up startled by the dream and noticed that it was already morning.

She got up from bed and dressed up as was her morning routine. She thought that a morning ride would do her good. She ordered her maid to get her carriage ready. She said to herself, "Sometimes Sylvia comes to see me in the morning. However, if she comes before I leave, what will I tell her when she asks me the reason for my condition? If I tell her my real, true feelings, she will just laugh at me. I do not know what to do. I do not feel good, I feel very sick. I cannot get Lord Lorimor out of my mind. His face is constantly before my eyes. I can hear his loving words. It's most unfortunate that I encouraged Sir Jordan Lane to the extent that he took the liberty to publish the notice of his engagement with me in the newspapers assuming that I had accepted his proposal. It is my fault that even after reading the engagement news, I did not protest and set the records straight. He is now pressing to set the wedding date soon. What can I do now? What should I do? I feel ashamed to tell anyone about my true feelings." Such thoughts made Audrey Hope very restless and uncomfortable. She gave up the idea of going for a morning ride and asked the maid to send the carriage back. She went back to her room and lay down in the bed. She instructed her personal maid not to let anyone in her room without her permission.

At breakfast time, Lord Marlow came to the dining room. When he did not see Audrey Hope at the table, he inquired from Lady Marlow who said, "I believe Audrey Hope is not feeling well. She came out from her room this morning for her usual morning walk and asked for her carriage, but she returned the carriage and went back to her room. She did not even see me this morning. I learned from her maid that she was lying in her bed and feeling depressed. If Sir Jordan Lane was here, he could have cheered her up. However, he is so busy with the renovations of his house that he has not been here for several days. Even today he has not informed us of his programme."

Lord Marlow said, "Since this morning I am receiving news that make me concerned. Coming back to the house this morning, I happened to meet Lord Lorimor on the way. He has returned after two and a half years of travel. He looked very depressed and worried. His face looked pale. His heart seemed restless and sad. I wanted to bring him here with me but he made excuse and went towards the market. His face did not reflect happiness and his conversation was not carefree, as it usually is. He was tense and preoccupied. I believe that the newspapers of Florence made a serious error in publishing about his engagement with Senorita Estella of the Global Theatre without proper investigation. If the news had any element of truth, his face would have reflected happiness and joy. A person generally feels refreshed and happy on returning from a long journey after visiting various cities and countries. However, Lord Lorimor's appearance resembled that of a sick person. If you ask me the truth, my guess is that he is truly in love with Audrey Hope and is heart broken on learning of her engagement with Sir Jordan Lane. God has given women a peculiar nature. They do not consider the devastating effect of their actions on men and can break a man's heart, without knowing. I think Lord Lorimor is a far superior, sincere and honest person than Sir Jordan Lane. I can't do anything now. My hands are tied by Jordan Lane's publishing the news of the engagement in the papers. I am damned if I try to do something about it and I am damned if I don't. This has become a complicated and serious problem."

Lady Marlow was about to say something in response to her husband's comments when the maid handed her an invitation card from Lady Delsur, inviting her and Audrey Hope for a party at her place. Lady Marlow read the invitation and without saying anything to Lord Marlow went towards Audrey Hope's room. The maid informed Audrey Hope that Lady Marlow was coming to see her. Audrey Hope got up from her bed and went outside her room to greet Lady Marlow. She greeted her with warmth and expressed happiness at seeing her. After resting for sometime, Audrey Hope was feeling much better and was back to her normal self. Lady Marlow asked her about her health and showed her the invitation card. She asked her to get ready for the party. She selected a special dress for her and helped her to get dressed and put on some make up. When she was dressed for the party, Audrey Hope looked very charming and radiant, just like a bride. Audrey Hope accompanied Lady Marlow to the party and felt happy. She had a special charm about her this evening. At the party, all her friends and acquaintances gathered around her and greeted her.

Lady Marlow searched for Sir Jordan Lane at the party and inquired from the hostess if he was coming. She was sorry to learn that he was not able to join the party. On the other hand, Audrey Hope felt relieved not to see him at the party and was happy to spend the time in the company of her friends. The hostess had also sent an invitation card to Sylvia and requested her to join the party. Merci Fairflex also asked Sylvia to go and enjoy the party as the theatre was closed that evening. Sylvia refused the invitation and said in a frustrated voice, "I do not like to go to the parties at all. In these parties in London, there are very few decent and civilized people. The majority of the people have poor taste and questionable intentions. I have noticed that even gentlemen from very rich and elite families keep staring at me and want to stand close to me making small talk. I do not want to socialize and talk to this type of persons. I do not feel comfortable in the company of people whose intentions are not good. I do not like to carry on irrelevant and meaningless conversation. I went to one of these parties once to please Audrey Hope and to keep her company. At that party a decent and handsome looking gentleman, who appeared to be rich by the way he dressed, asked me for a dance. His face had some resemblance to my Jack and I got lost in his memory. I did not even look up and respond to this gentleman's request for a dance. This kind of behaviour gives the impression to others that I am a very proud and rude girl. But I am what I am and such is my nature. I do not even want to listen to any man. My mind and heart is full of memories of my dear Jack and I cannot forget him even for a second."

On hearing Sylvia speak like this, Merci Fairflex said in a sympathetic voice, "My dear, in this world, there are plenty of men who are very disloyal, selfish, full of ego, proud, rude and downright cruel. These people just flirt with women and once they get what they want, they forget about them. On the other hand, we women are different. Once we love someone, we are loyal to that person until our death. This may not be true in every case but this is my experience in life. However, you have no need to talk to any man or feel obliged to anyone. You should think positive rather than negative. It is important for you, at this age, to enjoy yourself and be happy. For this reason there is no harm in your attending these parties. I notice that you spend all your time in looking after me. By sitting beside me the whole time and seeing me sick, it is no wonder that you feel sad and have such negative thoughts. You cannot feel happy spending all your time in this way. Do not worry about me. Go to this party today and enjoy yourself. It will do you good."

Sylvia replied, "You are very dear to me and you are also my closest friend. I am quite content and happy to sit beside you all day. I do not feel comfortable when I am away from you." She kissed the hand of Merci Fairflex and hugged her and said, "I do not know what type of illness has made you so weak. Your hand seems so thin. I feel very concerned about your health."

Merci Fairflex asked, "Do you love me even more than Audrey Hope?"

Sylvia replied, "Both you and Audrey Hope are very dear to me. However, you mean more to me. During my illness you served me with great devotion and diligence. This made me love you with all my heart and I shall always be grateful to you for the same. You saved my life. I love you and respect you like my own mother. I consider Audrey Hope a true and sincere friend. This is the difference."

Merci Fairflex said, "You are a very kind, gentle and caring person. A long time has passed since you were sick. But you still remember my service to you. I am sincerely grateful to you for your kind words."

Sylvia replied, "I am not the type to forget anyone's kindness. Moreover, one can never forget the unselfish love and motherly care of a person, not till the day one dies. I clearly remember each and everything before my illness. Everything from the time I regained consciousness till this day is engraved in my mind. Yesterday I saw Jack in my dream. He was alive and well. He was continuously shouting, 'Sylvia, Sylvia.' The tone and manner of his shouting was the same as when he was shouting for me when the wicked dacoit Lewryk snatched me from him and ran away with me on his horse. With his shouting I woke up and looked all around but did not see my loving Jack anywhere. It is unlikely that I shall meet him again in this life. But I hope to meet him in heaven." On saying this Sylvia began to cry quietly. She controlled herself and wiped her tears with a handkerchief and smiled. She held the hand of Merci Fairflex and said, "How foolish and inconsiderate of me to cry in front of you when you are sick and not feeling well yourself. Against all wisdom and medical advice, I started to narrate my own sad story in front of a sick person. I wish Audrey Hope would come today. I will tell her of your symptoms and seek her advice about consulting a specialist. I want to call an experienced doctor to treat you. However, my wish is in vain as Audrey Hope herself is very depressed and sad. She is not likely to come at this time."

After a few moments, Sylvia continued, "Once, my late father told me, that this world is full of woes. There is more sadness and misery than joy and happiness in our daily life. I believe he was right. As an example let me tell you what happened with Lord Lorimor. The other day he happened to meet Audrey Hope at my house. He was completely heart broken and devastated to learn from Audrey Hope that she was engaged to Sir Jordan Lane. Since he is a true and sincere lover of Audrey Hope and loves her more than his life, the news of the engagement hit him like a lightening thunderbolt. He became very depressed and began to behave and talk like a mad person. He left in a state of great sadness and God knows where he is now. Wherever I look, I find such sadness and misery. Though I am not fully familiar with all the people in London and their character, in my opinion the only person fit to marry a girl of Audrey Hope's calibre is my Jack and since he is no more, the next best person is Lord Lorimor. What can I do? Audrey Hope seems to be in love with Sir Jordan Lane. No second person can really know what is in one's mind." Sylvia looked at Merci Fairflex and said in an apologetic voice, "Please accept my apologies for rambling on and on with my thoughts. I kept on talking about such depressing subjects without realizing that I should not be talking like this in the presence of a patient. Let me straighten up your bed so that you may sleep for a while."

Sylvia assisted Merci Fairflex to sit up in the bed and helped her gently to sit on a chair. She made up the bed with fresh sheets and straightened up the pillow and sheets. She then helped Merci

Fairflex to lie back on the bed. She sat down beside her and began to press her forehead gently. Merci Fairflex felt relaxed and fell asleep. Sylvia got up from her bed, went to her own room and lay down in her bed. Sylvia began to think about the cause of Merci Fairflex's sickness. She realized that from the day she had mentioned to her about Audrey Hope's engagement to Sir Jordan Lane, she had become sick and developed a problem in breathing. Besides the fact that she looked pale and felt weak, there was nothing wrong with her physically and she also had no temperature. She did not want to see a doctor and kept saying that she would be alright soon and to please Sylvia she smiled and talked of pleasant things. Sylvia thought that probably there was some secret in all this that Merci Fairflex had not shared with her. She fell asleep thinking of these problems.

Next morning Sylvia got up and dressed as was her usual routine. When she came out of her room, she saw Merci Fairflex up and busy with housework. She appeared to be healthy and cheerful. Sylvia inquired about her condition and felt satisfied that Merci Fairflex was feeling better. She sat down to read some religious books.

Three days had passed since Sylvia last saw either Lord Lorimor or Audrey Hope. She was beginning to miss both of them. On the fourth day, Sylvia heard the voice of Audrey Hope coming from the front room and she ran to greet her. She hugged her and said she was so happy to see her. Sylvia asked Audrey Hope, "My dear, where have you been? I did not see you for three days."

Audrey Hope also hugged Sylvia and said shyly, "Dear friend what can I say? I was so busy with my accounts and property related matters that I hardly had any time left to come here. First tell me how Merci Fairflex is feeling now."

Sylvia replied, "She is feeling much better. Her face is no longer pale and she is cheerful. She is also gradually getting her strength back. If her condition had deteriorated any further, I would have insisted on taking her to a doctor for proper treatment. Thank goodness, she is much better today."

Audrey Hope said, "I am glad to hear that she is feeling better now. You know, in these past four days, there have been several parties given by my friends. They insisted that I join these parties. By the time I returned home from these parties it was late in the night—almost one or two o'clock. I feel so tired and exhausted by all these parties and also feel heaviness in my head. Lord and Lady Marlow have very kindly suggested that I go and spend a few days at a seaside resort. However, I do not want to go outside at this time. I want to go back to my ancestral home at Greenwich, where I was born, had my schooling and spent my childhood days in a carefree environment. I really feel very happy and relaxed at my home in the countryside. The whole atmosphere is so quiet and peaceful. I have decided to go there for a change. Lord and Lady Marlow left a couple of days back to get the place ready for me. I just got this telegram from them informing me that the house is now ready and well equipped for my comfort. As soon as I got the telegram, I came running to your place to inform you. I humbly request you to please accompany me and stay with me at my old ancestral home for a few days. I will not be happy without you. There will be no outsider to bother us and only two of us will be there to enjoy ourselves. We will play and dance and sing as we please. I know that your theatre is closed for a week for repairs and renovations. All the employees have been told about this and given a week of holidays. Please do come along with me. I am sure that you will consider my happiness and our friendship, and will not turn down my request."

Sylvia asked, "Is Sir Jordan Lane also coming there?"

Audrey Hope said, "Oh no. I just told you that except for the two of us there will be no third person there. I just got his telegram that he is leaving his Greenwich home today, to come to London. I have got his telegram in my pocket, read it for yourself. He will be miles away from our Greenwich home. We two will enjoy ourselves like two school girls, wandering around in the fields of my house and doing exactly what we wish to do. We will play all day. We will not even talk about others if we so feel, and if someone was foolish enough to come there, he will just have to go right back. We will not let anyone come and interfere in our fun and play. For once we can be free of all our worries."

Sylvia replied, "You are well aware of my respect and love for you. I too feel very happy in your company. I would have loved to join you at your ancestral home but I cannot leave Merci Fairflex alone. As you know, she has not been well and it is my duty to attend to her. If she is willing to come with us, then I shall be happy to come with you."

Just as Sylvia was finishing this sentence, Merci Fairflex came in the room to say something to Sylvia. She saw her engrossed in talking to Audrey Hope and turned back to return to the kitchen. Audrey Hope called her and asked her to sit down with them. She said in a kind and respectful voice, "Merci Fairflex, you know from first hand experience that a change of climate was very beneficial for Sylvia's recovery and health. Why don't you come with me to my ancestral home at Greenwich and bring Sylvia also with you? I promise there will be no fourth person there. We will breathe in the fresh country air and enjoy the quiet, serene atmosphere. You are sure to recover your health completely. I hope that you and Sylvia would accept my invitation. I shall come tomorrow morning with the carriage to pick you up."

Merci Fairflex said in a sad voice, "It is very kind of you to ask me but I will be grateful if you leave me behind to look after the house."

Sylvia interrupted her and said, "I also think that a change of climate will be good for your health. You will feel refreshed in the country fields and from the fresh air. I refuse to go out of the house anywhere without you."

With the great persuasion of both the girls, Merci Fairflex agreed. Both Audrey Hope and Sylvia thanked her for agreeing. They both felt very happy and passed the time in talking about the trip.

Merci Fairflex left the two girls talking and went to her room. She lay down in her bed and said to herself, "If these girls knew that my real name is Rachel and what my past has been, they would not treat me with such kindness. They do not know about my affair with Sir Jordan Lane. He deceived me and is responsible for ruining all the happiness in my life. I hate the names, Court Lane and Greenwich village. These names bring back very unpleasant and sad memories. If by chance I happen to see Jordan Lane there, I am sure I will not be able to control my anger, and it is likely that I may die of suffocation caused by my own anger and hatred. However, it is no use worrying about him at this stage. Both Sylvia and Audrey Hope are so kind, gentle and innocent and I love and respect them both. For their sake and happiness, I am willing to suppress my feelings. I shall try and manage things in such a way that they will not come to know either my real name or my past relationship with Jordan Lane." With this determination, she got up from bed and started packing for the journey.

Next day Audrey Hope came in the morning with the carriage as she had promised. Merci Fairflex assisted in loading the luggage and along with Sylvia sat down in the carriage. All three of them started their journey to Greenwich. They talked, laughed and joked all through their journey. When the carriage entered the Court Lane gates, Sylvia asked Audrey Hope, "What is this place?"

Audrey Hope replied, "Sylvia, this is Court Lane. My property starts from its left corner and extends as far as your eyes can see. The masonry fence marks the boundary of my property."

Sylvia was very happy to learn this and said, "I did not know that you own such a large property extending for miles. You never told me this before. May God bless you and give you more property and wealth. Tell me dear who owns the property on the adjacent side. That too extends for miles like your property."

Audrey Hope felt a little embarrassed by this question and said with some hesitation, "This adjacent property belongs to Sir Jordan Lane."

Just as she finished explaining this, the carriage pulled up at the gate in front of a palatial mansion. The three ladies got down from the carriage. Audrey Hope held Sylvia's hand with great warmth and excitement and said, "My dear, this is my humble home." They both entered the mansion grounds like two school girls jumping and running.

At the front door, Lord and Lady Marlow greeted them with

warmth and affection. All the servants and maids were standing in one line and all greeted their Mistress with respect and love by bowing their heads. They expressed their joy at seeing their Mistress after such a long time. In response, Audrey Hope greeted each servant individually and shook their hand, enquiring from each about their welfare and the health of their families. Audrey Hope said to Sylvia, "My dear friend, the room next to my room, on the right side, is for you. Please come with me. I will show you this room and all my ancestral things and also give you an extensive tour of all my property."

Lord Marlow stepped forward and said with a smile, "Listen girls, it is almost lunch time. Why don't you have lunch first and then go on your exploration trip? Now, if you two do not listen to me then I will have to take you both and get you admitted in the Girls School in the village. There, the teacher will stop your jumping and running and force some discipline on you." He laughed at his own joke and said to Audrey Hope, "Did you invite Sir Jordan Lane to join us for lunch? I did not write to him and left it to you to invite him."

Audrey Hope said, "Oh uncle, forget about him. I have not come here to meet anyone. Moreover, he is not at his Greenwich house. He has gone to London." She took Sylvia's hand and both the girls left laughing and full of excitement.

Sylvia observed all the expensive luxurious furniture decorating the mansion. She noticed an abundance of servants, each one busy in his or her job. She felt very happy to see all this. Audrey Hope showed Sylvia everything and took her to the bedroom where Sylvia's suitcases were already neatly arranged. Merci Fairflex was looking after the unpacking of suitcases and instructing the maid how to arrange Sylvia's wardrobe. Sylvia looked around the room. There was a large window and Sylvia sat there. The window overlooked the left side garden. Sylvia called Merci Fairflex and said, "Come and sit here. Look how beautiful everything is in this place. All things reflect the affluence, luxury and high tastes of the owner. This garden is so beautiful and extends so far. The lush green grass and trees are so soothing to the eyes. I wonder why other people want to waste time in eating when there are so many beautiful things for them to see. We have only five days left here to explore everything."

When Audrey Hope came to her room, Sylvia said to her, "Please show me the place where you were born, the places where you used to play in your childhood and the places you used to go to for walks and for your recreation. Also show me the place where you said you spent hours in playing hide and seek with your friends. Please, show me the pets that you used to pick up and play with in your childhood. I want to see each and everything. I am surprised that you left such a heavenly and luxurious place and went to live in London. I have always wanted to live in an open and healthy place like your mansion here."

Audrey Hope said, "My dear friend, I am going to take you around and show you every nook and corner. However, I suggest we change our clothes first. Please instruct your room maid to assist you in changing your clothes. I will go and change too."

Sylvia said, "Oh my, you have assigned a special maid just to look after me! Thank you very much. You are a gracious and considerate hostess. You have given so much respect and honour to a helpless girl like me. Knowing you, I may have guessed this. However, my kind hostess, I am used to looking after myself and am not dependent on a maid servant to change my clothes. Moreover, I do not want to spoil my habits in these four days with you. Once I go back, I have to look after myself as before."

They continued talking like this for a few more minutes and then they both went to their respective rooms to change. Hardly had fifteen minutes passed when Lord Marlow called in a loud voice, "Girls, where are you? The food is served on the table. Come and eat your lunch first." Both the girls heard Lord Marlow calling for lunch. Audrey Hope came out of her room and went to Sylvia's room to ask her to come for lunch. They began to talk again and forgot about lunch. They stood beside one of the big windows and looked outside. Under this window, at some distance was the stable. Very expensive thoroughbreds were tied there. There was a swing on one of the trees. Near the swing, there was equipment for some sports, all very neatly laid out. Audrey Hope pointed in the direction of the swing and said to Sylvia, "Look there, in front, this is the place where I used to play different kinds of games for hours, in my childhood days, with my very dear and wonderful friend Nevlin Lane. I feel very sad that I have been separated from him."

When Sylvia saw Audrey Hope looking sad, she held her hand and they walked out of the room. Sylvia said in a gentle voice, "Dear Audrey, talk of pleasant things. Wipe out sad thoughts from your mind." She had hardly finished the sentence when they saw Lord Marlow coming towards them. He took both the girls with him to the dining room. Lady Marlow had happily organized a fabulous feast. There were several delicious dishes served in costly china. There was also fine wine on the table served in very expensive crystal glasses. Everyone thoroughly enjoyed the meal and ate heartily. After the meal everyone went to the formal drawing room.

Lord Marlow looked at Sylvia and said to her, "Senorita Estella, take a look at the piano beside the side table. Audrey Hope paid a large sum of money to purchase it. The person from whom she purchased it told us that this piano has an exceptionally melodious and harmonious sound. Since you are an expert in the field of music, I am sure you will be able to judge the quality of this piano and tell us how good it is. However, please tell me if there is any clause in your contract with the theatre that prohibits you from playing piano or singing at anyone's house. I hope there is no problem in your testing this piano and the conditions of your contract are not violated."

Since Lord Marlow only knew Sylvia as Senorita Estella, he addressed her by this name. No one in London knew her real name, except Audrey Hope In response, Sylvia smiled and said, "Respected Sir, if there is a clause that stops me from singing or playing in my close friend's house, I will ignore that for Audrey Hope's sake." She then went to the piano and started to play on it. She sang an old song with such a melodious and enchanting voice that the whole room became alive with her voice. Everyone was spellbound. Her melodious voice could be heard all over, even outside the house and from a far distance.

Lord Marlow kept admiring the song that Sylvia sang in her beautiful voice. Audrey Hope was much touched by the words of the song and felt so happy that tears came to her eyes. No one noticed her tears as everyone was completely lost in Sylvia's song.

Chapter 40

Oh God, whatever is written in my luck, hasten it
Either remove this pain from heart or give patience to endure it

On the day that Audrey Hope was due to arrive at her Greenwich house and just prior to her arrival, Inspector Trail had gone to see his close friend Nevlin Lane at the house of Mrs. Parson. They were very happy talking about the good old days and their childhood memories. All of a sudden, they both thought of going out for a short walk to get some fresh air. Nevlin Lane suggested walking towards the green open grounds and they both left the house, continuing their conversation at the same time. During their conversation Nevlin Lane asked casually, "Tell me, have you been able to arrest the dacoit Lewryk, whom you call James Banks?"

Inspector Trail said, "This dacoit is going to be arrested soon. I have not forgotten about him. Two of my detectives are following him round the clock. The moment they have an opportunity to corner him into a situation where he cannot run away or attack them, they will arrest him. I have also assigned two plain clothes detectives to keep an eye on the movements of your step brother Sir Jordan Lane. I learned this morning that he has gone to London. I also learned that Audrey Hope has come to her Greenwich mansion this morning from London."

On hearing this, Nevlin Lane shouted with joy and began to walk briskly towards the Greenwich house. He said to inspector

Trail, "My friend, let us go to Greenwich mansion. This is a wonderful opportunity. I will go and meet Audrey Hope. I cannot wait any longer and am very anxious to meet her right away. I thank God, I have been waiting for such an opportunity."

Inspector Trail held Nevlin Lane's hand tightly and said gently, "Please Master Lane, listen to me. Do not rush to see Audrey Hope. This is not the right time to go and see her. Sometimes careful plans that are made are ruined by rushing things. Please keep your promise to me, listen to my advice and act accordingly."

Nevlin Lane freed his hand with a quick jerk and said, "Well, well. How can you possibly say this. I have been restless to meet Audrey Hope for a long time and when this opportunity has come, you ask me not to see her. I will not have any peace if I do not go and see her. Well, I will listen to your advice. I will go to her house but I will not go inside. I shall stand outside in the garden and hope to get a glimpse of her, walking around. At this time I will satisfy myself, just by looking at her.

When inspector Trail saw how restless Nevlin Lane was to see Audrey Hope, he did not push him any further. Moreover, he knew that it would be futile to argue with Nevlin Lane. He said in a very gentle voice, "I do not want to dampen your excitement and happiness that you will get by seeing Audrey Hope. Let us go and hide somewhere in the grounds near the house from where we may see her. However, promise me that once we get closer to the house you will not act in haste and will stay near me. Without my permission, do not make any move that may jeopardise our mission." Nevlin agreed to the inspector's request.

Once they reached Audrey Hope's mansion, they positioned themselves under the drawing room window in the hope that when she came near the window to look outside, they would be able to see her. They were hardly there for a couple of minutes when they heard the sound of melodious singing coming from the drawing room. This was the song that Sylvia was singing at the piano, in her most enchanting and sweet voice. Inspector Trail could not help saying, "What a beautiful and melodious voice! It looks like Audrey Hope has brought her close friend, with her. This voice is of Senorita Estella."

Nevlin Lane, who was listening to the song with rapt attention, suddenly looked very startled. He hugged inspector Trail so tightly that his shoulders began to pain. Nevlin Lane patted the inspector's back with great excitement and did not realize that he was hurting him. Inspector Trail cried with pain. With all his force, he tried to separate Nevlin Lane from him but could only push him a few inches. Seeing Nevlin Lane going completely berserk, as if he had lost all control of his senses, Inspector Trail said in a soft voice, "My God, my good friend, what has possessed you to act like a mad person? Please control yourself. What has made you act in such an insane manner?"

Nevlin Lane asked, "Tell me immediately, what is the name of this woman who is singing?"

Inspector Trail replied, "My friend, this lady is the very famous actress and singer, Senorita Estella. She works at the Globe Theatre. Thousands of people in London are her fans and are crazy about her voice and melodious singing."

Nevlin Lane said, "Oh no, you are wrong. This voice is of my dear Sylvia. I can recognize it amongst thousands of other singers." As soon as he finished this sentence, Nevlin Lane made a move to run towards the window. Inspector Trail at once grabbed his waist with both hands and held him back with full force. Nevlin Lane tried to push him back and run towards the window but Inspector Trail strengthened his grip and pulled him back and said, "Master Lane, what is the matter with you? Have you gone mad and lost all your senses? Please do not try to run towards the window. If anyone sees the two of us here, then all my careful plans will be destroyed. I say this for your sake and purely for your benefit. Please do not rush things. I know very well that this lady who is singing is the famous singer and dancer of the Globe Theatre."

Nevlin Lane said in an angry voice but with great excitement, "I am sorry. I am not going to listen to you this time, whatever the consequences may be. This is the voice of my dear Sylvia. I do not know why you are mistaken about her name and keep calling her by another name. This is Sylvia, my friend from Lornehope Camp. I know her voice very well and am familiar with her style of singing. She is my true friend and she loves me. She is the very girl that the wicked dacoit Lewryk snatched from me and ran away. After a very long time and by God's Grace, she is singing at such a close distance from me. You cannot stop me. I am going to see her right now."

Inspector Trail said, "I am afraid you are sadly mistaken. I know most of the people in London, including members of the Parliament, the rich landlords and various civil servants. I do not know why you have a mental block and are mistaking the famous Senorita Estella for Sylvia. I too am very familiar with the voice of this famous singer. Please do not take a rash step in your wrong assumption otherwise all my careful plans will go waste."

However, Nevlin Lane was completely possessed by his desire to run and meet Sylvia and no force in the world could stop him. After some struggle, inspector Trail managed to grab his waist with such force that Nevlin Lane was immobilized.

Nevlin Lane gasped for breath and said, "Trail, let go of me this second. If you feel so strongly about it, I will not go to the window. I now realize that if I go and stand in front of Sylvia so suddenly, then one of us may suffer a heart attack and die. Sylvia thinks that I am dead. To see me alive and appear before her without any warning, may cause her to faint with shock. Trust me I will not go any further and I have also not lost my senses. I tell you that all my senses are intact and that this voice is that of my Sylvia. No one else can have a voice like Sylvia's. I love her truly with all my heart. She also loves me deeply and would sacrifice her life for me. I was bringing her with me to London. On our way, the dacoits surrounded us. They robbed a great amount of valuable gold from me. The dacoit Lewryk snatched Sylvia from me and ran away with her. All these years I have been burning with the desire to take revenge on that dacoit. This girl who is singing, saw me as a prisoner of the other dacoits. She saw me being shot and killed by them. For this reason I do not think it is a good idea that I appear before her without first preparing her for the shock. Can you please suggest someone who is mature enough and who can go and tell her very tactfully about my being alive and well and that I am back in London? It must be done in such a manner that she does not collapse or die with the unexpected joy she would experience, because she loves me very much."

Inspector Trail replied, "Alright, if you insist on calling her Sylvia and are sure that this is her voice then I do not want to argue about it anymore. But I cannot, all of a sudden, produce a third person to go inside the house, this minute, and carry out your wishes. I do not want to go inside myself at this time because Lord Marlow is inside. He is the chief magistrate of this whole county and he is also my supreme boss. He may get angry for my going like this without an appointment. I would suggest that, considering all the facts, it is best that you return back to Mrs. Parson's house with me. In the morning, you write a letter to Sylvia explaining all that has transpired since you last saw her. If this lady is really Sylvia, she will come to the house herself to meet you."

Nevlin Lane said, "Oh no. No way. I cannot wait even for five minutes. It has been several months since I got separated from her. All this time I have been restless. With God's grace I have found her inside this house, behind that window. There can be absolutely no excuse for leaving it till tomorrow. I want to meet her right now. Stop arguing with me and think quickly of a way for me to meet her now."

Inspector Trail requested, "Master Lane, please speak in a low voice. If Audrey Hope hears our conversation, she would recognize your voice and may come out running to meet you. In this case all my plans, that have been for your benefit, will be finished. It appears to me that you are not fully in control of your senses at this time. I have no idea how your mind is working. You are unable to think straight and are under some misconception about this lady. I will go and get some wine mixed with drugs from this neighbouring house. Once you drink it, you will forget everything and pass out. I will then carry you to your house and let you sleep over your crazy ideas. Listen, jokes aside, my planning is such that within a few days you will be fabulously rich once again. Any rash action on your part at this time will seriously jeopardise my carefully worked out plan. Please listen to me and act on my advice. Let us return back to the house at this time. If you are so convinced that the voice of this singer is the voice of your friend, I promise I will take you to her house in London. Audrey Hope once told me her address. She goes to her house quite often as she has developed a special affection for this singer. They have become very close friends and are often seen together. Please believe me when I say that this lady is the famous Senorita Estella. It is likely that Audrey Hope has invited her to spend the day with her at her mansion as it may be a holiday at the theatre today. I have information about most of the people in this area. I need to do extensive leg work in connection with your case and for your sake I am constantly collecting information about several people. Thus, it is important for you that you do not stay here any longer and return with me to the house now."

Nevlin Lane said, "Please do not consider me to be a mad person or try to divert my attention and console me as if I was a child. I am not going to agree to your suggestion. I am not going to leave till I have seen my dear Sylvia. This is my firm resolution." After finishing this sentence, he again made a dash towards the window and once again inspector Trail held his waist and pulled him back. As they were struggling with each other, they heard brisk footsteps coming from the front side. Inspector Trail covered Nevlin Lane's mouth with his hand and said in very low voice, "Master Lane, remain very quiet. Someone is coming towards us. He may be one of Audrey Hope's employees. He will go inside the mansion and inform her of our presence. All my planning will go waste. For this reason, hide behind my back." He stood in front of Nevlin Lane to hide him from his view. As the man approached them, inspector Trail said in a loud voice, "Please identify yourself and tell me why you are coming in our direction?"

The man who was coming towards them said, "Since when have the eyes of our chief inspector become so weak that he cannot recognize his friends? Your hearing seems to be deteriorating also.

You cannot recognize the voice of the person whom you have known from childhood." The man came running and stood before the inspector. Inspector Trail, with his hands trembling slightly, shook the hand of this man and said with great astonishment, "Oh Lord Lorimor! What a surprise. How are you, Sir? What brings you at this time here? My apologies, Sir, for not recognizing you."

Lord Lorimor said, "I have come here at this time to bid goodbye to Audrey Hope forever. I am going to Africa. My luggage is all packed. I just want to see her for the last time and then I shall catch the evening train. Tell me why are you standing here? Are you on official business investigating some case?"

Inspector Trail replied, "No Sir, there is no official work here. I just came here for the sake of a friend."

Lord Lorimor said, "Is he the man who is standing behind you with his face turned in the other direction? He is probably someone working with you at the police office?"

Nevlin Lane did not hear any of the conversation between Inspector Trail and Lord Lorimor as he was listening to Sylvia's song very intently and was completely lost in her memory. He was mesmerized by her melodious voice.

Inspector Trail replied, "He is not a police officer. This gentleman is a dear and close friend of mine from childhood days. Since I also respect you greatly and consider you to be my well wisher, I have no hesitation in telling you that his name is Nevlin Lane. He is my long time mentor. "

Lord Lorimor said with great astonishment in his voice, "What did you say his name is?"

Inspector Trail replied "His name is Nevlin Lane. He is a very close friend of Audrey Hope from her childhood days." Inspector Trail shook Nevlin Lane's arm and said in a soft voice, "Master Lane, look who has come here? He is Lord Lorimor. He is a thorough gentleman. He is very wise and highly educated, very rich and kind, and is always helping the poor and helpless persons. Please meet Lord Lorimor."

While inspector Trail was praising Lord Lorimor, Lord Lorimor himself was in a daze and was mumbling, "Nevlin Lane,

Nevlin Lane, it can't be!"

Nevlin Lane was completely engrossed in Sylvia's song. However, when he heard his name repeatedly and also heard inspector Trail mention the name of Lord Lorimor, he too was taken by surprise and his heart began to beat faster. He controlled himself and said, "Yes Sir, my name is Nevlin Lane. As far as I can recollect, I do not remember meeting you earlier."

Lord Lorimor took a deep sigh and said, "Sir, you may not know me and this is no fault of mine. I have spent the last two and a half years, travelling in various cities of the world, searching for you."

Nevlin Lane said, "Please pardon me. I do not understand what you are saying. There seems to be some mistake."

Lord Lorimor stepped forward and shook Nevlin Lane's hand with great excitement and warmth and said, "My friend, there is no mistake. I have indeed spent the last two and a half years in your search in various cities of the world. I returned to London only this week. How are you, Sir?"

Nevlin Lane also shook the hand of Lord Lorimor with warmth and pleasure and said, "Please excuse me but none of this makes any sense to me. I have a feeling that you have mistaken me for some one else. Please tell me clearly why you had the need to search for me."

Lord Lorimor said, "In my opinion it is not appropriate to tell all the details at this time. To summarize it, the reason for my two and a half years of roaming the world in your search was that Miss Audrey Hope had asked me to search for you, and she is my dear friend. To carry out her wishes, I travelled to distant countries and searched all the cities, deserts and jungles. I did not leave out any place. Unfortunately, I could not find you anywhere and finally returned to London, very disappointed at the failure of my mission."

Nevlin Lane said, "May God give Audrey Hope a long life and protect her from evil eyes. I pray for her happiness and prosperity. I am curious to know why she sent you to search for me?"

Lord Lorimor said, "Amen! My prayers for her are the same.

I also pray for her eternal happiness and good health and pray that she be protected from all evils. I can tell you from my personal knowledge that you are very dear to Audrey Hope and she loves you very much. At every opportunity, she talks only about you, whether it is leisure time or meal time. And why not. You are her childhood friend. She is very restless to meet you. She constantly talks about the different games you used to play with her. It was my duty to carry out her wishes to make her happy. You see, I am deeply in love with her and wish to see her happy at all times."

Nevlin Lane smiled and said, "Now I understand. You are in love with Audrey Hope and to make her happy you went out in my search all over the world. You must have put up with great inconvenience and hardships during your travel. However, I heard that Audrey Hope is engaged to Jordan Lane. How did this happen? Did she promise to marry you and then change her mind and got engaged to another man? Do you want me to believe that Audrey Hope I knew, who had the highest standards, could do a thing like this? I am afraid it is a situation that I am not able to accept at this stage."

Lord Lorimor replied, "My friend, Audrey Hope allowed me two years to search for you and she promised to remain single for these two years. Since Audrey Hope has been aware that I have been truly in love with her for a long time, I took the liberty to assume that once I returned back with her friend Nevlin Lane, she would overlook the delay, and would fulfil my desire of marrying her. However, my luck did not favour me. I could not return after the two year period expired. Nor did I write about the details of my efforts in your search, during this period. I thought that a man should show results rather than make excuses for not completing the job. My friend, Audrey Hope is not at fault at all, nor can she be accused of being disloyal. It is simply my bad luck. It is not my nature to find fault with others or to take up a task and leave it unfinished. In my heart I have place only for one person. I love her truly and will keep on loving Audrey Hope till the day I die. You are Jordan Lane's brother and you have also been a very close friend of Audrey Hope since your childhood. I believe that my presence may be a hindrance in the happiness of your brother and Audrey Hope. For this reason I have decided to leave London forever and go to Africa and settle down there. If not to-night, I will definitely leave for Africa by tomorrow morning and spend the rest of my life in the memory of my beloved Audrey Hope. Oh! I am afraid I got carried away. I am sorry to waste your time with my story. I am very interested in hearing about your story from you. First of all tell me where were you all this time—hiding underground in a coal mine, or flying in an airplane exploring the outer space or hiding beneath the deep sea in a sub-marine exploring the ocean? Where were you?"

Nevlin Lane replied, "For three years I worked at the gold mines in a place called Lornehope Camp in Austria."

On hearing this, Lord Lorimor hugged Nevlin Lane with joy and said, "I went to Lornehope Camp as well and searched for you there. I asked every person in Lornehope Camp about you. There was no one there by the name of Nevlin Lane."

On hearing this Nevlin Lane shook Lord Lorimor's hand and said, "I did not tell my real name to anyone at Lornehope Camp. There, everyone knew me as Ian and one special person called me Jack!"

On hearing this Lord Lorimor shouted with surprise and said, "Oh my! Oh, what a coincidence. It is unbelievable. The person known as Jack was killed by a dacoit's bullet."

Nevlin Lane said, "That is true. I heard myself that people accepted the fact that I was killed by a dacoit's bullet. On hearing this I get all choked up. The fact is that I was in very grave danger and facing a very difficult situation. I almost lost my life. God wanted me to live and I survived and am now standing here before you. As long as I was there I had to face one problem after another. Even now I am very restless in the memory of a close friend. However, after a long separation I am now very close to finding my friend." After saying this, he fixed his eyes at the window in front.

Lord Lorimor said, "Was there no one who could lighten your burden and share your problems? Did you not meet an angel-like, very beautiful girl named Sylvia Bond? Śhe is now famous all over this country of London, by the name of Senorita Estella. All the rich people, the very learned, the high officials, in brief every one in London admires her and she is immensely popular. Everyone is completely mesmerised by her talent in music."

Nevlin Lane looked very surprised and said, "Do you know her? Is it possible that you are that very kind Lord who saved her from the clutches of the wicked dacoit Lewryk? That damned dacoit nearly killed me. One of his accomplices stole all my hard-earned gold and money. Now I am sure you are the very Lord who so kindly saved Sylvia. I am very grateful to you Sir, and thank you from my heart for saving my Sylvia. You must have looked after her with much more care and devotion than I could have ever done. I care for that girl more than my own life. Her face is before my eyes all the time."

Lord Lorimor blushed and said shyly, "Yes Sir, I rescued her from the hands of the dacoit. Your sister cried her heart out when she saw your coat that the servants of my friend brought from the body of the dead man. I could not bear to see her immense grief at that moment. I have never seen or heard of a girl who could love someone so much. She could have died in her grief over you. God Almighty wanted her to live and sent me to the very place, at the precise moment that the dacoit was running away with her. I heard her cries and risking my life I faced the dacoit and shot him with my gun. He fell down from his horse. I picked up Sylvia Bond, who had also fallen from the horse. She was unconscious. With the help of my friend and his men, we carried Sylvia to the nearby camp of a very experienced and competent doctor. With the loving care of the doctor and his kind wife, Sylvia's condition began to improve and she regained her health. Her heart had become weak and the doctor advised a change of climate and place. I took her to France. I did whatever I could, without any consideration for the cost involved, to provide her with all material comforts and help her regain her full health. However, your memory remained fresh in her mind. She used to cry every evening remembering you and kept saying, "Oh my dear brother

Jack! I have never come across anyone with such a soft and kind heart. She is very honest and straightforward and also highly accomplished. You can be justly proud of her. The love between you brother and sister is exemplary."

When Nevlin Lane heard this, he said, "Oh," in a sad voice and briefly narrated the incident of his coat being exchanged by the dacoit and his shooting of the dacoit. He said in a pleading voice, "I wonder if I may request a big favour from you and ask you to be my messenger. You see that window in the front. I heard Sylvia Bond's song coming from there. Please take me there with you and very carefully explain to her about my being alive and well. It must be done with such tact and diplomacy that she may not die with the sudden joy."

Lord Lorimor said, "Please do not worry at all and relax. I will go inside the house right now and arrange for you to meet Sylvia Bond. I will handle the situation with tact and care. I have got time to accomplish this task only as I have to rush back to London to proceed to Africa. My luggage is already packed. I propose to leave by the morning train and will not be able to rest till I reach Africa."

Nevlin Lane said, "Forget about going to Africa or anywhere else. I am not going to allow you to go any further than London. I am personally going to look after your problem and promise you that it will be resolved to your entire satisfaction. Would you please trust me?"

Lord Lorimor said, "How can I trust anyone when Audrey Hope has already been engaged to Jordan Lane?"

Nevlin Lane replied, "This world is based on hope. You should never give up hope. Please, give up the idea of going to Africa and let me handle the situation. Look at me and learn from my experience. Patience is always rewarded. I am about to realize, with your kind help, the reward for my patience of all these months."

Lord Lorimor said, "What you say is true and such is the advice of elders also. No one can doubt that. But my friend, to act on the advice of elders is very difficult. To say something is easy but to act on it is a totally different matter. I am sure if you had heard even the slightest rumour that Sylvia was engaged or likely to be engaged to another person, then I bet you would have run to some place even farther than Africa. It is very easy to advice others, but when one has to face the situation himself, the complete perspective changes and one loses the power of logic."

Nevlin Lane said, "I am not the type of a person who would trust or believe any rumour about the person I love so deeply. I would first find out the facts before I make any decision of running away. As far as Sylvia is concerned, God forbid if even an angel said a word against her loyalty, I would not believe it. My love for Sylvia is true. Our love is eternal. Even if one of us dies, we will spend the rest of our life in the other's memory and will not look at any other person."

Nevlin Lane had not even finished the sentence when Inspector Trail interjected and said to Lord Lorimor, "Sir, if you are going to inform the people inside this palace about Nevlin Lane's being alive and well, then I suggest you better hurry. My detective, who is keeping an eye on the premises from the branch of a tree, informs me, by waving the flag, that at present Audrey Hope is all alone, sitting in the verandah and doing some writing. In my opinion, if you have to go, then this is the best time to go inside." He quietly whispered in the ear of Nevlin Lane, "Look, if Audrey Hope signals you to come in, then go inside, but do not mention a word about my meeting you here or about the discussions that the dacoit and Jordan Lane had about the transaction of the will. Otherwise all my well planned scheme will go waste and it is very likely that you may be harmed and lose both your property and life."

While outside the mansion, these three gentlemen were discussing plans to arrange for Nevlin Lane to meet Sylvia Bond, inside the mansion, Sylvia had finished her song on the piano and retired to her room for some rest. Audrey Hope sat in the verandah outside her room and was writing down the words of the two songs sung earlier by Sylvia. Hardly a few minutes had passed when Lord Marlow came where Audrey Hope was sitting and said with a laugh, "I believe your friend Senorita Estella is not married so far. If you wish I can . . ." Audrey Hope stopped him and said, "Uncle, you are very lucky that aunty is not here at this time otherwise she would really let you have it!" As she finished saying this, she laughed loudly at her own joke. She got up and faced Lord Marlow and said seriously, "Tell me honestly uncle, isn't Sylvia exceedingly beautiful? God appears to have made her with His own hands, from head to toe, to perfection, and to look like an angel. At this young age, she has perfected so many arts and has all the right attributes that a woman should have. She shudders at the mention of the word marriage. God knows in whose memory she has adopted a very simple life, devoid of all pleasures. Moreover, why should she think of marriage anyway? I personally do not consider marriage to be a happy thing."

It was Lord Marlow's habit to treat such matters in a jovial way. He laughed and said, "You should ask your aunty about the pleasures of marriage." He changed his voice and said more seriously, "In this world, there are only a handful of women who are wise enough to respect the wishes of their husband and consider their husband's happiness to be the source of their happiness to maintain a happy married life. On the other hand the majority of women like to control their husbands and think that they are the boss and are proud of the fact . . ." He was in the middle of his sentence when he saw Lord Lorimor approaching them. Lord Marlow stepped forward and warmly shook his hand. He was happy to see Lord Lorimor and said, "Welcome. How are you? Where are you coming from? You look worried from your face? Are you feeling alright?"

In response, Lord Lorimor said, "Well Sir, it is not only the mind that can be upset. There may be other things to make me look like this." He stepped forward and shook Audrey Hope's hand. Audrey Hope shook his hand but felt shy and uncomfortable. She stood a little further away from Lord Lorimor and pretended to be busy in writing the songs in her book. Lord Lorimor looked at Lord Marlow and said, "Sir, I am leaving London for Africa for good. All my luggage is packed and all arrangements have been finalized. I shall be leaving by the morning train. I came today, just to bid you all goodbye and am sorry I could not inform you in advance about my coming." On hearing this, Audrey Hope's heart began to beat faster, her face became pale and she looked sad.

Lord Marlow said, "You are a strange man. Are you not tired of all the travelling? You have hardly been in London for a few days. Why on earth do you want to go to Africa in an altogether different environment? If you are so keen to meet African people, I know several people from that country living in London and I can introduce you to them. Please get such thoughts out of your mind. Sit down and relax. The evening tea and snacks are ready to be served and you must join us for the same. In the meanwhile have a cigarette and relax."

Lord Lorimor said, "I am very grateful to you for your kind hospitality. I really do not feel like having tea." He sat down, bowed to Lord Marlow, and took a cigarette from the box.

Lord Marlow said, "I am very happy to inform you that your very famous Senorita Estella is here as our guest. She will be very happy to meet you here and I am sure she will not allow you to move out of London under any circumstances. She will make you forget about going to Africa. I will tell you what I am going to do. I am going to go down to the cellar and get a bottle of one of the finest wines and urge Senorita Estella to insist that you change your plans for Africa. If she has her way, she may not even let you leave your house. Audrey, do you think my scheme is right?"

Audrey Hope was busy with her work and had only heard the part about Lord Lorimor leaving for Africa. She was not listening to their conversation. When Lord Marlow asked her the question, she was startled and said in a soft voice, "Yes Sir, I agree with you. Senorita Estella will be very sad if Lord Lorimor leaves for Africa."

Lord Lorimor said, "You are just being polite. Everyone is busy with one's life and no one has time to feel sad for an unlucky man like me. It is best for me to leave the country."

Lord Marlow said, "It appears that the ghost of travel has

overpowered you and drastic measures may be needed to persuade you. Audrey Hope, please keep him entertained while I go and get the wine from the cellar. Once the wine is here, see to it, that he gets drunk and forgets all about travelling to Africa."

Lord Marlow left for the wine cellar. Audrey Hope got up and started to walk towards her room and said, "I will go and get Senorita Estella."

Lord Lorimor got up from the chair and said to Audrey Hope, "Please wait. Please listen to me for just five minutes. I have something important to say. I have not come here to tell you my story and waste your time. Instead, I want to talk to you about someone very special. This will be of great interest to you and I also need your help."

Audrey Hope looked at him with an inquiring look and said, "I am at your service. Please tell me how I can help? I will help you in any way possible and would not shirk in my commitment."

Lord Lorimor said, "First of all I would like to apologize for coming here without giving you prior information. The reason is that I am not going to live in London anymore. I will go and settle in some distant country. With all the preparations required before my travel, I had very little time left. Therefore I did not have time to write a letter and wait for your reply. I have only this evening to bid goodbye to all my friends as I am leaving tomorrow morning. For this reason I took the liberty to come at this time. I trust you will forgive me for coming here without prior information."

Audrey Hope's heart started to beat fast and she put her hand on her chest to steady herself and said in an anguished voice, "Sir, where are you planning to go?"

Lord Lorimor replied, "What can I say. For the present I am leaving for Africa. If not today, definitely by tomorrow morning, I shall leave London. Persons who have luck on their side and are happy would consider me to be an unlucky omen and would not want me around. Pardon me I did not want to talk about myself. I almost forgot to discuss an important matter. The fact is that I have now located Nevlin Lane and have information about him."

On hearing this, Audrey Hope felt a sudden surge of joy in her heart and she calmed down. She did not allow her face to reflect the great happiness she was feeling inside her. The reason was that she did not want Lord Lorimor to think that she was not happy to see him but was happy to get the news of Nevlin Lane. She blushed and said in a soft voice, "Did you say that you have received news about Nevlin Lane?"

Lord Lorimor said, "The truth is that he is here."

Audrey hope looked all around and said, "Where is he?"

Lord Lorimor made a story and said, "I met him earlier but he disappeared. I followed him and have seen the place where he is right now. I left him there to come and tell you that I found him. I know where he is."

Audrey Hope said, "What do you mean you left him there? Why did you not bring him here with you?"

Lord Lorimor replied, "If Senorita Estella was not staying in your house at this time, I would have brought him with me without any hesitation."

Audrey Hope said, "Oh come on now. You always talk in riddles. Neither myself nor anyone else can understand what you mean. What has Senorita Estella to do with Nevlin Lane? Tell me why you did not bring him with you."

Lord Lorimor did not want to keep his beloved Audrey Hope in suspense any longer. So he said rapidly, "Sylvia and Nevlin Lane are very close friends and they have known each other very well for a long time."

Audrey Hope looked surprised and said, "I am afraid I do not understand what you are saying. You are saying, that Sylvia and Nevlin Lane are very close friends. It is simply not possible. How can this be possible?"

Lord Lorimor briefly told Audrey Hope the story that he had heard from Nevlin Lane earlier, in these words. "Nevlin Lane used to work at the gold mines in Lornehope Camp in Austria. He was known by the name Ian and most people knew him by that name. Some people knew him by the name of Jack. No one knew his real name, not even Sylvia. Sylvia came there with her father. But her father died after a short time. Seeing Sylvia helpless, Nevlin Lane took her into his care. He looked after her with great love and devotion and treated her as his sister. One day Nevlin Lane found a lot of gold. He was returning to London with Sylvia and the gold when the dacoits surrounded them on the way. For a few minutes, Nevlin Lane fought them with great courage and bravery. The ten dacoits managed to overpower Nevlin Lane. The leader of the dacoits, whose name was Lewryk, grabbed Sylvia, put her on his horse and ran away with her. Lewryk shot Nevlin Lane and Sylvia saw him fall to the ground and presumed him to be dead. Sylvia was shouting for her brother Jack. At that time I was on my way to Lornehope Camp with my friend and his servants, in search of Nevlin Lane. When I heard the screams and shouts of a woman, I followed the dacoit, risking my own life, and shot him. Sylvia fell on the ground and the dacoit, though hit by the bullet, ran away on the horse. I picked Sylvia up. She was shaking like a leaf, with fear. She kept asking me to save her brother Jack from the dacoits and begged me to take her to her brother Jack, or to bring him to her. She was crying and fainted several times. From her appearance and talk, I guessed she was from London. I sent two of my men to look for Jack's body at the spot where he was supposed to have been ambushed by the dacoits and shot. My men, after chasing the dacoits away, had come to the place where I had freed Sylvia from the wicked dacoits. My friend and his men were detained behind in fighting with them. I gave Jack's description to these men as described by Sylvia. Jack was wearing the type of coat usually worn by the workers at the mine. Our men killed a few of the dacoits and two escaped. When my men left in search of Jack, we proceeded towards Lornehope Camp. A man came running and panting towards us. He said that he had climbed a tree in panic at seeing the dacoits and he watched the whole episode from the tree. From him we learned that the bullet fired at Jack by the dacoit hit Jack in his leg, and by its impact he fell to the ground. As soon as he fell down, another dacoit came running from the side and gave Jack a hard blow on his neck. This stranger continued and said that Jack was already in great pain from the bullet wound in his leg and this temporarily made Jack reel back with pain. The dacoit sat on Jack's chest and began to go through his pockets and took his belt which was filled with gold. After this, the dacoit took off Jack's coat and wore it himself. To finish Jack off, the dacoit reached for the knife by the side of his boots. But God Almighty wanted Jack to survive. Jack mustered all his strength and pushed the dacoit with a hard blow, pulled the trigger of his gun and killed the dacoit. After the dacoit fell, Jack dragged himself and got a few feet away from that spot before collapsing. Jack fainted and lay unconscious. The stranger continued that after seeing all this and because he was scared of the dacoits, he came running in our direction. This man also told us about a doctor, who was from London and had set up a camp just outside Lornehope Camp. The stranger left after this narration and we took Sylvia to this doctor's camp."

Lord Lorimor narrated the rest of the story about his men finding the body of the dead dacoit and how they mistook him for Jack and brought his coat and belt etc. and how Sylvia identified the items as belonging to Jack. Lord Lorimor continued, "From this Sylvia was convinced of Jack's death. She grieved greatly and it became difficult to see her in so much pain from her loss. It was impossible to console her by any words or action. She kept on crying. Finally she fainted from exhaustion. She became seriously sick and at one point it appeared that she may not survive from the shock of Jack's death. I hired Merci Fairflex to look after Sylvia on the recommendation of the doctor. On the advice of the doctor and at a great expense, I took Sylvia to various new places for a change of climate. I made sure she had all the comforts and luxury that money could provide. However, nothing could erase the memory of Jack from Sylvia's heart. She continuously talked about him and his kind and helpful nature. She loves Jack with all her heart. Under these circumstances if I bring Jack to meet Sylvia, it is possible that she may die from the sudden joy at seeing him alive and well. I believe they are both deeply in love with each other. At this time I need your help in arranging a meeting between Nevlin Lane and Sylvia."

Audrey Hope listened to the whole story with great interest and patience. Tears came to her eyes. She said to Lord Lorimor, "Sir, I wish I knew all this before. You had to put up with so much trouble and inconvenience because of me. If I knew what you had to go through, I would have never sent you in search of Nevlin Lane, and let you leave London. From the description you have given me, it is firmly established in my mind that Sylvia is an exceptionally decent and kind girl with the highest standards of ethics and religion. I very much regret to have believed the story that Jordan Lane said published in Paris, about an affair between you and Sylvia. It was a reflection on your character. I apologize for this lapse of judgement on my part. My heart is now absolutely clear about Sylvia and I respect her all the more after what you have told me. I consider her to be my closest, dearest and true friend." She looked at Lord Lorimor with loving eyes and said in a soft voice, "Sir, my kind Lord, please be assured that I will handle this situation with wisdom and tact. I will arrange their meeting in your presence. However, please tell me where is Nevlin Lane? Please give me his full address?"

Lord Lorimor said, "What more address can I give you? At this moment, Nevlin Lane is standing in the front verandah of your mansion, hiding by the side of the doors and awaiting my signal. I told him not to come inside the house till such time that I call for him."

Lord Lorimor had hardly finished this sentence when they both saw Sylvia, humming the tune of a song, coming towards them. After resting, Sylvia had come out looking for Audrey Hope. Audrey Hope called her and said, "Dear Sylvia, where are you going?"

Sylvia came running to where Audrey Hope was standing and hugged her. Audrey Hope said, "Watch out. See, Lord Lorimor is standing here."

Sylvia turned and warmly greeted Lord Lorimor, shook his hand and said to Audrey Hope, "It is a very pleasant surprise for me to see respected Lord here at this time."

Audrey Hope said, "Yes, I was also not expecting him here

at this time. He has brought some very special news for you."

On hearing this, Sylvia got nervous and said, "Oh my God, what happened? What special news could there be concerning me? Has the theatre burned down? Has the manager of the theatre fired me? Dear Audrey, by the look on both your faces, I notice happiness and surprise. Please do not keep me in suspense and tell me what is the special news for me. God knows, since the day I was born, there has hardly been any good news for me. I had a few days of happiness with a wonderful man but God took him away from me. Now I have Merci Fairflex. She too is sick. Who knows what is in store for me? I have just checked on her and she is alright. I wonder what other news the respected Lord can have for me? Please tell me quickly. I cannot bear the agony anymore. I am choking with nervousness."

On hearing Sylvia talk like this, Audrey Hope hugged her and said, "My dear, calm down. Just by hearing the word 'news' you got so emotional and excited and started to imagine all kinds of unpleasant things and started calling yourself unlucky. How did you infer that the news is bad? Some news can be good too. The news that respected Lord has brought to us is so good that it is difficult to accept. It defies all odds and makes you wonder how God works miracles. It is difficult even for me to believe and understand it. Tell me, do you have strength to patiently listen to the news that respected Lord has brought?"

On hearing this Sylvia calmed down. She began to think about what the good news could be. "Should I consider that my Jack is alive! Oh, this is not possible." She became very restless and uneasy with her own thoughts. She looked alternately at Lord Lorimor, who was standing nearby, and at the face of Audrey Hope. She lowered her eyes shyly. When Audrey Hope noticed Sylvia's face which was full of astonishment and anguish at the suspense, she hugged Sylvia closely, asked her to sit beside her and said in a loving voice, "How come you look so worried and lost?"

Sylvia replied, "You are both so kind. Judging from the looks on your faces, and from what you have said, I am feeling confused and lost. Please, kind Lord, have pity and help me in this situation.

I treat your word as Gospel truth and trust you like God. Please tell me clearly what the news is and remove my anxiety."

Lord Lorimor said, "The word 'special' is used to describe this news because I heard it from a special person. This news, as described by Miss Audrey Hope, is like a miracle. You hear and read about such news in books but they are not real. You may have heard stories about how some soldiers who were shot and wounded in war and were given up as dead, sometimes came back home alive and well. One wonders if these news in books and newspapers are really true."

Lord Lorimor became quiet after saying this. Audrey Hope noticed that Sylvia's eyes were closed and she thought that Sylvia may faint. Sylvia seemed to be in a trance. Audrey Hope supported her arm and gently shook her hand. Sylvia opened her eyes and cried in a frenzy, "My dearest Jack could also be among those who came back!" She addressed them both and said in a pleading tone, "My friends, has either one of you heard any news about my Jack being alive? For God's sake please tell me at once. The suspense is killing me. I am sorry I have no more strength left to bear this. You can ask Merci Fairflex that yesterday in my dreams I saw my Jack alive and well. I described my dream to her." After saying this Sylvia began to cry and began to shout, "Jack, my Jack, please come. Please come, Jack. Jack please come here soon and show me your face. Jack please come."

Lord Lorimor's eyes also filled with tears and he said in a calm voice, "Sister Sylvia, please listen. The coat that my men brought and showed you was actually taken off the body of one of the dacoits, though in fact it was the coat of your Jack. He had worn it after taking it off from Jack's body in order to steal all the gold which was in the pockets of Jack's coat. Now look in front, towards the verandah and try to absorb the meaning and significance of what I have said."

On hearing this Sylvia closed her arms tightly around Audrey Hope and began to cry uncontrollably. Audrey Hope looked at Lord Lorimor and whispered, "Please call him at once—do not delay now."

Lord Lorimor shouted, "Jack, Jack, please come."

On hearing Lord Lorimor's shout, a man with a sombre look and one who was unsure of himself, emerged from the side of the front verandah and approached them. On seeing him, Sylvia, half crying, half laughing, muttered, "Jack, Jack," ran at full speed and fell into his arms. She hugged Jack tightly and with her small delicate hands, began to feel his shoulders and ran her hands on his face. She wanted to assure herself that he was really her Jack in flesh and blood, and that she was not dreaming. She shouted with ecstasy, "Yes, yes, he is my Jack. He has come back alive and well. My friend, tell me I am not dreaming and all this is real." She began to embrace Jack.

Lord Lorimor quietly signalled to Audrey Hope to leave these two alone. Audrey Hope took the hint and started to walk towards her room. Lord Lorimor held her hand and walked with her to the room. Lord Lorimor sat down on a chair and raised both his hands in prayer and said, "Oh God Almighty, with Your Grace, You have blessed this couple with happiness and fulfilment of their dreams. Please God, bless me also with even half of the happiness of what you have given them. Amen!"

Chapter 41

I want to keep you in my eyes, in my heart
Come, my beloved, let me hug you

After a long hug and embrace Sylvia separated from Nevlin Lane and they both sat down. They looked at each other with loving eyes. Nevlin Lane was unable to see Sylvia's face fully when she was hugging him closely. Now that she sat beside him, he looked at Sylvia more closely, from head to foot. He realized that she was not the same Sylvia he had last seen. When he had first taken her from the auction at Lornehope Camp, she was very thin with hardly any fat on her body. Her hands and feet looked thin. Her face looked sad and worried. Now she had put on weight and looked very charming, bursting with youth. Her skin appeared smooth and very fair. Her eyes were big and attractive. She was also dressed in neat and fashionable clothes. She appeared to him like a rose in full bloom.

Nevlin Lane felt very happy to see Sylvia in such good health and looking so beautiful. He forgot all his past troubles. He could hardly contain his happiness at meeting Sylvia. On the other hand, Sylvia also noticed that Jack looked like a well developed young man, looking most handsome. Sylvia held his big hands in her small delicate hands and escorted him to her room. She sat him down on an elegant comfortable chair. She embraced him and said, "Jack, please turn towards the window so that I may take a good look at your face."

Nevlin Lane found Sylvia's voice to be very soft and sweet. He was surprised to see all these changes in her. He just sat there quietly staring at her and admiring her. Sylvia said again, "Dear Jack, please face towards the window. I want to take a good look at your face and satisfy myself that I have my same loving Jack back, whom I knew at Lornehope Camp."

Jack turned his face towards the window. She looked at him and laughed loudly and said, "Jack, how come you were so heartless that you stayed away from me all this time and did not care to find out about my condition? You cannot imagine how much I have suffered by your separation."

Nevlin Lane replied, "I must have ignored you because that was in your best interest."

Sylvia said, "Yes I understand. You must have assumed that Sylvia is living very happily somewhere. Tell me, is this the truth? No, this is not right. I know nobody in the world is more concerned about my welfare and happiness than you are. Look, I am beginning to recall everything about Lornehope Camp. We were both very happy. We used to go for walks in the jungle, talking of love and other nice things. I have always carried your image in my heart. Your kind and pure heart, your laugh and smiling face have always been before my eyes. I think you have become a little taller or may be the people here are slightly shorter in height. Dear Jack, I am so very grateful to Almighty God that He reunited me with you." After saying this Sylvia hid her face in both her hands and blushed. She said in a soft and sweet voice, "Jack, please tell me your side of the story in detail, starting from the day we got separated. Did you go back to Lornehope Camp? Did you find another slab of gold?

Nevlin Lane smiled and said, "No I did not find any gold slab. As long as you were with me, luck was on my side. Once you left, my luck also abandoned me."

Sylvia blushed and said, "Some body said to me. . . . Oh no what I am saying. You are still my loving brother Jack."

Nevlin Lane felt a little uncomfortable to hear the word, "brother." He had forgotten that it was his idea. He changed the subject and said, "There was no gold in my luck. I left Lornehope Camp in the same poor state that I was in when I had first gone there from my country."

Sylvia suggested that Nevlin Lane may want to rest and helped him move to the bed, by holding him with her soft hand. She sat down near him beside the headboard and said, "Now tell me everything from the beginning to the end. I just feel like listening to you. I do not want to talk to anyone else."

Nevlin Lane told her the entire story from the moment they were separated to the time he returned back to London. But he did not mention anything about meeting inspector Trail or about the episode of the will. However, he did tell her about listening to her song while standing outside and about his chance meeting with Lord Lorimor.

After listening to the full story, Sylvia raised both her hands and said, "Almighty God, except for You, who would have ever believed that my Jack would come back, alive and healthy and we would be reunited. Jack, for months I used to see you in my dreams. You were beside me and talking to me, just like now. You were lying down and I was sitting near you. This is my dream come true."

Nevlin Lane said "I was also completely devastated by your separation. I used to constantly remember the way you used to talk to me at Lornehope Camp. That picture of yours was always in my dreams. With God's grace I find you today to be much more beautiful and graceful than any other woman in the world. You are dressed like a princess, in expensive clothes."

On hearing this, Sylvia got up from the bed and stood on the floor. She bowed to him and said, "Look at me! Am I not the same little jungle girl you used to call, 'My little one'? Am I not the same girl that you used to once throw on your back like a doll to give a ride?"

Nevlin Lane said, "I think you are far more beautiful and charming now. Your skin is as smooth as silk and your face is radiant and glowing. Why compare yourself with the jungle girl or a doll? Let me now call you my most beautiful princess. Wait a minute, first tell me . . ."

Sylvia smiled and said, "That's enough. Now you are going to say that I have become the famous singer and actress, Senorita Estella. Listen, you may recall that at Lornehope Camp when you were busy digging, I used to sing for your entertainment and you were very appreciative of my voice and songs. Since that time I kept up my practice of singing regularly. You listen to my song now and promise to give me your frank and honest opinion about it. You were always frank before, when you kept me with you as your sister. If you approve and say that I sing well, then I will be proud of my singing and believe what others have been saying. You will have to promise that you will never leave me again."

Nevlin Lane said, "I agree to all your conditions and if you like I can give it in writing."

Nevlin Lane had hardly finished the sentence when Lord Marlow came inside Sylvia's room and said, "Lord Lorimor, please quickly take this wine bottle from my hand. I have brought one of the finest wines to get the ghost of travelling off your back."

On seeing Lord Marlow, Sylvia got up and stood beside the bottom of the bed. Nevlin Lane also got up at once and kissed Lord Marlow's hand and saluted him with a bowed head and said, "Sir, instead of Lord Lorimor, I am at your service."

On hearing this strange voice, Lord Marlow was taken by surprise. He stepped back and looked at Nevlin Lane from head to toe and said, "Who is this? Am I looking at Nevlin Lane. Oh yes, I recognize you. You are our dear Nevlin Lane. My son, how come you suddenly appeared from nowhere as if the earth underneath just spit you out!"

On hearing this Sylvia came near Lord Marlow looking very surprised and confused and said, "Respected Sir, by what name did you call my benefactor? Sir, he is my brother Jack and he was known by the name Ian at Lornehope Camp."

Ignoring what Sylvia was saying, Lord Marlow hugged Nevlin Lane and said in a very pleasant voice, "My dear Nevlin Lane, you look very different from your childhood days. I could recognize you only from your eyes. Oh my, where has Audrey Hope gone at this time. Has she met you as yet? Wait, I will go and search for her. She has been very restless for you. She talks about you everyday and she has missed you very much. She will be overjoyed at meeting you. God bless you. Since you left London so suddenly and we received absolutely no news from you for a very long period, Heaven forbid, we had all given up hope of ever seeing you again. At this time Lady Marlow is not here. She has gone to see a sick relative who lives at some distance from here. I am going to inform her by telegram about your safe return to your country. She will be very happy at seeing you back safe and healthy." Lord Marlow happened to look at Sylvia who was standing by the bed and looked totally confused and lost. He said to her, "Senorita Estella, you appear to be lost in your thoughts. Where is Audrey Hope. Do you know Nevlin Lane?"

Sylvia replied, "Yes Sir, I have known him for a long time. But what I do not understand is, why you are mistaking him for some other person and feeling happy at meeting him? This gentleman's name is Jack. But you are calling him Nevlin Lane. I do not understand this and that is why I am looking at both of you with a surprised look."

Lord Marlow said, "There is nothing surprising in all this. His name is Nevlin Lane. How can I call him by any other name?"

On hearing this, Sylvia began to breathe heavily and looked at Nevlin Lane with bashful eyes and said softly, "How come, my Jack, who always speaks the truth, be Nevlin Lane?"

She wanted to say more but at that moment Audrey Hope and Lord Lorimor entered the room. Audrey Hope kept her hand on Lord Marlow's shoulder and said, "Sir, you do not know but Nevlin Lane is an old friend of Senorita Estella and her real name is Sylvia Bond."

Lord Marlow replied in a surprised tone, "Oh no, I cannot accept this. She is not even familiar with the name Nevlin Lane."

Nevlin Lane interjected and said, "Sir, in the country Austria, the workers working at the mines, never give their real name to others living there."

Lord Marlow said, "Oh, I see now. You met Senorita Estella

in Austria. I would very much like to know all about your stay there. However, first we must drink to your health and welcome you back. Dear Audrey, I am getting a clear picture about the rumours that we have been hearing about Senorita Estella now. Why don't you ask her the truth?"

Audrey Hope laughed and said, "So far we have been busy in celebrating the good luck of Sylvia and had no opportunity to talk to her."

Audrey Hope greeted Nevlin Lane and shook his hand. Nevlin Lane hugged Audrey Hope and kissed her forehead. They both had tears in their eyes. Lord Marlow and Lord Lorimor also had tears in their eyes at seeing the two old friends meet after such a long time. Audrey Hope said, "Nevlin, why did you go away without telling me anything and why did you not write to me? You have a lot of explaining to do. Right now I am so happy to see you back in good health. You cannot even begin to guess how much I missed you and how much anxiety you caused your friends. Right now we must celebrate your return."

Nevlin Lane smiled and said, "I plead guilty to all your accusations, Audrey. I am so glad to be back and meet all my friends. I too remembered you and our childhood days often."

On hearing this, Sylvia looked very puzzled. She looked at Nevlin Lane and then at Audrey Hope hoping to understand as to what this was all about and saw that they were both smiling and looked very happy.

Audrey Hope went to Sylvia and hugged her. She kissed her forehead and expressed her joy at Sylvia being reunited with Nevlin Lane. She whispered in a soft voice, "May God bless you both. My heartiest congratulations. You are so very lucky to be reunited with your lost friend. I pray to God to give you both much happiness and joy in your life. Now I look forward to the big day!"

On hearing this, Sylvia blushed profoundly and began to perspire. Nevlin Lane's eyes were glued to Sylvia in spite of the fact that both Lord Lorimor and Lord Marlow were watching him. He appeared to be in a daze and said to Lord Marlow, "Sir, my own story is full of ups and downs and difficult to believe. Right now

I do not know what I am seeing is for real or is just a dream? I am finding everything so unbelievable and full of surprises. I cannot believe that the very kind Lord Lorimor spent nearly three years in my search and once reached within a few miles of where I was living, but we did not meet."

Lord Lorimor said "What do you mean a few miles. In fact I was only a few yards away from where you were."

Nevlin Lane said, "Yes, you are right and even then we did not meet!"

Lord Marlow did not understand what these two were talking about as he did not know anything about Lord Lorimor's journey in search of Nevlin Lane. He suddenly said, "Hey listen all of you. Let us have something to eat rather than wasting all our time in standing here just talking. Let us drink to this occasion. I am going to send a telegram to Lady Marlow to return immediately, but I will not mention anything about Nevlin Lane's safe return. I want to see the look of surprise and happiness on her face when she meets him here. In the meanwhile I am thinking of a party. Audrey, we should organize a big welcoming party in honour of Nevlin Lane's safe return. I think, at this party, we should also invite Jordan Lane." He turned towards Nevlin Lane and said, "Nevlin Lane, have you met your brother as yet?"

Nevlin Lane's face turned pale, Lord Lorimor's face showed anger and Audrey Hope's face looked sad. However, Nevlin Lane recovered from his thoughts and said, "Sir, I am sorry I have not met my respected brother so far."

Lord Marlow said, "Oh dear. You should have met him the moment you returned to London. He published several notices in different newspapers in your search and he also sent several of his men to find out about your whereabouts. He has been very concerned and restless since you left. Is it not true, Audrey? He has also talked to you several times on this subject."

While they were all talking, the servant came and saluted Lord Marlow and announced that Sir Jordan Lane was there to meet them.

Chapter 42

We heard big accounts of a warm and caring heart
When we examined it there was not even a drop of blood

As soon as Sir Jordan Lane entered the room, the atmosphere in the room changed completely. It seemed as if someone had thrown a bomb. Audrey Hope's face turned pale and sad. Lord Lorimor looked annoyed. Nevlin Lane stepped forward and greeted his brother warmly and embraced him. Jordan Lane pushed him away gently and said in a dry voice, "Oh, Nevlin Lane, when did you arrive in London?" Without waiting for his reply, he turned to Lord Lorimor and said, "How do you do?" Again without waiting for his reply, he stepped towards Audrey Hope and extended his hand to shake her hand, but she ignored it. He said to her, "I had no idea that you all are having such a pleasant gathering here." He again turned towards Nevlin Lane and said, "You look very handsome."

Everyone in the room was taken aback by the one sided comments of Sir Jordan Lane and they kept quiet. However, Lord Marlow spoke up to break the silence and said, "Jordan Lane, how did you come here at this time? We were under the impression that you have gone to London."

Sir Jordan replied, "Yes Sir, you are right. I had gone to London but came to my mansion here for a few minutes to look for a document. I could not resist the temptation of coming over here to meet you all. Please believe me, as soon as I finish my work, I get restless to meet Audrey Hope. I always try to come here after completing my work. My coming here at this time has been very auspicious. Here I find you all together and can meet everyone at the same time." He stepped forward to hold Audrey Hope's hand but Lord Lorimor, who was getting frustrated by the sly and meaningless conversation of Jordan Lane, said with a laugh, "Audrey, do not let him touch your hand. This gentleman seems to forget the basic social manners. It is not polite to hold a lady's hand while in the company of others. He appears to be in the habit of enticing ladies by unwarranted attention. His behaviour is against proper social etiquette."

Sir Jordan Lane felt very angry at these comments, but seeing the gathering, kept quiet and mentally made a note to get even with Lord Lorimor later. He laughed loudly, looked at Lord Lorimor and said, "Sir, since yesterday I am having trouble hearing, and therefore I am ignoring the comments of people who are not important." After saying this, he sat down on the chair next to Nevlin Lane and said to him, "Now Nevlin, tell me your story. Where have you been? What cities have you visited. I guess you must have already told your story in great detail to all the people gathered here, so I will not ask you to repeat it. I shall hear your story at leisure at some other time." Jordan Lane looked at Senorita Estella who was standing on one side, her eyes fixed on Nevlin Lane, and bowed his head in greeting and said with a smile, "Miss Estella, you probably do not know that Nevlin Lane is my step brother. It is now five years since he left the house. Who knows where he went? I was sad and concerned by his separation. I am sure he too must have been very unhappy and restless on being separated from me. For all our friends who are gathered here at this time, this day is a very happy and auspicious day. I think, to celebrate the return of the wandering relative, all of us gathered here should organize a big, lavish party with delicious food. Look Audrey, would you help me to carve the roasted meat?"

Audrey Hope muttered some words which no one could understand. Lord Marlow said, "Listen, I do not want to get involved in the job of a butcher. All I am interested in, is fine wine and delicious food. Talking of food, I suggest we stop talking and proceed to the dining room. I trust you will enjoy the meals and honour me by eating well." Jordan Lane said that he had some important work to look after and would like to be excused. Lord Lorimor said that he too had to get back to London and attend to some urgent business. Moreover, he said, that he was not hungry at all at this time. Nevlin Lane also made an excuse and said that he had agreed earlier to have dinner at the Ludbury restaurant with a friend. As they were all leaving, Jordan Lane called Nevlin Lane and said, "Nevlin, please wait a minute. You and I will go together. You must come with me to Court Lane mansion. I cannot tolerate to lose my long lost brother and have him get out of my sight now. On reaching home you must tell me when you came to London and why you did not come straight to my house."

Nevlin Lane replied, "Very well. I am ready to go with you."

Lord Marlow whispered in the ear of Lord Lorimor, "I do not trust Jordan Lane. His intentions do not appear to be good. I bet as soon as they leave, they will fight like mad honeybees." He then turned towards Nevlin Lane and said in an authoritative voice, "Nevlin Lane, please stay here at the present. You are our guest. You have come to the home of Audrey Hope and we will not let you go at this time." Sylvia also, while shaking his hand, requested him to stay. Nevlin Lane pressed her hand and with his eyes signalled that it was not appropriate for him to stay. Nevlin Lane then shook Lord Marlow's hand and said in a soft voice, quietly, "At present I am staying with my old Nanny, Mrs. Parson at Rosebury. Right now it is appropriate for me to walk with my elder brother for a short distance." Though Nevlin Lane had spoken in a very low voice, Jordan Lane heard him and said in a commanding voice, "What do you mean a short distance only. You have to come with me to the Court Lane mansion. That is your home and that is where you should be staying, with me." He looked at Lord Marlow and said, "Please, let Nevlin Lane go with me and live at Court Lane. I am sure none of you here can have any objection to this. There is really no need for any discussion on this subject." He then went to Audrey Hope and said in a low voice, "You have come here from London without replying to my letter. Did you get my letter?"

Audrey Hope felt ashamed and replied almost in a whisper, "Yes, I received your letter."

Jordan Lane said, "I hope you had an opportunity to consider my proposal and have accepted the same. I will not be happy till you are mine. Your childhood friend Nevlin Lane has also come back now. I want to expedite the marriage because he is my own brother and can assist me with the preparations."

Audrey Hope said, "It is not enough to call him your own brother. First you have to fulfil your promise that you made to me that you will give him an equal share in the property and treat him like a brother."

Jordan Lane was surprised to hear this and thought that if he showed any hesitation at this time or tried to argue with her, then she may change her mind. With this view, he said in a loud voice, "Of course, my dear Audrey. It is something that you do not have to remind me about. I will surely show brotherly love towards Nevlin Lane. Though I notice that his habits are still the same. He is arrogant and full of ego. But I love him as a brother. I will share my wealth with him and make sure that he is never inconvenienced because of money."

Audrey Hope said with tears in her eyes, "May God guide you to do the right thing and give you the wisdom to carry out your promise."

On hearing this, Jordan Lane felt happy on being able to fool Audrey Hope and he thought that she would now agree to marry him soon. He wanted to take Audrey Hope's hand and kiss it but Lord Lorimor, who was watching all this with jealousy in his eyes, at once got up from his chair and said to Lord Marlow, "I will beg your leave now and say good bye. I should really be going. I have to leave for my journey by the morning train."

Nevlin Lane immediately came and stood near Lord Lorimor and whispered to him, "For God's sake, have some patience. Trust me and get the thought of travelling out of your mind."

From the other side, Lord Marlow said to Lord Lorimor in

a worried voice, "Look at me and listen. You must join me for breakfast tomorrow. I shall expect you in the morning and please do not make any excuses. At that time I shall discuss your plans for travel and give you my opinion on the subject. Nevlin Lane, you too must join us for the breakfast tomorrow morning."

Lord Lorimor gave Audrey Hope a loving look and left the house without saying anything further. After he left, Nevlin Lane also got up to leave. He wanted to embrace Sylvia but in deference to others present in the room, he simply shook hands with her. While shaking hands, Sylvia asked him quietly, "Won't you stay here?" Nevlin Lane replied, "I have to talk to my brother today but I will be here tomorrow morning for sure, and join everyone for breakfast. I think, I should not refuse the invitation of elders."

He stepped out of the house to go. Sir Jordan Lane also left at the same time and they both started to walk together.

Lord Marlow said to Audrey Hope and Sylvia, "I do not like the way Jordan Lane behaves. I have often heard that in the parties of highly civilized families, he is unpopular because he lacks sincerity and his conversation is meaningless. Today I have experienced it first hand. I heard his artificial talk and have seen his obscene behaviour with my own eyes. He was listening to everyone with great interest, but it was just for show. I was disappointed to see that when Nevlin Lane greeted him with genuine warmth and respect and hugged him, he roughly pushed him away and was rude to him. He did not talk to his long lost brother with love or affection. He did not show genuine happiness at seeing Nevlin Lane nor was concerned about his welfare. It was such a happy occasion and we were all planning to enjoy, make merry and have a party to celebrate the return of Nevlin Lane. However, the threat of Lord Lorimor to travel to Africa and the rude behaviour of Jordan Lane towards his brother, has cast a shadow. I guess we are all feeling depressed and sad. If Lady Marlow was here at this time, she would have handled everything in a very diplomatic fashion and brought the two brothers closer to each other. I did not think that it was appropriate for me to interfere. They are the two sons of a good friend. A third person should not interfere in the conflict between two brothers unless they ask for it, otherwise one has to face humiliation. For this reason I kept quiet. However, Lady Marlow's position is different. She could have even scolded them and they would have listened to her. I am sure she would never have allowed Nevlin Lane to go with his brother at this time and would have avoided the inevitable argument and fight between them."

On hearing this, Sylvia became sad and began to rub her hands together and Audrey Hope sat down with a sad sigh. Both the girls became very worried and their faces became pale and sad. On seeing their condition, Lord Marlow said, "I am sorry. I should not have aired my thoughts like this and made you so upset. I owe you an apology. Listen, I could also be wrong in my thinking. By the way, did you notice how Lord Lorimor and Nevlin Lane reacted to the artificial talk of Jordan Lane? Lord Lorimor's face showed frustration and Nevlin Lane's face showed embarrassment and he looked pale. At one point I was afraid that they may start to fight right here. As it happens, Lady Marlow was not here at this time but Audrey you were here. Maybe you could have intervened and told your side of the events to your childhood friend. This would have kept him busy and thus prevented him from leaving at this time. Jordan Lane could have left alone."

Audrey Hope said in a very soft voice, "Uncle this was not the proper time to talk to Nevlin Lane about my problems." She took Sylvia's hand and they both left the room. She took Sylvia to her room and they both sat down on the bed. She said to Sylvia, "For the last few days I have been thinking. We have never had an opportunity to talk about your past life in detail. Nevlin Lane's return and his meeting you has raised a few questions in my mind and I am not able to understand a few things. Please tell me about your life. We may not get another opportunity like this to talk."

Sylvia narrated her story briefly. She said that her father was a learned and religious man and he loved her mother. They both belonged to London. She continued from the time her father and mother were married and how they were trying to settle down in London where she was born, how some rich aristocrat of London vowed to destroy their life, how this rich man, because of his influence and money, got her father fired from wherever he got a job, how he arranged her parents's home to be robbed by dacoits, how her parents left the country to escape the harassment of this man, how her mother died by constant worry and unending harassment caused by this rich man, how her father got the job in France and spent considerable money in educating her and training her in various domestic skills, how this rich man located his father even there. That made her father decide to escape to Lornehope Camp in Austria. She told how his father died of malnutrition and sickness, leaving her alone without a friend or any money, how one evil looking man listened to her father's last advice to her, how Nevlin Lane purchased her at an auction giving up the big slab of gold that represented his entire money and the key to his future, how Nevlin Lane made her his sister and how they lived very happily as brother and sister. She described the gold discovered by Nevlin Lane and how they planned to leave for London, how, on their way to London, they were ambushed by dacoits and how Nevlin Lane was shot by this wicked dacoit, how this dacoit ran away with her on his horse and hearing her cries, Lord Lorimor, who happened to be on his way to Lornehope Camp, came to her rescue and shot the dacoit, how Lord Lorimor took her to the doctor, how Lord Lorimor and Merci Fairflex nursed her back to health with great care and love, and how Lord Lorimor spent considerable money to provide her all comforts, taking her to different places for a change of climate, how she met this old musician who taught her music and got her this job with the Globe theatre. That's how, to become independent, she started in this career of music and dancing. She had come to London on the request of the theatre owner. Sylvia said, "Then I met you and you know the rest."

Audrey Hope heard the story of Sylvia with great interest and was surprised to learn Sylvia's past. It took her a few minutes to digest her story. She said to Sylvia with a sigh, "From your meeting Nevlin Lane today, in my presence, I guessed rightaway that you are both deeply in love. What I do not understand is that why do you both treat each other as brother and sister?"

Sylvia said, "Because Nevlin Lane's love for me is true love. He took care of me like a brother. My real brother could not have taken care of me as much as Jack did. He himself asked me to be his sister and I have always treated him as a brother."

Audrey Hope smiled and said, "Now I fully understand this situation also, however, you two cannot remain brother and sister any longer."

On hearing this, Sylvia first blushed and then, looking directly in Audrey Hope's eyes, said, "I am of a small stature. At Lornehope Camp, Jack used to call me his 'Little one.' Now you can see for yourself that I am a big girl and am so tall that I reach upto his shoulders. Also my body and face have changed a lot since those days at Lornehope Camp."

On hearing this, Audrey Hope laughed heartily and said, "I also figured from the way Nevlin Lane was looking at you that he no longer considers you to be the 'little one,' but looks at you like a grown up woman. Now he will not look at you as a sister but . . ."

On hearing this Sylvia did not wait for Audrey Hope to finish her sentence but got up from the bed and tried to run out of the room. Sylvia grabbed her waist and said in a mischievous voice, "Why are you trying to run away from me? Your face has a shine of a full moon since you met Nevlin Lane."

Sylvia said, "Oh come on! Leave me alone and stop teasing me. If you insist on teasing me, then I will go to Merci Fairflex and tell her all your secrets."

Audrey Hope said, "My dear Sylvia, wait a minute. Listen to me and tell me what I should do now."

Sylvia said, "You are always making fun of everything, how should I know as to what you should be doing?" On saying this she ran to Merci Fairflex's room.

Merci Fairflex was resting in bed but was awake. When she saw Sylvia running to her, she sat up in bed and said with a concerned look, "Is everything alright, dear?"

Sylvia said, "I have come to give you some very happy news. Hold your heart and listen to the good news about Jack."

Merci Fairflex said, "I pray to God that he comes back alive and healthy."

Sylvia said, "Oh yes. Your prayer has been answered! He is very much alive and in good health. He has come back hale and hearty. I have just met him. Jack is not his real name. In Austria he did not tell anyone his real name. Some called him Ian and some called him Jack. But none of those were his real names. In fact his real name is Nevlin Lane and he is the younger brother of Sir Jordan Lane."

On hearing this, Merci Fairflex was startled and let out a loud sigh. Her face lost all colour and she looked very pale. Sylvia thought that on hearing the very happy news of Nevlin Lane's return, she has not been able to control her emotions and her face reflected her condition. With this thought, she tried to humour Merci Fairflex and kissed her hand and said, "I, too, almost fainted when I saw Jack. It is natural to be overwhelmed with emotion on meeting your loved ones after such a long time and so unexpectedly. Now that he is here, you should not worry about anything. Hey look, your hands and feet are cold like ice and you look very pale. What is the matter with you? Please control yourself. Nevlin Lane has gone to Court Lane with his brother. He will be coming back here in the morning and I will certainly introduce you to him tomorrow. I can assure you that he too will treat you like a mother with the same respect as I do."

Merci Fairflex said, "It is good that he did not meet me at this time. I would have been much more nervous on seeing him. Now I am beginning to feel better and share in your joy. I am grateful to you for the respect you have given me and also to Jack for his kindness. I would like to go to the church and pray for the good health and safety of your Jack. Right now I feel I should return to London immediately. I shall catch the first train leaving for London in the morning."

Sylvia said, "Oh no. No way. What a ridiculous thinking. To pray to God, you do not have to go a particular place. God is present wherever you pray. God is omnipresent. One has to control oneself and not be affected by worldly glitter and parties. Wise people know that God is watching them everywhere and is with them always. It is imperative for us to be grateful to Him at all times and at all places. So tell me, why do you have to go to London to pray to Him? Why do you want to leave me alone?"

Merci Fairflex held Sylvia's hands in her hands and pleaded, "My dear Sylvia, please let me return to London. You do not need me to look after you any longer. You are no longer alone. Mr. Nevlin Lane is now here and you are in the house of your best friend, Audrey Hope. I am sure these people will look after you. Kindly allow me to return back to London."

When Sylvia saw Merci Fairflex talking like this, she thought that she was not well. She came running to Audrey Hope's room and said in an urgent voice, "Audrey Hope, Merci Fairflex appears to be very sick. Please send for the doctor at once. She seems to be delirious and is talking nonsense."

Audrey Hope said, "I have often thought of getting her treated by a doctor. But the problem is that she refuses to see a doctor or take medicines. I cannot figure out what is ailing her. There is no obvious cause for her sickness. Often she feels sick and then recovers on her own. I do not know what kind of thoughts are bothering her. It is my observation that there is some secret in her life that is worrying her. Whenever she is hounded by such thoughts, she gets so sick that it seems she has been ill for a long period. Then all of a sudden, she regains her normal health as if she was never sick. God knows, what is the mystery behind all this. Anyway, wait for a minute and let me dress up. I will come with you and see her and also get a doctor, however, you really should not get yourself so worked up every time she gets sick. It is not good for you. Look at your face, you look so worried and nervous. Let me comb your hair and put some make up on you. Your hair is as soft as silk and I envy your hair. You were looking very beautiful today."

Sylvia combed her own hair and tried to assist Audrey Hope with her dress. When Sylvia bent down to help, Audrey Hope noticed the locket around Sylvia's neck and asked her, "What is this locket you are wearing."

Sylvia said, "This was given to me by my father at the time of his death. He asked me to protect it with my own life and advised me to open it after three years, when I am eighteen years old. My late father told me that this locket has information regarding my family background and also my birth certificate."

Audrey Hope said, "It appears that you are in the dark about the contents of the paper inside your locket. By the way, when are these three years going to be over and when will you open this locket?"

Sylvia said, "I am very eager and excited about opening this locket. I have been counting each day for these three years. Tomorrow is my eighteenth birthday and also the day that I open this locket."

Chapter 43

Restless heart I am frustrated with you
How long can a sick person look after another sick patient

By continuously expanding our horizon of search
We shall find you wherever you may be.

After leaving the house of Audrey Hope, Sir Jordan Lane and Nevlin Lane walked back together towards their home, Court Lane. They both walked quietly, each busy in his own thoughts. Nevlin Lane was feeling hurt and sorry by the rude and rash behaviour of his brother. While Jordan Lane was thinking that since Nevlin Lane has come back, it would mean parting with some of his wealth and property. He thought that he had to find a way to learn about Nevlin Lane's finances and his thinking. He also realized that Nevlin Lane looked upset by his earlier behaviour. He thought that to find out Nevlin Lane's financial status and his future plans, he would have to be nice to him. After he had found out, he could deprive him from receiving any money from him. He reasoned that if he continued his rude behaviour towards Nevlin Lane, then it was likely that he would remember the old disputes and the incident that led to his being turned out of the house. He would then start hating him. In his anger, Nevlin Lane could file a law suit for part of the inheritance and this would involve unnecessary publicity and the family feud being dragged in court and amongst friends and peers. He argued in his mind that he had nothing to fear from the legal point of view, as the original will had been destroyed and the other will was in his hands. This will clearly stated that he was the sole owner of all his father's wealth and property. He convinced himself that the best policy was to show love and affection towards Nevlin Lane and make him dependent on him for everything. This way he could make sure that Nevlin Lane carried out his wishes in future and remained loyal to him.

Having decided upon this approach, Jordan Lane kept his hand on Nevlin Lane's shoulder and kissed his forehead and said in a pleasant voice, "My dear brother, I can hardly describe my joy and happiness at your safe return and am so glad to see you healthy. It appears your carefree life in your travels has agreed with you. By God's grace you seem to be in good health. Your hands and feet look strong and your face looks healthy and robust. You appear to be in much better health than people living in London. On the contrary, I am very busy with my work in London and as a member of the parliament, I have to worry about so many weighty problems in the interest of our country. All this takes a toll on my health. My face looks pale and I feel old. I have to write several policy papers and prepare for debates in the parliament. These are all matters for intellectuals like myself and all this worrying has completely ruined my health. But you have nothing to worry about. You stay with me at your old home, and by God's grace you will get all the comforts here. You will be very happy to see our ancestral home. Audrey Hope loves you very much as she has been your childhood friend. You will be happy to know that now she is going to be your sister-in-law. As I see it, everything here seems to be in place for you to lead a happy, carefree life. Once you meet all your old friends who used to live around Court Lane, you will forget the hardships and loneliness of your stay abroad, in search of wealth. Tell me, did your luck keep you company and make you rich? I am sure you must have returned from Austria with all your pockets filled with gold and your luggage loaded with bags full of money."

Nevlin Lane kept on listening calmly to all his brother had

to say. He knew well that his brother was sarcastic and all his talk and show of affection meant nothing. Since he himself was honest and straightforward, he replied in a soft and respectable voice, "My brother, it was not in my luck to return with pockets full of gold. It seems that it was not God's will that I return back a rich man. Moreover, by nature I am not greedy for money. Money can be the cause of evil deeds. It can also divert your attention from religion. When a person devotes his attention to God, then He not only looks after him but provides him with real happiness, in addition to the money for his needs. The happiness that rich people seek in money is very short lived."

Jordan Lane felt very happy to know that Nevlin Lane was broke and had no money. He said, "When a person has no control over his luck then he finds other excuses, like religion, to console himself. This is the only way one can cope with his bad luck. I am happy to see you back and in good health. But I would have been doubly happy if you had returned with a considerable amount of money earned by you. However, you should not worry in the least about your poor monetary condition. Richness and poverty are two sisters and there is nothing to be ashamed of in being saddled with a poor sister. For me, the big thing is that you are back safely. This gives me an opportunity to prove to you how much I love you and care for you. Oh, why did you make such a face on hearing the word opportunity. Listen my dear, the habit of your childhood, to be cross and angry whenever the things don't go your way, should now be given up. You are now a grown up and wise young man. You should discard all your foolish habits, forget the past and start afresh. In your young days you thought that I was against you and did not like the things that I used to say to you. Change your thinking and your old habits now. To correct your mistakes and to teach you proper manners I may have scolded you from time to time, but believe me, I did that for your betterment and to help you in your life. You probably misunderstood me and mistook my advice as unfair and cruel. Look, I may be your step brother, but we are from the same father and we both have his blood in our veins. I can never see you in any kind of trouble and would always help you. For this reason I do not ever want to hear the word 'unlucky' from you. With my love and help, you will forget this word forever. With your unacceptable behaviour, you had turned our father very much against you. I tried my best to reason with him and persuade him to forgive you, but his anger towards you did not change. So much so that in his will he did not mention your name at all and did not leave you a penny. But you should not worry about it. I am here to help you in every way. I will provide you with enough money to meet all your expenses. I will not let you feel the need of money. I am very familiar with your nature and I know you like to be independent and free of all liabilities. You also like to travel. For this reason you may not like to stay in London and would rather settle in some distant village or perhaps in another country. I will not force you to stay with me. You can decide what you want to do. I will help you financially. You may have read in the newspapers that I am likely to become a minister in the cabinet of the Government of England. Everybody respects me and the high ranking politicians and government officials seek my advice on important policies concerning the country."

Nevlin Lane interrupted his brother in his ego filled talk and said, "Yes, a few days back, I saw you in your carriage when you were returning from Audrey Hope's house. I noticed that people saluted you and greeted you by the title, 'Right Honourable Sir Jordan Lane.'"

Jordan Lane said, "A ha! You have become familiar with my full title. Tell me, when you saw me, why did you hide from me? Why did you not come straight to the house to meet me? It seems you are still angry with me. Your old habit of taking offence at the slightest excuse is still with you and you still harbour ill feelings towards me. You may have thought that your brother is a very rich and highly respected man, you are poor and shabbily dressed and therefore I would hesitate to socialize with you. Maybe this is the reason you did not come to see me. Well you were wrong. Why would I consider you to be inferior to me? I am not ashamed to meet and be seen with my brother, even though he may be poor.

Remember, I love you. Anyway, let's not talk about all this. Let us talk of the present. If you wish to come and live at the house, you are welcome to stay here and enjoy your life, eating good food and having nothing to worry about. You can take pocket money from me every month for your expenses. On the other hand, if you want to travel and see places and settle somewhere else, I can give you two hundred pounds every year for your expenses without your even asking for it. You can keep on living a comfortable life with this money. Tell me frankly, what would you like and I will provide for your comforts accordingly. Remember I am here to assist you in whatever you decide to do."

Nevlin Lane smiled after listening to his brother. He knew very well that the net annual income from his father's property was at least six thousand pounds per year and his brother was offering him only two hundred pounds out of this, as a charity. This meanness and dishonesty of his brother made him smile. He also realized that his brother really wanted to keep him out of London. This thought made him laugh aloud. However, he did not say anything.

Jordan Lane said, "From your laughing for no reason, I gather that two hundred pounds will not be enough for you. Alright, I will give you four hundred pounds every year. If you decide to settle outside this area, I will give you five hundred pounds. Let me know wherever you wish to settle, and I shall make all the arrangements for your comfort at that place and will buy you a decent house to live in. Now this should make you very happy and convince you of my love. Please do not disappoint me by rejecting my offer. We have reached our house Court Lane. Come in and relax. This will also give you a chance to consider my offer."

Nevlin Lane thought that if he said anything against his brother's proposal at this time, there may be an unpleasant argument. It was likely, that in the heat of the argument he may say something. A slip regarding their father's real will, will destroy all the plans of his friend, Inspector Trail. He had forbidden him to mention about the real will to anyone at all. With this in mind he saluted his brother and said in a calm and soft voice, "My respected brother, at this time I have to go, as I have something important to attend to at the place where I am staying. However, I will think over your proposal and give you my decision tomorrow." With this, he turned back and started walking towards the nearby bend in the road to go to the house where he was staying.

Jordan Lane was about to enter the gate of his house when he saw the dacoit Lewryk. He ran from the side with great agility and kept his hand on Jordan Lane's shoulder. As Nevlin had not gone far, he could easily see from the bend in the road that Lewryk had kept his hand on his brother's shoulder. His first thought was to run and help his brother and catch Lewryk. But then he saw his brother talking to him. To hear their conversation, Nevlin Lane quietly hid behind a nearby tree. He concentrated on listening to their conversation. He could hear what they were saying, but they could not see him.

Lewyrk asked, "Who was that man walking beside you?"

Jordan Lane replied, "I am sorry you did not recognize Nevlin Lane, who played with your daughter Rachel and after ruining her life, discarded her and ran to Austria. He has returned back to London as a pauper without any money."

On hearing this, the whole body of Lewryk began to shake and his face became red with rage. He said, "I am going to kill him right now and take revenge for my daughter. It is great that he saved me the trouble of searching for him."

Jordan Lane said, "Look Lewryk, calm down. Think with a cool mind. Do not kill him with your dagger at this time."

However, Lewryk was hardly able to control his anger and said in a loud voice, shouting like a lion, "I am most certainly not going to hold back now and I do not care for your advice and suggestion." He began to run like a wild man towards the direction in which Nevlin lane was walking. He stopped suddenly and asked Jordan Lane, "Tell me, which side did he turn, left or right? Since my back was towards him, I could not see which way he turned."

Nevlin Lane had heard the conversation between his brother and Lewryk. He decided to shoot the dacoit before he could come near him and attack him with his dagger. With this in mind, he took out his gun from his coat pocket and stood in the centre of the road, facing the direction from where Lewryk was coming. He wanted to wait till the dacoit came near enough so that he could shoot without missing him.

Jordan Lane saw his brother coming from behind the tree and ignoring the fact that his brother could hear him, he shouted, "Lewryk, watch out, your enemy is right in front of you. Kill him at once. Kill him fast."

On hearing this, Lewryk leaped forward with great speed. He jumped at Nevlin Lane with his dagger poised for attack, when suddenly he saw Inspector Trail coming from the front. On seeing inspector Trail, Lewryk ran at full speed, towards the right side of the road.

When Jordan Lane saw Lewryk running away and Inspector Trail appearing suddenly from nowhere and shaking hands with Nevlin Lane, he hastily went inside the gates of his house.

As soon as Nevlin Lane saw inspector Trail, he said to him, "Look at the road going to the right. That man running on the road is Lewryk whom you call James Bank." On hearing this, inspector Trail did not hesitate for a moment and at once began to run at full speed in the pursuit of Lewryk. Thinking that it will not be possible for inspector Trail to catch Lewryk, Nevlin Lane started to walk towards his house.

Chapter 44

Persons who flatter have no loyalty
Like paper flowers have no smell.

Nevlin Lane reached home and after dinner, went to bed without saying anything to Mrs. Parson about the day's events and excitement. Throughout the night, Nevlin Lane kept on tossing and turning in bed. He was thinking about Sylvia. He realized that he was deeply in love with her. He could see that she too loved him very much. But he kept wondering as to why she still kept calling him, her brother. He remembered that she had asked him if she could live with him as his sister, forever. It appeared that she did not want to live with him as his spouse. He could not blame her. He was a pauper without any money while on the other hand, she was now a very famous and rich girl. He was sure there must be hundreds of rich and famous people in London who were in love with her. Under these circumstances how could she possibly agree to marry him? It was quite possible that she was already in love with some rich and famous person here. Nevlin Lane spent the whole night with such thoughts going through his mind.

On the other end, Lord Lorimor also spent a very restless night. He kept on thinking about Audrey Hope. He reasoned that Audrey Hope was now engaged to Jordan Lane and under these circumstances there was hardly any hope of her changing her mind and his chances of ever getting married to her, were very slim.

He wondered why Nevlin Lane asked him to have patience and stay back. He said to himself that probably Nevlin Lane was just trying to be nice to console him. Though he knew that his brother was a crook, still he would have more consideration for his brother than for a stranger like him. He reasoned that Nevlin Lane would never counsel Audrey Hope to cancel her engagement with his brother and therefore, to stay back in London on his assurances would be foolish.

Similarly both Audrey Hope and Sylvia kept awake all night thinking about their respective admirers and the persons they loved with all their heart. However, Sir Jordan Lane slept very peacefully except for the few bad dreams he had from the guilt about his actions of the previous day. He slept soundly till eight o'clock in the morning.

Next morning Inspector Trail came to meet Nevlin Lane at the house of Mrs. Parson. He shook Nevlin Lane's hand and said excitedly, "My friend, I got him."

Nevlin Lane's mind was preoccupied with thoughts of Sylvia and he did not quite understand as to what his friend was saying. He looked a little startled and said, "Friend, whom did you find? Whom did you get?"

Inspector Trail asked, "My friend what is wrong with your memory? You have forgotten the whole incident overnight. Do you recall that last evening I ran after James Banks to arrest him? See there was no need for you to ask me who I arrested."

Nevlin Lane said, "Tell me all about it. How and when did you arrest the dacoit?"

Inspector Trail replied, "Last night he got completely drunk. My men picked him up and locked him in a room there. I have left strict instructions with my men to keep him under constant guard and not to take their eyes off him, even for a minute."

Nevlin Lane said, "In that case, don't think that you have got him. In reality you have lost him."

Inspector Trail said, "No Sir. How can I lose him now when my men are very vigilant and keeping him under constant watch. I have instructed them that at the slightest indication of his trying to escape, he should be handcuffed and thrown in jail." Inspector

Trail continued, "Listen, the reason that I came to see you so early in the morning is, to ask you not to get into any argument with Jordan Lane for the next few days. Be polite to him. It does not matter how much he tries to bully you or taunts you, just live with his rude behaviour and be patient. Please do not pick up a fight with him under any circumstances otherwise all my planning and well thought out scheme will fail."

Nevlin Lane said, "This is a hard order for me to follow. But I do not want to interfere with your plans and the scheme that you have worked. For your sake I will keep quiet and swallow my pride. So far I have behaved in a proper, civilized manner and have not escalated an argument to reach a point of fighting with him. In future too, I will try my best to follow the same pattern."

Inspector Trail said "Trying your best will not do. It is absolutely imperative that you do nothing to offend him. Please treat this as a 'must' job. I want to catch both James Banks and Sir Jordan Lane, who is aspiring to be a minister. Now I will be going. From this moment onward, if you see me doing my job and proceeding in a manner that you do not understand, just keep quiet and do not interfere with my method of work. Please do not be offended by my behaviour, I am doing all this for your benefit only." After saying this to Nevlin Lane, Inspector Trail walked briskly away from his house.

Nevlin Lane walked towards the Greenwich village and reached the house of Audrey Hope. As he was entering the gate of Audrey Hope's house, he heard Lord Lorimor calling him. He stopped at the entrance to talk to him.

Lord Lorimor shook hands with Nevlin Lane and greeted him by saying, "Good morning, how do you do? Please tell me one thing. Yesterday, when I announced my decision to leave London, why did you ask me to stay back? Why did you not want me to leave London as I had planned? I am sorry to ask you this in such an abrupt manner. I may sound rude, but I am in a pitiable condition. I need some reassurance that what I am doing is right. My condition is like that of a person who has gone mad in love. Please forgive me for my behaviour."

Nevlin Lane said, "Of course, I repeatedly asked you to stay back and not go abroad. As it happens I cannot tell you the reason of my request. There is a mystery behind it. I consider it best to keep it a secret at this time. However, I can tell you this much, that Audrey Hope is not happy with this engagement. I also think that my brother Jordan Lane is not happy. I can see that they both do not love each other at all. I know Audrey Hope from her childhood. She is a very wise and clever girl, who is full of life. But like any other person, she has her weaknesses. I do not know what spell Jordan Lane cast on her or what trick he played to get her consent to let the news of the engagement be circulated. So far she did not get an opportunity to talk with me frankly and tell how she really feels about this engagement. But I know from my experience that my brother is greedy and sly and wants to control her by his money. She probably feels ashamed to break the engagement now for the fear of their humiliation in society. There is a great difference in them and their natures are diametrically opposite. It is my sincere belief that this engagement will not materialize."

On hearing this Lord Lorimor felt relieved and gained some hope. He asked Nevlin Lane, "In your opinion, can this engagement be broken and nullified?"

Nevlin Lane replied, "I not only hope but am determined to spare no effort to make this happen."

Lord Lorimor said, "Sir, please do not be offended. I have been familiar with the mean and wicked nature of your brother Jordan Lane for a long time. Not only me, but several other decent and highly placed gentlemen also know his nature and I have heard them say all sorts of things about his mean and selfish nature. If I was convinced that Audrey Hope would be happy with him, then I would have accepted the situation and learned to live with it. But I know he will make her miserable and unhappy. I pray to God that you are successful in breaking this engagement. After they are no longer engaged, I guess you will have full claim on her and she will get engaged to you."

Nevlin Lane laughed loudly and said, "I admire and congratulate you on such a fertile stretch of imagination. I also thank you for giving me such great honour. However, I want to marry another beautiful lady."

Lord Lorimor said, "Of course, I should have guessed. May God bless you both."

They both entered Audrey Hope's house talking in this manner. Lord Marlow was sitting in the front room. He greeted his guests with great warmth and took them to the breakfast room. Lord Marlow looked at Nevlin Lane and said, "Tell me son, how did you make up with your brother, Jordan Lane yesterday and what did you talk about?"

Nevlin Lane replied, "I do not think we two will ever get along."

Lord Marlow said, "I have a feeling that Jordan Lane will drop in this morning just to make you uncomfortable. But you keep your cool and do not get upset."

Nevlin Lane replied, "Yes Sir. I have not come here to argue with him. I can assure you that I will not do anything to start an argument. After all, he is my elder brother and deserves respect from me."

He had hardly finished this sentence when Sir Jordan Lane entered the room without being announced and greeted everyone present in a very cheerful voice.

Lord Marlow asked Audrey Hope, "Where is Senorita Estella? The second bell for breakfast has rung. She should have been here for breakfast."

Audrey Hope replied, "Uncle, she is in Merci Fairflex's room. She will be here when the third bell rings for breakfast." She turned towards Nevlin Lane and asked him, "Have you met Sylvia's friend Merci Fairflex? Do you know her?"

Nevlin Lane said, "So far I have not had the pleasure of meeting Merci Fairflex, but I have heard a lot of good things about her kind nature from Sylvia. I look forward to meeting her today."

Lord Marlow said, "I have sent a telegram to Lady Marlow. She will certainly be back by this evening. However, I have not mentioned anything about Nevlin Lane being here."

Jordan Lane commented, "I am sure she will be very happy to see Nevlin Lane, like the rest of us here."

The third bell for breakfast rang. Sylvia hurriedly entered the breakfast room and looked at everyone present. She politely greeted everyone and looked at Nevlin Lane lovingly for a few seconds. She sat down on the chair next to Lord Marlow.

Lord Marlow said, "Miss Sylvia, how is Merci Fairflex feeling this morning?" Without waiting for her answer, he looked at Nevlin Lane and said, "Sylvia likes roast chicken. Would you please pass her the plate?"

Nevlin Lane was thinking why Sylvia did not sit on the empty chair next to him and why, when she entered the room, she passed by his chair without saying a word to him. He suddenly heard Lord Marlow addressing him and he passed the chicken plate to Sylvia and served a piece in her plate. Sylvia thanked Nevlin Lane.

Sylvia looked at Lord Marlow and replied, "Respected Sir, Merci Fairflex is not well today. With great difficulty I managed to persuade her to try and sleep for a while before I came here. She insists on leaving for London today. With your permission, I suggest we all start breakfast so that I may go back to look after her."

They all started eating but did not enjoy themselves as the atmosphere at the table was somewhat saddened by Sylvia's news regarding Merci Fairflex's condition. Another reason was that everyone was lost in their own thoughts. The only person enjoying himself was Jordan Lane.

Jordan Lane said, "Miss Sylvia, if I could be of any help, please let me know. I am always looking out as to how best I can help persons in need."

Sylvia replied in a very soft and gentle voice, "Thank you Sir, but I do not think she needs any help from anyone at this time. I have sent for the neighbourhood doctor."

Lord Marlow said, "I pray for her quick recovery. She is a very gentle and kind person. Jordan Lane, have you met her?"

Jordan Lane said, "No Sir, I have not had the pleasure of meeting her so far but I have heard a lot of good things about her both from Audrey Hope and Senorita Estella. I understand from them that she is a wonderful person and I am anxious to meet her. Anyway, I am sure I shall get to meet her sometime. In the meanwhile, did you have an opportunity to think and discuss about my suggestion of having a big party to celebrate the return of Nevlin Lane? I was thinking that we should invite all the friends and relatives of Nevlin Lane and ask them for a reasonable contribution to offset the party expenses. We can have a big tent put in the centre of our garden and fill it with fine wine and food. We can have dances and music so that everyone can have a jolly good time and enjoy themselves. Everyone will sing and congratulate Nevlin Lane on his safe return."

On hearing this, Nevlin Lane could hardly suppress his anger and his face became red. Lord Marlow was also very upset. He said in a sarcastic tone, "What a smart suggestion this is, getting contributions from guests for the party. It would be difficult to find a brother who thinks like you. Why Audrey Hope, did you hear the wonderful suggestion of Jordan Lane? How can we possibly congratulate him for coming out with such a bright idea. This just proves that you cannot find diamonds in a coal mine!"

Jordan Lane said, "Alright Sir, if you do not like my suggestion, then let us consider this other alternative." Just as Jordan Lane was speaking, he happened to look towards the window and lost his balance and composure. The smile on his face turned to fear, his face became white and he began to shake. Lord Marlow asked in a concerned voice, "Jordan Lane, what happened to you?"

Jordan Lane opened his mouth to reply but, at that moment, a big ugly looking man, dressed in dirty clothes, jumped from the window into the breakfast room and headed straight towards Nevlin Lane, like a mad man. His eyes were red with anger, his mouth was open and he was shouting obscenities at Nevlin Lane. Sylvia said, "Wicked Lewryk!" She screamed and shaking with fear, quickly hid behind Lord Marlow's chair. Lord Lorimor, hearing the name, Lewryk, swiftly jumped and grabbed Lewryk from the waist and with all his strength managed to push him down to the floor. He grabbed the thick curtain cord, which was lying nearby, and tied the arms and hands of Lewryk tightly to the door frame. He said to Lewryk in a very authoritative and angry voice, "Are you drunk or are you a completely mad person? How dare you come here? Why did you try to attack Mr. Nevlin Lane?"

Lewryk grinned in rage and said, "I am neither a mad man nor drunk. I have come to take revenge on behalf of my darling daughter." He pointed towards Nevlin Lane and said, "This man sitting amongst you pretends to be a civilized gentleman, but he is very wicked and cruel. He is not fit to be sitting amongst decent people like you."

Lord Marlow looked very surprised and asked, "Nevlin Lane, do you know this man?"

Nevlin Lane replied, "I know this man very well."

Lewryk said, "Yes, he knows me well and I know him too. Lord Marlow, Sir, you are the chief magistrate for this entire county. I beg you for justice in my case. Please ask him why he misbehaved with my daughter, destroyed her life and then threw her out. May God destroy such a man. I will teach him a lesson."

He began to struggle in order to free his arms. But in spite of using all his force, he could not loosen the grip of the rope which was tightly wound round his arms by Lord Lorimor. When he could not free himself, he screamed and shouted, "He is a fraud, he is a cunning man. He goes round pretending to be a respectable man. Look how quietly he is sitting and listening to the truth about him. Oh, you wicked man, tell me at once where my dear daughter Rachel is and what you have done to her?"

Nevlin Lane asked, "You have now adopted the character of a mad person after being a dacoit and robber. Why are you calling me names."

Lewryk said, "I am not mad, you, think you can get away by destroying the lives of decent girls and playing with their emotions. Tell me at once what you have done to my daughter Rachel and where you have hidden her? Have you thrown her on the street?"

Lord Marlow looked at Lewryk and Nevlin Lane and said to Nevlin Lane, "How can this man dare to speak such filthy language in front of ladies? Tell me, is there any truth at all in what he is saying?"

Nevlin Lane replied, "Sir, I have not the slightest idea of what he is talking about. He is a dacoit by profession and I met him at Lornehope Camp. What to talk of knowing his daughter, I have never even seen her face in my life. He harassed me a lot at Lornehope Camp. I am sure Lord Lorimor must have also recognized him as he too had an encounter with him."

Lewryk said, "Sir, this man is a liar and is lying in front of all of you. He ruined the life of my daughter and then left her to suffer. I am telling you the truth and I have got proof right here to attest to the truth of my accusation. If you gentlemen do not believe me, ask his elder brother, Sir Jordan Lane, who is one of the most respected persons." He then looked at Jordan Lane and said, "At this time you are sitting with decent, respectable people. Tell them the truth, in the name of God, and support my statement in front of the Honourable Lord Magistrate."

Jordan Lane said in a low voice, "Why Nevlin Lane, he is telling the truth. You were the one who played around with his daughter and ruined her life."

Nevlin Lane spoke in a very angry voice to his brother, "Say that again!"

Lewryk said, "Everyone present here, listen. His own brother is telling all of you that what I am saying is true. This man is very wicked and keeps on insisting in telling lies in front of all of you. So far he has been behaving as an honest and respectable person in front of you but now you all know the truth. I have written proof of his guilt. My hands are tied but in my coat pocket there is a letter written and signed by my daughter. Please Sir, ask your servant to take it from my pocket and present it to you for your examination. You must give him a suitable punishment for the lies he spoke and the crimes he committed."

Lord Marlow signalled the servant who took out the paper from the pocket of Lewryk and kept it on the table in front of Lord Marlow.

Lewryk said, "Lord Marlow, may I request your honour to

read the letter written in my daughter's handwriting which she sent to this scoundrel sitting here."

Lord Marlow picked up the letter and without looking at it, handed it to Nevlin Lane. He quickly glanced at the letter and handed it back to Lord Marlow and said, "Sir, I promise, with God as my witness, that I have never seen this letter before. I would never do anything like this."

Lewryk said, "Sir, instead of feeling ashamed and remorseful, this man keeps on telling lies. This letter was given to me personally by Jordan Lane, the brother of this man who also told me that he is the man responsible for ruining the life of my daughter Rachel."

Lord Marlow asked Jordan Lane, "Is it true that you told this dacoit all this and gave him this letter?"

Jordan Lane said, "Yes. What he is saying is true."

Nevlin Lane got up from his chair and spoke to his brother in a loud voice, "I cannot keep quiet any longer. I tried my best to treat you as an elder brother and give you due respect. I did not want to expose your bad character and the various frauds and horrible things you have done. However, you have forfeited your right and I have no respect or consideration left for you." After saying this he started to walk up to his brother. Seeing Nevlin Lane so angry, Sylvia came from behind the chair of Lord Marlow and stood between the two brothers and with the force of her body pushed Nevlin Lane back and away from his brother.

She held both the hands of Nevlin Lane and looked at Lord Marlow and said in a calm voice, "Nevlin Lane by nature is very honest. He is a thorough gentleman. It is impossible for him to commit this sort of an indecent crime. I know him very well."

Lewryk said, "You little girl, get out of the way. This is a fight between this man and me and I have to take revenge on behalf of my daughter. My arms are tied and I am helpless, otherwise I would have killed him by now."

Audrey Hope stepped forward in defence of Nevlin Lane and Sylvia and said, "I do not know who this man is and what he is saying, but I do know that Nevlin Lane will never tell a lie and would never hurt anyone. There seems to be a serious misunderstanding here and something is not right."

Lewryk said, "Sir Jordan Lane, would you kindly tell everyone present here whether this man, your brother, is responsible for ruining my daughter's life."

Jordan Lane said, "I have already said that you are telling the truth. My brother, Nevlin Lane, in his youth was very immature and inadvertently fell madly in love with your daughter Rachel and seduced her. He ruined her life and ran away from here to escape the consequences of his foolish actions. However, you should not worry anymore and give up the pledge of taking revenge on him. I will see to it that he comes to his senses and makes amends by marrying your daughter and making her his lawful wife."

Sylvia, for once, lost her cool and said in a stern voice, "Please do not speak anymore. I can say from my experience that this charge is absolutely false. You are wrongly accusing Nevlin Lane for something that he has not done. This is false, false."

Sylvia was not able to finish her sentence when a lady entered the breakfast room from the side door and said in an agitated voice, "Yes, this charge against Mr. Nevlin Lane is absolutely false. The person accusing him is a liar. I have never seen Mr. Nevlin Lane before in my life." She came and stood in front of Lord Marlow and said in a clear and calm voice, "Sir, my real name is Rachel. Yes, I am the unlucky daughter of Lewryk. I was seduced by Sir Jordan Lane and he is the one responsible for ruining my life. He is the one who made false promises of marrying me and after playing with my life, he left me with nothing. I almost starved to death. Because of the shame that I felt and the humiliation that it would bring to him, I had kept quiet so far. However, under the circumstances, I can no longer keep quiet and see an innocent, honest and decent gentleman like Nevlin Lane be accused falsely. I no longer care for my own reputation but the truth must be told. It is Sir Jordan Lane who is responsible for destroying my life."

On hearing this, Lewryk looked at Jordan Lane and the anger in his eyes and the rage on his face said everything about betrayal by him. Jordan Lane's face turned white and he began to shake with nervousness on hearing Rachel tell everything. He could not stand as his legs were shaking and he sat down.

Merci Fairflex's eyes were fixed on Jordan Lane as she stood there leaning by the wall. Lewryk spread both his hands in front of Lord Marlow and begged in a most humble voice, "Lord Marlow, kind Sir, please give orders to untie my arms and hands so that I may hug my darling daughter and talk to her for a few minutes."

As soon as Lewryk finished saying this and Lord Marlow was about to reply, Inspector Trail entered the room with two police officers. When he saw that the arms and hands of Lewryk were tied with a cord, he immediately slipped handcuffs on his hands.

Sir Jordan Lane got up and began to walk towards the door to go. Inspector Trail shouted in a very authoritative voice, "Sir, where do you think you are going? Stay right where you are and do not attempt to leave the room."

Sylvia felt completely lost and began to look at the faces of everyone in the room. Merci Fairflex fainted and fell down on the floor. Jordan Lane froze and just stood at one spot as Inspector Trail had ordered him to. Audrey Hope too felt lost and speechless and sat down on a chair. Lord Marlow looked at Inspector Trail as if to say, "Now what next!"

Chapter 45

We see in this world with our own eyes
The result of evil deeds is evil

Inspector Trail locked the main door so that no one could leave the room. Jordan Lane said, "Inspector Trail, how dare you stop me. Did you forget who I am?" Inspector Trail replied, "Sir, at this time, I am not looking at you as a respected Member of the Parliament or as the District Magistrate, but as a person who may have committed a serious crime. I am treating you as a criminal and want to present your case before the Hon. Chief Magistrate, Lord Marlow."

Inspector Trail took the will signed by the late Sir Gravlin Lane, and put it on the table in front of Lord Marlow. He said, "Your Honour, please examine this. This is the real will written and signed by the late Sir Gravlin Lane, father of Sir Jordan Lane and Nevlin Lane. At the time of signing this will, he was of sound mind and fully aware of what he was doing. He was not influenced by any external pressure and did not sign under duress. In this will, Sir Gravlin Lane, in a very fair manner, has left instructions for his property to be divided into three equal parts. One part is for Sir Jordan Lane, the second for Nevlin Lane and the third for the daughter of a lady with whom he was in love and wanted to marry. That lady did not like Sir Gravlin Lane and refused to marry him. Instead she married a highly intellectual, pious gentleman. On her marrying another man, Sir Gravlin Lane became the couple's worst enemy and did his best to destroy them. This daughter of the lady must be a very lucky girl, because before his death, Sir Gravlin Lane realized his mistake and felt guilty of destroying the lives of the lady and her husband. To make amends, he left one third of his property and wealth to this girl."

Inspector Trail continued to address Lord Marlow as everyone listened with great attention, "Your Honour, Sir Jordan Lane is guilty of two serious crimes. First, he suppressed and ignored the real will of his father and did not act according to his father's express wishes regarding his wealth and property. Second, he conspired with this most wanted dacoit in suppressing and destroying evidence. Your Honour, as you are the Chief Magistrate of this entire district, I present to you Sir Jordan Lane for your judgement, charged with two criminal acts as stated above."

Lord Marlow picked up the will from the table and opened it. He glanced at it and gave it to Lord Lorimor and said, "Would you please read out the contents of the will in a loud voice so that we can all hear." Lord Lorimor readily did so.

Lord Marlow looked at Inspector Trail and said, "Who gave you the real will? How did this document come in your possession?"

Inspector Trail said, "Your Honour, this document was discovered in the hollow of the big oak tree at Court Lane by Nevlin Lane when Sir Jordan Lane was negotiating the purchase of this real will from Lewryk for five thousand pounds. This can be verified by the people present in this room."

Lord Marlow looked at James Banks and motioned him to speak. Banks said, "No doubt this is the same document that Sir Jordan Lane wanted to purchase from me for five thousand pounds. I stole it from the room of late Sir Gravlin Lane at the time of his death. If Sir Jordan Lane had found this document, I am sure he would have burned it. On the sixteenth of this month, on last Friday, Sir Jordan Lane came to meet me at midnight, under the big oak tree at Court Lane, to purchase this document. Before finalizing the deal, I hid this document in the hollow of a branch in the oak tree. I was familiar with the crooked and deceitful nature of Jordan Lane and did not trust him. I thought that when he hands over the five thousand pounds, I will take out this document and give it to him. But Jordan Lane tricked me and under the pretext of looking for the document in the hollow, he took it out and told me that he couldn't find it there. I do not know how this document came in the possession of Inspector Trail."

On hearing Banks, Sir Jordan Lane laughed and said, "This is the best fabricated story. I do not know whether Banks has invented this story himself or he has been coaxed and instructed by Inspector Trail to say all this. But I must tell you that Banks is a well known dacoit and master in the art of forgery and deceit. This document is obviously forged by him. He should be arrested and put in jail right now."

Banks said, "Inspector Trail, Sir, please remove my handcuffs for two minutes so that I may kill this scoundrel, the wicked Jordan Lane, with my bare hands and send him to hell for all the crimes he has committed. Rather than feeling ashamed, he is accusing me of forgery. He has committed crimes that are a hundred times more in number and are much more serious than mine."

Inspector Trail ignored the plea of the dacoit but looked at Jordan Lane and said in a stern voice, "Sir Jordan Lane, Honourable Magistrate, you probably do not remember that on the sixteenth of the month, last Friday, you took five thousand pounds in a cloth bag, at midnight, to meet dacoit Banks under the big oak tree with the intention of buying the real will, the same document that is lying on the table in front of the Honourable Chief Magistrate. You were not alone there, as by chance, Master Nevlin Lane was also there and saw everything."

Jordan Lane asked, "What did you say? Did Nevlin Lane also see me?"

Inspector Trail replied, "Yes Sir. At that time I was hiding behind the adjacent tree and Nevlin Lane was sitting on an upper branch of the oak tree. The hollow space in which Banks hid the document was near the branch where Nevlin Lane was sitting. He heard every word of the conversation between you and Banks. When the subject of simultaneously exchanging the five thousand pounds for the document came, Banks climbed down the tree and in that instant Nevlin Lane retrieved the document from the hollow space in the tree and kept it in his pocket."

Lord Marlow said, "This appears to be impossible."

Jordan Lane said, "You are absolutely right. This is impossible and the whole story is a clever fabrication of his mind. What value can a forged paper possibly have for me?"

Inspector Trail took out the bag of money from his belt and kept it on the table in front of Lord Marlow. He addressed Lord Marlow in a most respectful voice, "Sir, when this dacoit and Sir Jordan Lane did not find the document in the hollow space in the tree, they began to fight. I moved from my hiding place to arrest the dacoit. The candle extinguished and the dacoit ran away. Jordan Lane also ran from there at full speed. I found this bag of money lying at the spot where these two men were fighting and took it in my possession. I now present it to Your Honour for further instructions."

Lord Marlow opened the bag and took out the money and counted it himself. There were exactly five thousand pounds. At that moment Jordan Lane was heard to say, "Oh!" Jordan Lane began to think that his secret was now out in the open. He felt as if someone had dealt him a heavy blow in the chest and he began to perspire. His whole body began to shake with nervousness. He looked at Nevlin Lane with hatred in his eyes. He said, "You have all conspired against me and fabricated this story. Never mind, I will deal with all of you."

Lord Marlow looked at Jordan Lane and said in a very stern and authoritative voice, "Jordan Lane, keep quiet. I do not want to hear any word from you. The case against you has been proved conclusively. You, along with Banks, conspired in an elaborate scheme to grab the share of the property which rightfully belongs to Nevlin Lane and the girl mentioned in the will. You are both guilty of concealing the real will of your late father and of suppressing the evidence. As the Chief Magistrate, it is my duty to issue orders for your arrest."

Jordan Lane said, "Sir, you have gone far enough. Stop it

now. I once again submit to you that this whole story is a fabrication and all these people have conspired against me. I shall spend every last penny of my wealth in defending myself and will take my case to the supreme court of this country and see to it that each one of these people receive severe punishment."

Inspector Trail said, "You are wasting your time in meaningless talk. This will is witnessed by your old nanny. She was like a family member and knew what was going on in the house. She immediately recognized her signatures when she saw this real will and is prepared to swear to its authenticity. She told me that at the time of signing, two small drops of ink fell from her pen on to the paper and she recognized those two drops of ink. As you are aware that she is alive and well. Neither all your money, nor the money of your friends and neighbours put together will be able to prove in a court of law that this document is forged."

Jordan Lane got up from his chair. His face looked very worried and his eyes suddenly lost all expression and emotion. His head was down with shame and humiliation. He asked Lord Marlow for the bag of money and said with a determined voice, "This money is my property and it should be returned to me."

With great speed, inspector Trail picked up the bag of money from the table and secured it to his belt and said to Jordan Lane, "Sir, you cannot have this money. You will recall that I came to your house and informed you that two of my constables had in their possession some property of Court Lane and requested you to check if anything was missing. You strongly denied having lost anything at all. I admire your guts. Rather than feeling ashamed, you now suddenly remember that this money is your property. This money has been registered in the police records as unclaimed and now it is under the jurisdiction of the court. It will be deposited in the government treasury under the signature of Lord Marlow. It would clinch and help the case if you can prove in the court that this money belongs to you."

Jordan Lane said, "Very well. I see that you have all corroborated and conspired to fabricate a story in order to level false charges against me. You, Inspector Trail, seem to be the ring leader.

I will see to it that you are arrested and thrown into jail. It will give me great pleasure to torture and harass you and I can further assure you that you will be punished for this conspiracy."

Inspector Trail said, "Oh my, what a grand speech. I congratulate you for your guts and courage. You are indeed very stubborn. You think you are very clever. I am sure you will try your best to send all of us to jail. In the meanwhile, it is time for you to go to jail yourself for a few days till such time that your case comes before the court. The court will decide this case and give its verdict."

Jordan Lane got up from his chair and without replying to Inspector Trail, quietly started to walk out from the other door in the room. He stopped at the door, looked at Lord Lorimor and said, "You too have participated in humiliating and accusing me today. I shall see to it that you pay for this." He then looked at Nevlin Lane with rage in his eyes and said, "You are responsible for destroying all my happiness and my future. I am going to make you pay for all this and will see to it that you leave this place in a far worse condition than the poor and penniless condition in which you returned here."

Nevlin Lane did not believe in aggravating a situation by unnecessary arguments. He did not reply to Jordan Lane but kept quiet.

However, Lord Marlow felt offended by Jordan Lane's parting remarks and said, "I know you from childhood. You are just the opposite of the kind hearted and honest Nevlin Lane. You are mean and wicked by nature. You are known to be cunning, a liar, a fraud and also very greedy. In deference to your father, who was my friend, I never said anything before. Remember in the court of God, justice is fair. He is the Chief Judge, who looks most fairly at our deeds and decides punishment or reward for our deeds. A person who does not learn a lesson even after clear warnings from God is doomed, both in this and the next world."

Jordan Lane quietly listened to the admonishment and advice of Lord Marlow but did not reply back.

Inspector Trail in his excitement interjected, "Nevlin Lane

is not poor and destitute. He is the owner of one third of his father's property and that makes him a fabulously rich man. You were offering him five hundred pounds per year and that too, if he settled down somewhere outside this country. We doubt very much if you would have kept your promise. He is now going to claim his just and right share of his father's inheritance and live a happy and carefree life. It is best for you to accept the situation and keep quiet."

Jordan Lane was bursting with anger, but did not say anything and walked out of the room. After he left, James Banks laughed and said, "Your Honour, if this damned Jordan Lane would have carried out the deal in good faith and given me the bag of money with five thousand pounds in a straightforward manner, then I would have left the country that very day. I would not have been arrested and destined for the prison for the remainder of my life. This whole thing is very ironic." With both his hands folded, he begged Lord Marlow, "Your Honour, the climax of my life is now over. I have no hope of getting out of the prison alive. I am sure to receive the maximum sentence from the courts for my past crimes. Sir, grant me this last wish. Kindly ask inspector Trail to remove my handcuffs for fifteen minutes so that I may talk to my daughter Rachel in private. I will no longer try to escape. I want to have a long talk with my daughter. The handcuffs can be put back after fifteen minutes and your men can take me wherever you decide."

Lord Marlow ordered Inspector Trail to remove the handcuffs from the hands of Banks and granted him only ten minutes to meet his daughter. Inspector Trail removed the handcuffs and escorted him to the room of Merci Fairflex and locked the door from outside. The police kept a vigil on all exits from the room. After ten minutes, Banks came out of the room and surrendered to Inspector Trail, who handcuffed him and led him away.

Nevlin Lane, in the meanwhile, was perspiring with shame. He sat down on an easy chair and lowered his head and held it with both hands and cried. He said more to himself than to anyone else, "Oh, my luck. How can I ever call Jordan Lane my brother now? I am so ashamed. How can I bear the disgrace and humiliation brought upon my father and my whole family? I cannot show my face to anyone, anymore."

When Lord Marlow saw Nevlin Lane crying and grieving in this manner, he kept his hands on his shoulders and said in a soothing voice, "Listen son, you should not feel bad. You have nothing to be ashamed of. By your honest and helpful nature you have made a name for yourself in our society and you are very much respected by all of us. Everyone I know, speaks very highly of you. You are the shining light of your family. When the people of London and the publishers of the newspapers come to know of your very kind, unselfish nature and publish the same in their newspapers, they will all admire and praise you for your courage and gentlemanly qualities. Even people outside the country will admire you. You are born to wipe out the crimes and guilt of your elders and replace it by your seal of excellence in character, kindness and compassionate nature. In consideration of your deeds, God will forgive the mistakes of your elders and they will rest in peace. Why grieve about something over which you had no control? Instead, pray for the salvation of the soul of your elders. Without getting involved with the past, create a future that you can be proud of. Pray to the Almighty God to give you strength to carry out your mission and guide you in future and thank Him always for His mercy and kindness."

Lord Marlow helped Nevlin Lane to get up from the chair and hugged him. He said like a true friend, "We should all be very grateful to the Almighty God that He saved you from the false accusations, notoriety and disgrace. God never hesitates even for a second to help His sincere believers and bestows upon them wealth and respect. Because of your honest and kind nature, He is going to look after you and give you wealth, respect and good health. God has issued His orders and you will see the results soon."

After saying this, Lord Marlow knelt on the floor and raised both his hands in prayer. He thanked God for His kind acts and for looking after them. After saying the prayers he looked all around and noticed that both Audrey Hope and Sylvia were not in the room. He said, "I wonder where these two girls have disappeared? We should call them here and find out what they heard and saw this morning and what their feelings are about this whole episode."

Nevlin Lane said, "Sir, may I request that you do not discuss what happened this morning with anyone at this time. It was a very painful experience and I am very ashamed of what happened. It is best to keep it a secret amongst us and not talk about it. Jordan Lane can have all the money and property. I do not want even a penny out of this inheritance nor do I want to fight over it. I would rather be poor than to drag my family name in courts and bring disgrace and humiliation to the elders of my family."

Lord Lorimor, who was quiet so far, said, "Bravo friend. You are a remarkable person. In fact you are a lion-hearted person who keeps his word to the end. I suggest we have a drink and forget this depressing and unpleasant subject. Though I must say that I very much admire Merci Fairflex. She starved and suffered in silence but had the pride not to accept a penny from Jordan Lane. She put up with so much trouble and harassment to prevent Jordan Lane from all the humiliation and shame. I respect her a lot. Oh, my friend, I beg your pardon. In spite of your request to drop this subject I brought up the topic of Merci Fairflex. You know, I really do not think you can keep this a secret. Too many people now know about it. The rumour about such things spreads like wild fire. However, I promise not to discuss it with anyone."

Lord Marlow indicated that they should have a drink. He filled a glass with wine and gave it to Nevlin Lane. They all had a drink and discussed the next step. Lord Marlow agreed to contact his lawyer and Inspector Trail to see if they could hush up the whole case against Jordan Lane for the present. They were discussing this when a messenger came and delivered a letter to Nevlin Lane from Jordan Lane. Since both Lord Marlow and Lord Lorimor were deeply involved in this matter and were interested to know the developments Nevlin Lane read out the letter aloud. Jordan Lane had written: "Nevlin Lane, I will give you two thousand pounds regularly on a yearly basis if you promise not to pursue this morning's proceedings and drop the whole case. If you decide to refuse my offer then be warned that I will do everything in my power to fight this case in courts till my death. Please reply as soon as possible. Signed, Jordan Lane."

Lord Marlow laughed when he heard what was written in the letter and said, "Jordan Lane has lost his senses. He is a foolish man to write such a letter that clinches the case against him and saves you all the time that would have to be spent in a court case. He has produced the biggest evidence against himself by writing this letter. It is a virtual confession of his crime. What amazes me is that when he was here this morning he was boasting and retaliating and he now confesses everything. This practically concludes the case against him and he must go to jail. Nevlin Lane, give this letter to me and I will put it in the court file against him and issue my judgement accordingly."

Nevlin Lane was agonized about what to do for a second, and then he tore the letter in pieces and burned the torn pieces, thus destroying the evidence. He said to the messenger, "Please go and tell your master that Nevlin Lane does not want even a penny from him. He does not want to proceed any further in this matter and has no hard feelings against him. He is, on the other hand, free to take any action against me. I am prepared to face all the consequences and the resulting hardship, if any. Go and give this message to your master."

When the messenger left, Lord Marlow said in a frustrated voice, "Why did you destroy the most valuable evidence? If you do not have the money to fight a court case, then surely your friends and well wishers would have fought the case on your behalf. I am concerned that by destroying the letter you have created a serious problem for all of us. That letter would have simplified the court case and assured his conviction. But now the burden of proof is on you and you are the one who will bear the brunt of court litigation. Also Jordan Lane will do his best to drag Inspector Trail, myself and others in the case. Though he can do no harm to any of us, the inconvenience of court appearances and hiring lawyers to defend ourselves is an unnecessary headache. I think you acted in a rash manner. Don't you think that we are all your sincere friends and well wishers and would put up any amount of money to help you in your court case?"

Lord Lorimor intervened and said, "Gentlemen, let me make one thing clear. Amongst all the friends of Nevlin Lane, I would like to take precedence. I will pay the entire court case charges if Jordan Lane files a court case against Nevlin Lane."

While these discussions were going on, the family doctor entered the room and said, "Gentlemen, I am just coming from Merci Fairflex's room. After examining her, I find her condition to be very serious. It appears that she has been having heart problem for a long time. There is always hope that she will recover and the medicines that I give her will help. However, it is absolutely essential that she is moved from here as soon as possible and she also wishes the same. The atmosphere and presence of one person here would tend to aggravate her condition. I will think more about her case after reaching home and may suggest another medicine. I will also be able to give my exact diagnosis and opinion tomorrow."

Both Lord Marlow and Lord Lorimor walked outside the room with the doctor, conversing with him about the condition of Merci Fairflex. Nevlin Lane came and stood in the inside verandah and was thinking how he could call Sylvia from Merci Fairflex's room when he heard some footsteps. He turned around and saw Audrey Hope coming towards him. He greeted her with extended hands and hugged her and kissed her forehead. Though his heart was pounding, his face was calm and showed no signs of any emotions. He stroked her hair and said, "My very innocent friend, Audrey Hope. I do not want to discuss what happened this morning but I would like to congratulate you from my heart for being released from the clutches of that man. I am very relieved and happy at this."

Audrey Hope said, "Dear Nevlin Lane, you are right. It does not befit us to talk about such wicked persons. I came here just to tell you that Merci Fairflex's condition is very serious. Sylvia is by her side and holding her in her arms. I am feeling very nervous and concerned." Changing the subject, she continued, "To me it appears that everyone here has fallen in love with Sylvia."

Nevlin Lane said, "I know the person who truly loves her with all his heart."

Audrey Hope smiled and said, "Why do you think that you could be in love with her only in Austria but not here. Why . . ."

Audrey Hope had not finished her sentence when she heard Lord Lorimor coming from the side. She asked Nevlin Lane, "Is Lord Lorimor still here, I thought he had left."

Nevlin Lane said, "He is very much here. Tell me honestly, don't you love him?" On hearing this Audrey Hope held Nevlin Lane's hand and dragged him towards her room and said in a whisper, "Please send him away at this time. If I meet him just now, I am sure I will die with shame. Because at this stage. . ."

Nevlin Lane said, "Be frank. You mean that at this stage you are not sure of what Jordan Lane will do."

Audrey Hope replied, "Oh dear. Nevlin Lane, you do not know him. He is a very cunning man. If not impossible, it is surely very difficult to free myself from his hold. Moreover, at this stage I do not know if Lord Lorimor has fallen in love with someone else and is already engaged."

Nevlin Lane said, "Yes, I heard that story. That is why I called you innocent. You were tricked by Jordan Lane when he published about the engagement in the papers. Take my word, you are now free from the tricks and schemes of Jordan Lane. Lord Lorimor is a very decent and a thorough gentleman. He loves you very much. His love for you is sincere and honest. In return, he deserves the reward from you of accepting his marriage proposal."

Audrey Hope said, "I gladly accept your advice. However, till this affair with Jordan Lane is sorted out, we should both exercise patience." After saying this, she went to her room.

Nevlin Lane met Lord Lorimor as he walked back towards the courtyard. Lord Lorimor greeted him and said, "Did I hear the voice of Audrey Hope just now?"

Nevlin Lane replied "Yes, she was talking to me. You know

if I were in your place, I would go away for a while."

Lord Lorimor said, "Probably to Africa?"

Nevlin Lane said, "Forget all about Africa now. Go to some place near London for a few weeks till this thing settles down. You are aware that everyone knows about Audrey Hope's engagement. Though it is all over now, it will take her sometime to get out of this in a discreet and dignified manner. Under these circumstances, I am sure you will agree that it is not desirable for both of you to be seen together. This might give rise to unnecessary speculation and gossip."

Lord Lorimor said, "This is an excellent suggestion and the right thing to do as well. I will move out of London for a few days. Whenever you consider it appropriate, contact me at Eathon Club, by telegram."

Nevlin Lane said, "I will certainly contact you when the time is right. In the meanwhile remember that patience is always rewarded."

Lord Lorimor said, "Thank you. Do me one more favour. Please tell Audrey Hope that I love her more than ever and that I shall leave for Eathon Club by the first available train."

Audrey Hope was listening to this conversation between Lord Lorimor and Nevlin Lane from her room. Since she was hidden behind the door of her room, Lord Lorimor could not see her but he just glanced towards her room and left. After he left, Audrey Hope came out and went for a walk in the garden of her mansion.

Nevlin Lane was just turning to go inside when he heard someone coming from behind. He thought that probably it was Lord Marlow. Without looking back, he said "Sir, maybe we should try and settle this affair quickly without giving him a chance to talk and twist the facts." When he turned round, he saw that it was Sylvia and not Lord Marlow. Sylvia was on her way to see Audrey Hope in her room.

When Sylvia saw Nevlin Lane, she realized how much she was in love with him and she blushed. She smiled and said, "I get the impression you were talking to Lord Marlow without realizing that he is not here. I came here to talk to Audrey Hope."

After saying this, she went inside the room on the right side. Nevlin Lane followed her and locked the room from inside.

Nevlin Lane looked at Sylvia with loving eyes and said, "Sylvia, I want to talk to you."

Sylvia looked at him and said, "I am listening, please tell me what is on your mind."

Nevlin Lane said, "I want to tell you that I love you very much with all my heart."

Sylvia smiled and said in a sweet voice, "Yes, I know."

Nevlin Lane asked, "What do you mean, you know? Ask yourself if you also love me the same way."

Sylvia said, "Yes Sir. As you said, I too love you very much like a sister."

Nevlin Lane said, "Please Sylvia, I do not want you to call me your brother anymore. I want to marry you and make you my wife."

Sylvia was taken by surprise and she blushed. With her head down, she said, "What did you say? Marry me and make me your wife!"

Nevlin Lane replied, "Yes, yes my dear Sylvia. I now look at you as my wife. In fact I started thinking like that from the time when Lewryk was running away with you on his horse. If you have any reservations in accepting my proposal of marriage, I will consider myself to be the most unlucky man alive. Please reply quickly. Your hesitation and silence are unbearable."

Sylvia said, "Yes, I was thinking how quickly things change in this world. You are no longer the Jack that I knew. You are now Mr. Nevlin Lane, a very, very rich man."

Nevlin Lane asked "What difference does that make?"

Sylvia replied, "It makes a big difference. You are now a very rich gentleman from a well respected, aristocratic family of London. You should not be marrying a girl from an unknown family with no background, who works in a theatre, sings and dance."

Nevlin Lane appeared concerned and said, "Are you trying to say 'no' and making excuses to justify your reply. My darling Sylvia, I thought that you loved me very much. I cannot imagine that all this time it was just an act that fooled me."

Nevlin Lane said this with such innocence and sincerity that Sylvia could not help herself. She immediately hugged him and said, "What more can I want in this world. This is the answer to all my dreams. I have been waiting for this day for a long time. You knew that I love you but you did not know what I really wanted and how I felt. Even my eyes, my actions, my way of speaking did not indicate to you my inner feelings. I have been madly in love with you for a long time. I love you more than my life."

On hearing this, Nevlin Lane felt very happy and kissed Sylvia on her forehead and eyes. He embraced her for a long time. Nevlin Lane felt ecstatic and said, "Now looking back I do realize that you gave me every indication of your love but I just took it to be your way of showing your brotherly love."

Sylvia said, "I loved you very much, but not as a sister. In fact I was frustrated by our brother-sister relationship. At Lornehope Camp, I was jealous of Miss Brown and the reason was that I was deeply in love with you. You never even guessed it at that time. It is your fault that you ignored my love all this time."

Nevlin Lane replied, "You are right. It is my fault that I could not see how much you loved me. Please accept my sincere apologies. Right now I feel so happy that you have graciously accepted my apology and my marriage proposal. I consider myself to be the luckiest man. I have no words to express my happiness. To me you are everything." He held Sylvia in his arms and kissed her.

Nevlin Lane said in a happy voice, "My darling Sylvia, I love you more than anything else in this world. I used to dream about both of us being together and can hardly believe that this is happening to me in real life. I feel on top of the world by realizing that you are going to be my wife. If Lord and Lady Marlow and Audrey Hope, all three were here at this moment, they would have felt very happy to hear about our decision. This would have doubled our happiness. They are my most sincere and true friends."

Chapter 46

We have seen that luck changes by efforts
Hopeless situations get straightened out

What looked like an impossible task
We have seen completed by effort

Always remember, hard work is never wasted
We have seen hard work always pays off.

Lady Marlow returned back by the evening train and went straight to her room. She immediately called Audrey Hope and Sylvia to her room. She hugged them and said, "My dear girls, tell me in full detail as to what happened here this morning in my absence? At the railway station, my husband very briefly mentioned what happened. Today, the railway station was exceptionally crowded and we got separated and I did not get a chance to talk to him in detail. Audrey Hope, you tell me all the details about the incident this morning. Oh Sylvia, is it true that Nevlin Lane has returned back safe and sound? As soon as I entered the house I came to know about his return and his great love for you and also that you have accepted his proposal of marriage. Is this all true?"

Sylvia, who was sitting by the side of Lady Marlow, blushed deeply. She looked at Lady Marlow and said in a low, soft voice, "Yes Madam."

Lady Marlow asked, "Where has he gone at this time?"

Sylvia replied, "He has gone to the village to the house of his old Nanny, Mrs. Parson."

Lady Marlow rang the bell for the maid. When the maid came, she instructed her to get the horse carriage ready, to go to the house of Mrs. Parson and give her regards to Nevlin Lane. She instructed her to bring him back with her in the carriage along with all his bags. She asked the maid to hurry and return as soon as possible.

When the maidservant left, Lady Marlow asked Sylvia, "Is it true that the real will has been found and that Nevlin Lane is now entitled to one third of the inheritance?"

Sylvia said, "Yes Madam, this is also true."

Lady Marlow turned towards Audrey Hope and asked her, "In the will, which portion of the inheritance is given to Jordan Lane? Who presented the case in front of my husband and what was his verdict? Tell me about the whole presentation of the evidence in this case, and also other relevant details."

Instead of replying to Lady Marlow, both Sylvia and Audrey Hope got up and asked to be excused and ran to their respective rooms.

Nevlin Lane came at a time when everyone was gathered in the dining room. He went straight to the chair where Lady Marlow was sitting. He bowed to her and respectfully greeted her, holding both her hands. Lady Marlow got up from the chair and hugged him for a long time, tears rolling from her eyes. Nevlin Lane looked at Lord Marlow and said mischievously, "Sir, with your permission, may I kiss her."

Lord Marlow replied, "Sure, go ahead."

Nevlin Lane lifted Lady Marlow's head and kissed her forehead and cheeks. Lady Marlow was crying with happiness. She was immensely happy to see Nevlin Lane back, safe and healthy. She looked at Nevlin Lane and stroked his head and said, "Now you are a grown up man, but I see that you have not given up the naughty habits of your childhood. You were mischievous, and you are the same even now. God Almighty listened to my prayers and returned you back to us safe and healthy. It is so wonderful that you propose to marry our good friend, Senorita Estella."

Nevlin Lane smiled and looked lovingly at Sylvia and winked. He said to Lady Marlow, "Now what is so naughty about this?"

Lady Marlow laughed loudly and said, "In addition to being naughty, you are also very lucky to marry a girl like Senorita Estella."

Nevlin Lane said, "It is very kind of you to think of me this way. Let me look at you. You certainly look much younger and beautiful to me since I last saw you."

Lady Marlow blushed and said, "Is this all you have learned in Austria? I know you are always upto something. Come and sit down on this chair in front of me and tell me what you have been doing and where you have been all these years? I am sure Sylvia would also be very interested in your colourful story."

Nevlin Lane replied, "To tell a colourful story I have to wear appropriate, colourful flashy clothes. But I do not have any. Can you get me a dress like that?"

Lady Marlow laughed and said, "Sure I can get you one but you may not fit into that. It will only cover you upto your elbows and knees."

They all kept laughing and joking like this. This happy atmosphere prevailed at the dinner table also and they all enjoyed the delicious meal. After dinner, they all moved to the drawing room. Everyone was fascinated by the tales and funny jokes of Nevlin Lane. They talked about the good old days and the fun they used to have. Sylvia looked at Nevlin Lane lovingly, every now and then, and blushed. Nevlin Lane also did the same and whenever he caught Sylvia's eyes, he laughed. He was thinking about the good times Sylvia and he had together. Audrey Hope was also enjoying herself. For a while she winced whenever the name of Jordan Lane was mentioned, but she realized that she was now free from Jordan Lane and could once again let go of herself and enjoy. Both Lord and Lady Marlow were very happy at the wedding announcement of Sylvia and Nevlin Lane and congratulated them several times to express their happiness. Sylvia signalled to Nevlin Lane and he understood that she wanted to go and check up on

Merci Fairflex. As he was just getting up from his chair to go with Sylvia, the servant came to announce that Inspector Trail was waiting outside.

Lord Marlow called inspector Trail in the room and asked him to sit on the chair in front of him. Lord Marlow said, "Inspector, if you have any new information regarding this case, please go ahead, but be brief as I am busy at this time."

As Lord Marlow had requested, Inspector Trail began his narration without wasting any time. He said, "The notorious and most wanted dacoit James Banks, who is known to Nevlin Lane and Sylvia as Lewryk, gave a detailed signed statement at the police station today. His statement is very strange and unnerving. According to him, he has been a friend of Jordan Lane for a very long time. At the time when Sir Gravlin Lane was still alive, Jordan Lane hired him to kill Nevlin Lane and promised to give him one hundred pounds when the job was done. Since he had not met Nevlin Lane and did not know how he looked, he asked several people to introduce him to Nevlin Lane. Somehow he did not get any opportunity to meet Nevlin Lane for several days. While he was still plotting to kill Nevlin Lane, he was caught by the police on a charge of forgery. At the trial he was found guilty and sentenced by the judge to serve several years in jail, without parole. I was incharge of the prison at that time. Banks escaped from the prison by shredding his blanket and making a rope to jump from the prison roof on the side of the jungle. All the police officers tried very hard to track him down. But all in vain. We could not find him as he had escaped to Austria. According to Banks, after escaping from the prison, he went to the house of Jordan Lane to ask him for some financial help. He said that when he reached the house, he saw from the window that Sir Gravlin Lane was in a very serious condition and was dying. So he just hid behind the door. He could listen to every word of the conversation that took place between Jordan Lane and his father. Jordan Lane was threatening his father and forcing him, by making all sorts of false promises, to write a fresh will leaving all the inheritance to him, which Sir Gravlin did under great duress. At this time it appeared that

Sir Gravlin Lane fainted. On seeing that his father had fainted, Jordan Lane very quickly retrieved the real will from under the pillow of his father. Seemingly Sir Gravlin Lane had kept the will hidden under his pillow covers. Jordan Lane began to walk out of the room and at the same time tried to put both the wills in his inside coat pocket. Without his noticing, the real will slipped from his hand and fell on the floor, while the new will, written recently, was tucked in his coat pocket. Banks had seen the document falling on the floor. When Jordan Lane was walking out of the room to greet the doctor, whom he had heard coming, the dacoit jumped from his hiding position near the window and picked up the real will and hurriedly escaped. However, he did see the doctor coming in the room with Jordan Lane and some servants. The doctor checked Sir Gravlin Lane's pulse and pronounced him dead. The doctor left the room followed by Jordan Lane and the servants. In the meanwhile, Banks read the will and found out that one third of the inheritance would go to a certain girl, and he decided to search her. To protect and safeguard the real will, he put it inside a metallic cylinder and at the first opportunity buried it under a big tree near the big oak tree. Banks figured that he could make much more money by finding this girl, than by dacoity. He spent a few days searching for Mr. George, the father of the girl named in the will, at various offices in London. During his search, he learned from a few gentlemen about the background of Sir Gravlin Lane and his special consideration for this girl in his will. Banks has described in his statement, what I also alluded to in my charges yesterday, about Sir Gravlin Lane's love and obsession with a certain young lady and her refusal to marry him. This girl married Mr. George and Sir Gravlin Lane did his best to destroy the couple's life after their wedding. Mr. George and his wife were blessed with a girl. They lived in London for sometime bearing the harassment and cruel behaviour of Sir Gravlin Lane. Eventually this lady died and Mr. George went to Austria with his little daughter."

Inspector Trail continued, "When Banks learned the details about the girl, he decided to go to Austria and kidnap this little girl. However, as the girl's father protected her with great vigilance and care, he did not succeed. He has further stated that he was standing by the door of the cottage at the time of Mr. George's death and listened to the entire conversation between Mr. George and his daughter and saw him giving a locket to this girl. He asked her to put it round her neck. He told her the locket contained full details of her birth and parentage. He further instructed her to open the locket on her eighteenth birthday. The dacoit has elaborated in his statement about the girl being bought by Nevlin Lane, how he protected her with his life and how he looked after her like a brother. The dacoit also told me that in Austria, Mr. George used to call his daughter Sylvia and now in London she is famous by the name of Senorita Estella and is employed at the Globe Theatre. Ladies and gentlemen, I do not want to take much more of your time. All I am now interested in is to find out if Miss Sylvia has the locket that was given to her by her father. I am anxious to find out if the locket establishes her parentage and other details. If the facts can be established, then I can bring this case to a conclusion and submit all the documents to the court."

Sylvia had left the room earlier when Inspector Trail started to talk about the statement of Lewryk. Nevlin Lane spoke up, "The statement given by Lewryk is true. I recall now that when we were coming to London, Sylvia mentioned to me about the locket. But I asked her to keep quiet as we were surrounded by Lewryk and his gang of dacoits and I was concentrating on my strategy to fight them. Since that time we had no opportunity to talk about the locket. I am sure that Sylvia, whom you refer as Senorita Estella, is the daughter of Mr. George."

Both Lord and Lady Marlow were surprised and taken aback on hearing this. Lord Marlow thought for a moment and said in a loud voice, "I also recall now that Mr. George had a daughter. Both Lady Marlow and I saw her in her mother's arms on several occasions. After careful analysis and thinking back, I am convinced that the facial features of Sylvia resemble closely with that of the little girl we saw in the arms of her mother."

Audrey Hope said, "I also saw Sylvia wearing a locket. When

rlow followed him. Seeing Nevlin Lane angry and
larlow placed her hand on his arm and said in a calm
1, why are you getting so upset? Sylvia is going to
soon. It is her duty to do as you may wish her to
first duty of a wife to keep her husband happy."
Lane was sad. He gave out a deep sigh and said, "How
for me to understand? It is also not possible that Sylvia
this job at the theatre where everyone, rich or poor,
so much. With the money she makes at the theatre,
ne very rich and deserves the top awards for her per-
s, she can pretend that I mean a lot to her but how
up all this for a poor person like me. I have nothing
"

arlow said, "At this time, I cannot help commenting
rance and inexperience. I must repeat that it was very
nt on your part to tear into pieces that letter of Jordan
conclusively proved his guilt and would have made
1 by claiming one third of your inheritance. With the
letter, I would have written my verdict without any
ourt case, and registered your name in the court as
owner of one third of the inheritance."

Lane said, "Sir, you are right but I did not want my
to be dragged and smeared in the courts. I am satisfied
verty rather than to have my brother and father's name
ourts. I cannot tolerate that my family's deeds are dis-
blic. I do not want to be rich at the cost of my brother
reputation. I think it is God's will that I remain poor
fied with whatever I have."

Lane had hardly finished the last sentence when Sylvia
room and said, "Dear Nevlin Lane, who said you are

the show finished, Sylvia and the other dancers and
ed back inside the theatre to avoid the crowd. Sylvia
Nevlin Lane in the theatre corridors when the theatre
d her that he had seen two gentlemen and a lady go
ial dressing room. They were waiting to see her.

I inquired about it, Sylvia mentioned that it was given to her by her father at the time of his death and that it contained details of her parentage and birth. She said that her father advised her to open the locket on her eighteenth birthday. Today is her eighteenth birthday. I will go and get Sylvia from her room."

Audrey Hope returned with Sylvia and requested her to open her locket as today was the big day. At the request of Audrey Hope, Sylvia took off the locket from her neck and opened it in front of everyone present in the room. From the locket Sylvia took out a letter and the birth certificate which was signed by the high priest of London. The name Sylvia was written on the certificate in the handwriting of the high priest. The letter read as follows: "It is to inform the civilized and kind people of London by means of this written document that my dear daughter is my legitimate child and belongs to a noble family. She was given the name Sylvia, at the suggestion of the priest, at the time of her christening. The birth certificate of Sylvia is signed by the high priest of London. The other document is my marriage certificate, also signed by the high priest of London. I, the writer, would like to say, that after my death, any kind person who looks after my helpless and orphaned girl and teaches her the right way to live, will give peace to my soul and have my utmost gratitude for this kind act. God will reward this person with His blessings. Signed: Julienne George."

After hearing the letter, Lord Marlow said, "This is absolutely correct. I certify to the fact that Sylvia is the legitimate child of Mr. George. There are several noble and rich people living in London at this time who can verify the writing of Mr. George and certify to the authenticity of this document."

Lady Marlow said, "I can say with certainty that I have seen this girl Sylvia with her mother several times. Though I have known Sylvia for some time, since this topic never came up, I was not able to connect her with her past. Now that the mystery is disclosed and I am able to analyze and put my thoughts together, I can state with absolute certainty that Sylvia here is the daughter of Mr. George. We knew them well when she was a small child. Her parents were our neighbours for several years. Her identity and entitlement to the inheritance is now established beyond any doubt."

Lord Marlow said, "Ladies and gentlemen, I must congratulate inspector Trail for a job well done. He has been of great help in bringing this case of Nevlin Lane and Sylvia to a logical and just conclusion. He conducted his investigation with great ability and foresight and resolved all the angles of the case in a very dedicated and professional manner. He deserves our appreciation and thanks for an excellent job. I believe he deserves a promotion for his work and I am going to recommend it in my report. I am sure the senior authorities in the police department will agree with my recommendation and promote him to the highest post of Inspector General of police."

Lady Marlow could hardly suppress her happiness and excitement. She hugged Sylvia and lifted her up in her arms. She embraced Sylvia and said, "You are certainly the same girl that we knew as a child. Your mother was our neighbour for five years. I often used to take you from her arms and play with you for hours. I am so sorry that your mother, a very kind and nice lady, is no more with us. Do not consider yourself to be helpless or an orphan. I consider you as my own daughter and declare hereby in the presence of everyone that I am adopting you as my daughter as of today. Come on every body, join us in celebrating the adoption of our daughter. Drink, eat and be merry." She looked at Nevlin Lane and said, "I congratulate you from the bottom of my heart for asking the most talented and beautiful girl, Sylvia, to be your wife. May God grant you both much happiness in your married life and bless you both with eternal happiness and good health.."

Everyone shouted, "Amen! Amen!" Everybody started congratulating Nevlin Lane and Sylvia at the same time and praised them for their true love for each other. They all wished the young couple great happiness.

Ch

The saintly person doe
The saint is happy wit

B oth Lord and Lady
Sylvia's parentage
legitimate child of
to love Sylvia like
pride and respect. Audrey Ho
friend and now she began t
One evening around ni
theatre with some of his clos
He saw that the audience wa
dance of Sylvia in their own
and commenting on Sylvia'
were from the rich, aristocr
clear, that they were all gre
their love and admiration fo
Lane heard several people
beauty and excellent perfor
that they loved Sylvia very
Nevlin Lane felt very j
from the public. He said to
of my patience. I cannot al
theatre anymore and be subj
He went backstage to the s

and Lady
upset, Lad
voice, "Li
be your w
do. It is
Nevl
is it possib
would giv
admires h
she has be
formance.
can she gi
to offer h
Lord
on your ig
poor judge
Lane, whi
you very r
help of th
need for a
the rightfu
Nevli
family nam
to live in p
dragged in
cussed in p
and father'
and be sat
Nevli
entered the
poor?"
When
singers sta
looked for
manager to
to her spe

Nevlin Lane felt a little embarrassed to call himself a poor man in front of his fiancee and tried to change the subject by saying, "Oh no one really. Lord Marlow was talking about someone else and I was just commenting on it. Your show today was very good." They all came out of the theatre talking about the show and went to their respective houses.

For the next several days, Nevlin Lane avoided talking about the wedding date with Sylvia. Except for the daily routine and talk about general things, he said nothing of importance. One day, early in the morning, Nevlin Lane and Sylvia were walking, hand in hand, in the beautiful garden of Audrey Hope's mansion where Nevlin Lane showed Sylvia the various spots where he used to play with Audrey Hope in his childhood. It suddenly dawned on Sylvia that a full one week had passed since Nevlin Lane proposed to her and she had accepted. He had announced his engagement to her but had not spoken a word about their wedding. She thought that probably he was not fully convinced about her family background and status. She suddenly turned and held Nevlin Lane in her arms and her face came close to his face. She looked Nevlin Lane in his eyes and said, "Darling, do you know how much money I have made at the theatre by my hard work? Why do you look at me like that? I am the same little girl of yours who was with you in the jungles of Lornehope Camp. But here, the people in London call me Senorita Estella. I am the talk of the town and am very rich. The top officials and aristocrats of London, all respect me and admire my art of singing and dancing."

On hearing this, Nevlin Lane, with his strong arms, lifted Sylvia high up so that her waist came to the level of his face. Sylvia laughed and said with a shrieking voice, "Sir, what do you think you are doing? Please put me down. Have you forgotten that I am still the same helpless little girl whom you called Sil, from the jungles of Lornehope Camp and on whom you took pity and bought in the auction? You were so kind and compassionate that to console me, you made me your sister and looked after me with the loving care of a brother. All said and done, I am your slave as you bought me legally. How is it possible for a slave to have her head raised higher than her master's, especially when he belongs to such a high class, noble and rich family? Sir, please do not play with me like a toy and put me down. Someone from your noble and rich family may see us and embarrass you for no reason."

From his childhood days, Nevlin Lane resented when anyone spoke to him in a sarcastic way. He did not care to listen any further to the person talking to him and would get depressed. At this time also, he did not try to understand that Sylvia was indirectly hinting at the topic of their wedding. He was very annoyed and put her down at once. He felt ashamed and said in a dry voice, "In fact this whole world is like a theatre stage, where every individual plays his or her part and then leaves. Their acting, whether good or bad, leaves a mark on the rest of the population of this world. Only their memory is left after they have departed from this world. In this world everyone is on his own. No one comes or goes with anybody in this world. One generally finds that in this world people do not care for family ties or friendship. They only respect and admire persons who are rich and have money. A poor person, howsoever learned, kind or honest he may be, is ignored and ridiculed. It is also known that whomever the poor person considers to be his close friends, even they put him down and do not respect him for what he really is. They all see him as poor and pity him. Let alone speaking of others, it has been my personal experience also. I now very much regret that I came back to my home country. If I had not come here, I would not be subjected to humiliating and insulting comments from the ladies and gentlemen here. I think I was much better off living peacefully with cook Mathula in Lornehope Camp."

Sylvia realized at once that Nevlin Lane was feeling hurt and upset at what she had said. She felt hurt by his last sentence and knew that she had to calm him down. She said, "Well, well Sir. I wonder what is really behind your melancholy thinking and what prompted this outburst and why? Should I believe that Lady Marlow was right when she said that you felt very jealous and upset by the useless comments of the audience at my performance at the theatre. My darling, my dearest Jack, look at me and ask yourself in all honesty, am I the type of girl who is so mean and disloyal that she would forget all your kindness and love and would look down upon you? You are that lion-hearted brave person who looked after a helpless orphaned girl like me at the time when I was alone in this whole world. You are kindness personified. You gave away all your money in order to help me. You gave me protection and comfort and helped me to rise up again. Because of you, and with God's grace, I am now able to work and support myself and live comfortably from the income that I earn. In fact I can live from the interest of my savings. But think of it, how can I be happy in this world without you? If I am separated from you, I will not live much longer. God forbid, if I did not respect you, how could I ever respect anyone else in this world. You are the ultimate in my happiness. I have only one heart and I have already given it to you. I do not think it is necessary for me to repeat that I have been in love with you since the very first time I saw you at the Lornehope Camp. I will continue to love you till my last breath. Your kindness and decent nature have strengthened my love and respect for you. I was not sure of my status in the society and did not know what type of girl you wanted to marry. This is the reason that I went along with your suggestion of a brother-sister relationship. Now that we both know our background and parentage, I have no hesitation, and am proud of marrying you. Having said that, I would ask you that we set a date for our wedding right now. I am already yours from the moment you proposed to me. I accepted your wedding proposal and you announced it to all your friends. A whole week has gone by and you have not mentioned a word about our wedding. Are you having second thoughts? That's why I just said that my head should not be higher than yours. I said it to tease you and to see your reaction. I am now convinced that you are serious about our wedding. I suggest that we fix a wedding date at once and have a simple ceremony inviting only a few close friends. I would not like a big ceremony with too much pomp and show. Audrey Hope is our closest friend and she is going through this uncertain period about her own marriage. It will not look good if we have a big affair and give the appearance of having extravagant parties while she is still waiting. I think we should make all wedding arrangements in consultation with Audrey Hope and Lord and Lady Marlow. With the blessing and good wishes of all our friends, I will proudly be your wife. I promise to carry out your wishes, stand beside you when needed. I love you truly and with all my heart. I am sure there is no other husband in this world who would love his wife as much as you love me. Oh yes, I have already spoken to the manager at Globe Theatre and have resigned my job."

The couple whose marriage is based on true and unselfish love, and who have a good understanding, carry out their duties with absolute honesty, patience, and sympathy. Whether they are poor or rich, they never waver in their love and trust in each other in spite of all the problems, hardships and difficulties. They remain happy in each other's love and thank God everyday. In the end such a couple finds ultimate salvation.

Nevlin Lane felt very happy to hear Sylvia speak in this manner. He accepted Sylvia's suggestions with all his heart. His heart was overwhelmed with the love for Sylvia. He took her in his arms and kissed her repeatedly. In consultation with her, he fixed the wedding date for the coming Friday, the fifth day from that day.

As Sylvia had suggested, he sent a telegram to Lord Marlow inviting him and Lady Marlow to the wedding. Telegrams were also sent to other close friends. The wedding arrangements were made in consultation with Audrey Hope.

On the fixed date, Sylvia was married to Nevlin Lane in the Chapel at Court Lane. The wedding guests included Lord and Lady Marlow, Lord Lorimor, Audrey Hope, Inspector Trail, Mrs. Parson and a couple of other close friends. The wedding was performed by the Chapel priest as per religious traditions in the presence of all the friends. The priest prayed for God's blessings on the young couple and wished them all happiness. The guests congratulated the young couple. Sylvia looked very beautiful and elegant in her bridal dress. After the ceremony was over, they all came out of the chapel feeling happy at the beautiful wedding, and enjoyed the light refreshments that were served in the chapel garden. Nevlin

Lane and Sylvia went to Mrs. Parson's house because Nevlin Lane considered her as his mother. Mrs. Parson had taken care of all the wedding expenditure and happily spent her own money to pay for the arrangements. Nevlin Lane thanked her repeatedly for her gracious help. She said that she did it as her duty and was embarrassed by his thanking her. She said, "Master Lane, whatever I have, was given by your father. No one is dearer to me than yourself. All this money is yours and after I am gone, it will be all yours." Nevlin Lane kept quiet. All the guests at the wedding were invited for dinner by Nevlin Lane and Sylvia at the house of Mrs. Parson. The food was excellent and they all joked and laughed. The party went on till late in the night.

Next morning, Nevlin Lane and Sylvia left for their honeymoon at a quiet place near London. They were given a warm send off by all their friends. They all agreed that both the bride and groom looked very happy and it was rare that one saw such a perfectly matched couple.

Nevlin Lane and Sylvia were a perfect example of love personified. One day when they were sitting and talking about nothing in particular, Sylvia asked in a loving tone, "My darling husband, tell me, do you sometimes think about that girl whom you used to meet sometimes at Lornehope Camp, who was of my age and was the daughter of the new priest there?"

Nevlin Lane hugged Sylvia and said, "My darling, why would I think about someone with whom I have nothing to do. I do not think her intentions were good. I used to greet her casually out of common courtesy, whenever we met. I did not like her. In fact she was not worthy of any attention from me. You may recall that I was waiting for the right opportunity. When we found that gold mixed with the sand, I immediately left with you for London. After the tragic episode with the dacoits when I returned back to Lornehope Camp, I just could not stay there. I was so restless without you that I almost became mad. By the treatment and medicines of the good doctor at Lornehope Camp, may God bless him, combined with the exercise and walk in the jungle, my muscles gained strength and I gradually became normal. When I felt strong enough,

I left that place and came here."

Sylvia said "You are certainly a very innocent, honest and straightforward man. I have never come across anyone who can compare with you. You were living with me day and night, and you never noticed my signals and silent messages. How could you have ever noticed the sly and cunning moves of that girl? I am grateful to the Almighty God that he rewarded my true and sincere love for you and here I am sitting beside you as your wife."

The husband and wife spent their time talking lovingly about their future. They went for long walks, hand in hand, every day, and were very content with their new-found happiness. Sylvia wrote regularly to Audrey Hope and Merci Fairflex giving all the news from her side. Nevlin Lane kept his nanny Mrs. Parson, Lord Marlow and Lord Lorimor informed of their welfare. A couple of months passed with nothing much happening. Everything was peaceful and quiet and they were both very happy. One day Sylvia received a letter from Merci Fairflex by the morning post. It read "My dear Sylvia, my greetings to you. Before you left London, you sent me a letter asking me to join you. Because of my illness I could not share in your happiness and go with you. I was also not well, therefore I could not write to you regularly and was able to respond to only one or two letters. Please accept my apologies for the same. I am now feeling much better. However, I feel that I can no longer meet you and be seen in the presence of decent ladies and gentlemen. I want to apologize to you for keeping my past a secret from you. There was no need for me to talk of very degrading and mean things in your presence. Though I had some education and my mother was a loyal and religious person and came from a decent noble family, she was very disturbed by my father's wicked ways and his adopting dacoity as a profession. She died because of this pain. When she died I had no money to continue my education and had to leave school at an early age. At that time, there was nobody to look after me and guide me. I used to live in the neighbourhood of Jordan Lane. After my mother's death, he wooed me and promised to marry me. I trusted him because he came from a noble aristocratic family. It never occurred to me that he was not sincere and would take advantage of me. I was tricked by his attention and he seduced me and left me to my own fate. I was ashamed and did not want a bad name. For this reason I kept quiet. I went into the profession of nursing, joined London Hospital and began to live on my own. While living with you, I became very much attached to you. I appreciate your kindness and compassion, and my time spent with you is one of the happiest time in my life. You have a wonderful husband and I could not bear to see him being accused falsely. For this reason I put my own pride and reputation aside, and the humiliation of the person I once loved, and told the truth in front of everyone that day. I knew that after telling the truth, my own life will be unbearable but I could not bear to see you and kind Nevlin Lane suffer under any circumstances. My father, whom you know as Lewryk, has died in the jail today. I too have now renounced the world and am going into seclusion. I am sorry I will not meet you or anyone else in this world, anymore. I cannot show my disgraced face to anyone. I am no longer worthy of your love and consideration. Please wipe out my memory from your heart forever. I have one last request, please do not tell anyone about me and my past. I shall also be grateful if you do not mention anything about the contents of this letter to your loving and kind husband. With kindest regards and praying for your happiness, I remain your well wisher, Rachel (Merci Fairflex)."

After reading the letter Sylvia felt very sad. She tore it into pieces. She never mentioned this to anyone, not even to Nevlin Lane, her husband.

After four months of carefree and luxurious holidays at the country cottage, Nevlin Lane and Sylvia returned to London. They met all their friends and attended many parties given by their friends to welcome them back.

One day Lord Marlow said to Nevlin Lane, "Listen, living in luxury outside London and having an enjoyable and happy time, you seem to have completely forgotten about suing your brother for your share of the inheritance. I do not care whether you want your share, but not to fight for Sylvia's share will be a great injustice to her. She must get her share and it is your moral duty to fight for it. You must not be complacent and negligent about this. Jordan Lane is a very crooked and cunning man and it is out of sheer respect for you that I have not issued orders for his arrest to put him in jail. I have shelved the case against him. I want to tell you one good news. I had recommended to the authorities for the promotion of Inspector Trail for his hard work, dedication and the professional way in which he brought this case to a logical conclusion. My recommendations were accepted and he is now promoted to the highest post of the Inspector General of Police."

Nevlin Lane thanked Lord Marlow profoundly and said that he will go to congratulate Trail. As he was getting up from his chair, the servant came and informed Lord Marlow that Inspector General Trail had come to see him. On hearing this, Nevlin Lane walked towards the door to greet him but Lord Marlow called him back. Inspector Trail came in the room and they looked at his face. He appeared very upset and worried.

Lord Marlow asked him, "Inspector General, is everything alright. You look very disturbed."

Trail replied, "Sir, I was on my way to your place to convey my greetings to you. On the way, I witnessed a very serious accident at the broad road near the main market. The horse of a carriage struck his feet on the side pavement and fell down toppling the carriage with him. The driver of the carriage jumped in time and was saved. However, the famous gentleman sitting inside the carriage fell and his head was crushed by a kick from the horse's hooves."

Lord Marlow said, "Who was sitting inside the carriage? Did you find out the name of that gentleman?"

Trail said, "Yes Sir. He was Right Honourable Sir Jordan Lane."

On hearing the name, Nevlin Lane cried in anguish and said to inspector Trail with tears in his eyes, "Come with me and take me at once to the spot where my brother is lying on the road. I am going to get proper medical treatment for him and would attend on him personally. I will nurse him back to health."

Trail said, "Sir, he is no longer lying on the road. He was immediately taken to St. Thomas Hospital."

Sylvia said, "Dear Nevlin, please hurry and go to the hospital and attend to your brother. Let us both devote ourselves in looking after him. I will follow you shortly."

Nevlin Lane said, "Yes I am leaving right now. Please give me my cap from the front chair."

Trail kept a soothing hand on Nevlin Lane's shoulder and said, "You do not have to hurry unduly. It does not matter much because Sir Jordan Lane has suffered severe brain injury. He is in a coma from which he is unlikely to recover. Come on, I will drive you to the hospital in my carriage."

Everyone was stunned to hear this news from Inspector General Trail. Sylvia began to cry and said, "We should get the best possible doctor immediately to treat him."

Nevlin Lane along with Trail got into the carriage and they took no time in reaching the hospital. The surgeon was examining Sir Jordan Lane when Nevlin Lane and Trail reached. After the examination, the doctor shook hands with Nevlin Lane and said in a sympathetic voice, "Mr. Nevlin Lane, it is the time to pray for your brother and not to cry. Your brother, who was known to be a great orator, and brilliant in debates, is now dead. If he had lived for a little longer time, he would have been a minister in the cabinet."

The doctor had hardly finished the sentence when a woman said in a very soft voice from the back of the room, "Yes Sir, you are right. Sir Jordan Lane asked for forgiveness for his evil deeds and died with his head in my lap. Now, he has been separated from me forever."

Nevlin Lane was crying. He did not pay much attention to the woman speaking and said to the doctor, "Please doctor, examine my brother again carefully. Can you not give him some medicine that will revive him? Is it possible that he has only fainted?"

The doctor shook his head to say that nothing could be done. On hearing this, Nevlin Lane, lost all control and cried openly and said, "My brother, we did not get a chance to talk to each other.

Why did you have to leave so early!" He looked at the doctor and said, "Doctor, did my brother die immediately after falling from the carriage or was he alive when he came to the hospital? Somehow I am not able to reconcile with this tragedy."

The doctor said, "He was still conscious when he came to the hospital and half an hour before you came, he just said two words to one of the nurses at the hospital and died. That nurse is standing at the back of the room with her face covered by a veil. He had said, 'Rachel please forgive me for my sins and my cruelty.'"

On hearing this, Nevlin Lane looked in the direction of the nurse and removed the veil from her face and said, "Oh Miss Merci Fairflex, what are you doing here?"

Merci Fairflex did not reply. She cried, "Oh, Oh." She ran to the body of Jordan Lane and kept her head on his chest and died quietly, with everyone in the room watching her.

Hardly had fifteen minutes passed since this happened when Lord and Lady Marlow, Audrey Hope along with Sylvia and Mrs. Parson, entered the room. They were shocked to see the bodies of Jordan Lane and Merci Fairflex. They gathered round the two bodies and Mrs. Parson said, "God's ways are so difficult to understand. He gives with one hand and takes away with the other."

Nevlin Lane along with the priest prayed for the salvation of the deceased. They were buried at the family cemetery at Court Lane. The funeral ceremony was attended and watched by all the elite in London, including several members of the parliament, the rich and famous people of London and senior civil servants.

After the funeral was over, Nevlin Lane was declared by Lord Marlow the rightful owner of the two third of his father's inheritance and Sylvia was legally given the remainder one third of the property. After this announcement was made, Sylvia got up and said, "Ladies and gentlemen, I have an announcement to make. I hereby give my portion of the inheritance and all my money from my earnings, to my loving husband, Nevlin Lane." She signed the papers to this effect in the presence of everyone, transferring all her property and money to Nevlin Lane.

Nevlin Lane and Sylvia moved to their family mansion at Court Lane along with the nanny, Mrs. Parson, and began to live a very happy and content life. Their love grew stronger with every passing day and they shared their happiness with all the friends and neighbours.

Well it is now time to end this wonderful story by just briefly mentioning about Lord Lorimor's marriage and making some comments on the story's main theme.

One day, Lord Lorimor who was a true lover of Audrey Hope, came to visit Nevlin Lane and Sylvia at their mansion at Greenwich. Both Nevlin Lane and Sylvia left no stone unturned in entertaining Lord Lorimor and showered him with lavish hospitality. However, Lord Lorimor looked depressed and unhappy. Nevlin Lane guessed the reason for his depression and said in a sympathetic voice, "My good friend, you are probably thinking that I am selfish and am not your loyal friend. You may be thinking that I have forgotten about my promise to you in my new-found happiness and busy life. I promised to remove all the impediments and arrange for your marriage with Audrey Hope. I can assure you that I have not forgotten my promise. In fact I have Audrey Hope's full consent for her marriage with you. I was just waiting for a suitable time to elapse after the death of my brother, Jordan Lane, to make the announcement, so that there was no undue gossip in the public. I will tell you what I am going to do. I will send for Audrey Hope right now and fix up the wedding date today. I can assure you that she loves you very much. You did not write to her during your travels to let her know of your plans. At the same time, she was tricked by Jordan Lane by his flattery and fast talk and by the false news item in Paris newspapers about your engagement. She inadvertently fell into his trap. By publishing the news in the newspapers about your engagement, he made her helpless and she temporarily lost her sense of logic and judgement. She has regretted that ever since. I believe that you must share the responsibility and blame for this. If you had kept up regular correspondence with her, this would never have happened. Anyway, past is past."

Nevlin Lane sent his servant to give Audrey Hope his regards and to request her to come to his Greenwich house. As it happened, Audrey Hope had come to her mansion in Greenwich. She came to Nevlin Lane and Sylvia's house. As soon as she saw Lord Lorimor, she bent down her head with shame and said, "I beg for your forgiveness, my Lord. Words fail me as I ask for your forgiveness. Whatever you did was right. After all I am a woman who did not know better."

Lord Lorimor stepped forward and lifted Audrey Hope's face with his hand and hugged her and kissed her passionately.

In consultation with Lord and Lady Marlow and Sylvia, Lord Lorimor and Audrey Hope fixed their marriage date a week from that day.

On the arranged day, Audrey Hope's wedding with Lord Lorimor was performed at the Greenwich Church, with great pomp and show. The wedding was attended by several hundred guests, including the noble families of London, top government officials, very rich men and women, newspaper publishers etc. After the reception, Lord Lorimor and Audrey Hope left for their honeymoon. They spent several months visiting their different properties and gardens all over England. Finally, they returned back to London. On their return, they started several factories for the manufacturing of different items. Both husband and wife made special efforts to help the needy and poor and spent a lot of money in providing various facilities for them. They established institutions to take care of the poor, the elderly, the sick and helpless people. They provided employment to thousands of unemployed people and brought happiness in their lives. They utilized their resources in the opening of new hospitals, schools and shelters for the homeless and the orphans. Even today, in London and all over England, one can find various factories and institutions started by them. Their name was highly respected all over the country.

Nevlin Lane and Sylvia visited Lornehope Camp to meet the doctor, Mr. McGregor, his clerk, Mr. Loket and other friends. They threw a big party for everyone. They also donated generously to various developments there like the construction and expansion of the hospital, new schools and made everyone happy. They also brought back Mathula, the cook, with them to Greenwich, where she lived happily with them. They donated generously to various charities in London and their name was respected everywhere.

The Almighty God is all merciful. His laws are based on fair foundations. One gets the reward or punishment according to one's actions in this world. This story is based on real life situations and we all come across similar examples during our life time. The character and behaviour of Sylvia stands out as an ideal for everyone to follow. Her complete surrender to the wishes of Nevlin Lane, first as an adopted elder brother and later as a husband, not only made her very happy but she was a great source of happiness for Nevlin Lane and her friends. She never let her fame or money go to her head but remained humble and unassuming. She proved that the true love and devotion of a woman can overcome the biggest obstacles in life. Similarly the character of Nevlin Lane is a model to follow. He was willing to suffer rather than bring disgrace and humiliation to the elders in his family. He sacrificed all his worldly pleasures to help and support the helpless without any selfish motive. The character of Lord Lorimor is that of a courageous man who went out of his way to help others and proved that true love is worth everything. Audrey Hope's character shows the dilemma that a young woman faces and how a little indiscretion can create serious problems. She shows the meaning of true friendship and dedication to a cause. On the other hand, Jordan Lane and Lewryk pretended to be clever and thought that by their wicked and mean ways, they could get away with any crime. God punished them in the worst possible way. This teaches us that crime and selfishness never makes one happy. Eventually justice catches up and not only punishes but also destroys the person.

God has given us intelligence to think and rationalize. Anything that does not appear to be right and makes you scared, should be abandoned and one should run from such situations. Bad company, bad things, telling lies are pitfalls of life. If one decides to explore them, then one falls to the bottom of the pit and dies a miserable death. The secret of happiness is to be content with what you have. Amen.

